ワークショップ
大学生活の心理学

藤本忠明・東 正訓 編著
Fujimoto Tadaaki & Higashi Masanori

Campus
Life

ナカニシヤ出版

まえがき

　1993年の「ワークショップ心理学」，2004年の「ワークショップ人間関係の心理学」に引き続き，「ワークショップ大学生活の心理学」を上梓することになりました。

　本書を「ワークショップ大学生活の心理学」と名づけましたのは，4年間の大学生活で想定される出来事への対応を，心理学の知見をもとに考えることを通して，大学生の学びの意欲を引き出すとともに，大学生としての生き方（ライフスタイル）の形成と社会性の涵養を目指すことを第一の目的としたためです。もちろん大学生としてのあり方を学んでいただくとともに，心理学の基礎もある程度，学ぶことができることも第二の目的としています。

　大学での学びは高等学校までの学びとは大きく異なります。そこでまず，第Ⅰ部で学びについて考えてみることにしました。学ぶ技術の再検討（第1章）から効果的な学習法とそれを支えるやる気の問題（第2章）を取り上げました。第Ⅱ部では自分という存在について考えてみました。私たちは外界をどのようにとらえているのか（第3章），赤ちゃんや幼児期にさかのぼって人とのかかわりあいを考え，さらに人とのかかわりあいで最も大切な社会性や共感性の発達を，私たちはどのように成長してきたか（第4章）で取り上げました。次に，青年期にある大学生にとって重要な自己理解と心の発達（第5章）を，自分の性格を知ることからはじめ，自己概念と自尊心，青年期とアイデンティティ，精神的健康，大学生の心の健康，カウンセリングと心理療法を解説しました。第Ⅲ部では大学生の他者や社会とのかかわりを考えてみました。まず，大学生の人間関係や集団とのかかわりについて解説し（第6章），大学生が出くわすリスクを適切に管理できるようになるために，悪徳商法やカルト集団に引っかからないために，交通事故に遭わないために，不登校や引きこもりや留年への対応を解説しました（第7章）。最後に大学生活の総決算としての卒業後の進路（第8章）を取り上げました。

　このような内容にいたしましたのは，繰り返しになりますが，大学生に有意

義な大学生活を送っていただくことを目指したからであります。したがいまして心理学の専門の先生方はもちろん，専門でない先生方にも新入生の導入教育などに本書を活用いただけるものと考えております。

　前2冊同様に，授業へのコミットメントを高めるためにワークショップを設けました。ワークショップは全部で37あります。章や節のはじめにあることが多いですが，節の半ばにあることもあります。これらのワークショップを通して講義の内容の理解が一層深まることを期待しております。また，本文中にコラムを設け，さらなる理解の一助としました。また，節の冒頭に学習目標，章または節の終わりに，要約，キーワード，知識チェック，討論課題，ブックガイドを記しましたので，学習内容の整理やまとめ，理解度のチェックやさらなる理解の拡大に活用いただけると考えております。

　編者で度重なる編集会議を開催し，各分担者に執筆いただいた原稿のチェックや手直し，加筆，再構成を行いました。そのために分担者にもご無理を申し上げましたが，ひとえにできるだけよいテキストにしたいとの思いからでありました。したがって，本書の構成や記述の不備はすべて編者の責任であると認識いたしております。読者やご活用いただきました授業担当者の忌憚のないご指摘を願って，さらによりよい工夫をしたいと考えております。

　おわりに，本書の出版を快くお引き受けいただきました，ナカニシヤ出版の中西健夫社長をはじめ，編集会議に何度もご足労を煩わし，細部にわたってゆき届いた編集作業を進めていただきました編集長の宍倉由高氏に厚く感謝の意を表します。

2008年12月

編　者

目　次

まえがき　*i*

第Ⅰ部　学びについて考えよう

1　学ぶ技術はなぜ必要か？
―学習技術を再点検することから始めよう―　3

第1節　高校と大学のちがい　3
第2節　勉強から学習へ　4
第3節　学習技術を再点検しよう　5
第4節　学習特性を自己分析しよう　8

2　効果的な学習法を身につけよう　15

第1節　脳のメカニズムをふまえた学習法　16
第2節　やる気　26

第Ⅱ部　自分という存在について考えよう

3　私たちは世界をどのように認識しているのか？　39

第1節　外界把握の仕組み　39
第2節　さまざまな錯視・錯覚を考える　43

4　私たちはどのように成長してきたか？　53

第1節　他者との出会いのはじまり――赤ちゃんと幼児期　53
第2節　社会性と共感性の発達　66

5　自己理解と心の健康　79

第1節　自分の性格を知る　79

iv 目次

第2節 自己概念と自尊心　95
第3節 青年期とアイデンティティ　109
第4節 精神的健康とは　118
第5節 大学生の心の健康　135
第6節 カウンセリングと心理療法　143

第Ⅲ部　他者や社会とのかかわりについて考えよう

6 人間関係について心理学しよう ―― 155

第1節 出会いから友人関係が深まるまで　155
第2節 集団と個人の関係　168

7 大学生活におけるリスクを管理しよう ―― 177

第1節 悪徳商法とカルト教団に引っかからないために　177
第2節 交通事故に遭わないために　193
第3節 「不登校・ひきこもり」や「留年」とどうつきあうか？　208

8 卒業後の進路を考えよう ―― 227

第1節 キャリアとキャリアデザインについて考える　227
第2節 自分を理解する　236
第3節 職業を理解する　238

事項索引　243
人名索引　246

■ ワークショップ目次

- ワークショップ 1-1　あなたの学習技術を再点検しよう　*6*
- ワークショップ 1-2　あなたの学習特性を自己分析しよう　*8*
- ワークショップ 2-1　学習法の比較　*21*
- ワークショップ 2-2　学習動機　*28*
- ワークショップ 3-1　指の大きさの恒常性　*43*
- ワークショップ 3-2　動く錯視　*45*
- ワークショップ 3-3　顔の知覚　*46*
- ワークショップ 3-4　触覚の錯覚　*49*
- ワークショップ 4-1　人とのかかわりあいの発達について考えてみよう　*54*
- ワークショップ 4-2　迷惑感　*67*
- ワークショップ 4-3　道徳の問題―あなたはどう考えます？　*69*
- ワークショップ 5-1　個人差について　*82*
- ワークショップ 5-2　Big5 で自分の性格を記述する　*83*
- ワークショップ 5-3　自己肯定感尺度　*100*
- ワークショップ 5-4　あなたの自我同一性地位は？　*115*
- ワークショップ 5-5　あなたの精神的健康観は？　*118*
- ワークショップ 5-6　あなたの心身の疲労度は？　*131*
- ワークショップ 5-7　今，自分の心の状態は？　*136*
- ワークショップ 5-8　カウンセリングと心理療法に対するイメージ　*143*
- ワークショップ 6-1　対人魅力の規定因は友人関係のどの時期に影響力をもつか？　*157*
- ワークショップ 6-2　集団の凝集性を考えてみよう　*168*
- ワークショップ 6-3　あなたのリーダーシップを考えよう　*170*
- ワークショップ 7-1　巧妙な手口　*179*
- ワークショップ 7-2　不思議現象に対する態度　*181*
- ワークショップ 7-3-A　どちらの薬が有効か？（1）　*186*
- ワークショップ 7-3-B　どちらの薬が有効か？（2）　*187*
- ワークショップ 7-4　あなたは超能力者？　*188*
- ワークショップ 7-5　事故を起こしたのはどっち？　*189*
- ワークショップ 7-6　二輪運転者の安全運転自己診断テスト　*196*
- ワークショップ 7-7　四輪運転者の安全運転自己診断テスト　*198*
- ワークショップ 7-8　ひとりでいたい時とは？　*209*
- ワークショップ 7-9　あなたの学校のイメージは？　*210*
- ワークショップ 7-10　ニートやひきこもりへの理解　*223*
- ワークショップ 8-1　進路意識を点検しよう　*228*
- ワークショップ 8-2　人生の役割を考える　*233*
- ワークショップ 8-3　自分の人生で重要な価値を考える　*234*
- ワークショップ 8-4　知っている職業名をあげてみよう　*239*

■ コラム目次

- コラム 1-1　初年次で学ぶためのキーワード　*11*
- コラム 2-1　効果的な学習方法　*22*
- コラム 2-2　神経倫理学　*23*
- コラム 3-1　感覚遮断実験　*40*
- コラム 3-2　縞柄錯視　*47*
- コラム 5-1　質問項目に対する反応の数量的扱い，相関係数，因子分析　*89*
- コラム 5-2　心理テストについて知る　*91*
- コラム 5-3　立ち直り力　*121*
- コラム 5-4　マズローの欲求階層説　*127*
- コラム 5-5　ストレス対処の方法　*130*
- コラム 6-1　集団になじむためには　*161*
- コラム 6-2　話題に困ったら―対人コミュニケーションにおける話のネタ―　*164*
- コラム 6-3　集団の凝集性の規定要因　*169*
- コラム 6-4　P 行動・M 行動の測定項目の例　*174*
- コラム 7-1　カルト団体の勧誘に関する注意　*179*
- コラム 7-2　交通事故 10 件に 1 件は大学生が関係！　*194*
- コラム 7-3　Smith システムの活用　*201*
- コラム 7-4　［1］コメンタリー・ドライビング法の利点と留意点　*206*
　　　　　　　［2］簡易コメンタリー・ドライビング法　*206*
- コラム 7-5　不登校の時代的変遷　*211*
- コラム 7-6　ひきこもりへの注目と NEET 問題　*214*
- コラム 7-7　スチューデント・アパシーと退却神経症　*217*
- コラム 7-8　不登校・ひきこもりの事例　*221*

第Ⅰ部

学びについて考えよう

1

学ぶ技術はなぜ必要か？
―学習技術を再点検することから始めよう―

　大学での学びは，高校までの勉強とかなり様相が異なります。それまでの勉強の大半は，板書されたことをきちんと写し，それを覚えればよかったわけです。しかし，大学では教えられた内容を受け入れるだけでなく，時には疑問をもつことも必要です。また，興味・関心をもてば自分で調べ，関連する文献などを読むといったことも要求されます。いわゆる受動的な勉強から主体的・能動的な学びへ転換するということです。

　ここでは，まず，高校から大学へ移行するなかで大学生活がどのように変わったのかを考えてみます。次に，その中核である学業生活に焦点を当て，勉強と学びのちがいを理解していきます。そのうえで，大学での学びに必要な学習技術というスキルについて学び，実際に自分の学習技術を再点検することにします。また，学習特性（学習する過程で生じる自分の行動特性）についても自己分析することにします。このように自分の学習技術や学習特性をチェックすることによって，大学での学びに役立ててもらえればと考えています。

第1節　高校と大学のちがい

【学習目標】
・高校と大学のちがいを理解しよう。

　高校から大学へ進学すると，どのような変化があるのでしょうか。何人かの大学生にたずねてみると，「制服がなくなった」「授業時間が倍近くに増えた」

「履修する科目は自分で登録しなければならなくなった」「板書されたことをノートに取るだけでは不十分」「アルバイトが自由にできるようになった」「通学時間が長くなった（自宅生）」「一人暮らしをしなければならなくなった（下宿生）」「学内の友人の出身地が全国各地に広がった」などの回答が得られました。この問いに対する答えは人それぞれですが，多くの大学生が大きく変わったと感じているようです。つまり，大学生になれば「自由度が増し」，今まで以上に「やりたいことができる」ということです。実際，校則から学則へ変わるなかで細かい規則が少なくなっています。確かに，高校の時のように親や先生など周囲の大人からあれこれ言われることが減ります。その反面，自分で自分をコントロールし，自分の行動に責任をもつことが要求されてくるわけです。

このことは大学生活全般にあてはまりますが，特にその中心を占める学業生活に多大な影響を及ぼすといえます。一方，「生涯の友を得る」といったことも大学時代の重要なテーマですが，友人関係の構築については，第6章第1節で学ぶとして，ここでは学業面について考えていくことにしましょう。

第2節　勉強から学習へ

【学習目標】
・高校までの勉強と大学での学びのちがいを理解しよう。

高校までは，「勉強」という表現を用いていましたが，大学に入ると「学習」という言葉をよく耳にするようになります。これは，学びのスタイルが変化していることを意味しています。「勉強」は「強いられたことを勉める」と書きますが，この言葉は，中国語で「無理をすること」「もともと無理があること」を意味しており，「学習」に相当する意味はなかったとのことです。そして，明治20年代以降，学業成績による差別と競争が求められるに従い，学校の「学習」は「勉強」に転換していったようです。そのような背景をふまえたうえで，あらためて「勉強」から「学び」への転換が叫ばれています（佐藤，1997）。

また，高校から大学へ移行するなかで，皆さんの呼び方も「生徒」から「学生」へと変化します。生徒とは「学校などで教育を受ける者。特に中等学校

（中学校・高等学校）で教育を受ける者」，学生とは「学業を修める者。特に，大学で学ぶ者」を意味します（『広辞苑』第六版）。高校までは，教えられたことを理解し，学校が用意してくれたものを受動的に勉強するだけでよかったわけです。しかし，大学生になると，理解しつつも疑問をもち，興味や関心をもてば自分から調べてみるという能動的な姿勢も要求されるようになります。では，主体的・能動的に学ぶためには，学習スタイルをどのように変化させていけばよいのでしょうか。

　ヨゼフ・ピタウ（1982）は『ニッポン人への熱い手紙』の中で「日本の大学教育の特性」について論じており，「知識」より「学ぶ方法」が大切であると指摘しています。「『魚一匹与えれば，一日の食料を与えたことになる。しかし，魚の釣り方を教えれば，30年分の食料を与えたことになる』。教育もこれと同じである。断片的な知識はすぐに忘れてしまう。大事なのは，学ぶ方法を身につけることである。学ぶというのは生涯にわたって続く一つの過程だからである」と。このように，大学での学びは生涯学習の始まりともとらえられ，それなりの学習方法を習得する必要があるようです。

第3節　学習技術を再点検しよう

【学習目標】
・自分の学習技術を再点検しよう。

　では，大学で学ぶためにはどのような方法を身につけなければならないのでしょうか。学習面における高校と大学のちがいを考慮すると，大学での学びにはそれなりのスキルが必要であることがわかります。この学びのためのスキルのことを学習技術といい，これは，個人が学びを経験する過程で獲得されていくものです。佐藤（2001）は，「学習のスキルとは，学生が学生として生きていくうえで必要なアカデミックな行動様式のセットであり，（中略）きわめて道具主義的に定義可能ないくつかの手法として，可算名詞的なものである」としています。また，学習技術研究会（2002）で開発されたテキスト『知へのステップ―大学生からのスタディ・スキルズ―』では，学習過程における統合基盤

ワークショップ 1-1

あなたの学習技術を再点検しよう

ふだんの学習活動や勉強の仕方についてうかがいます．それぞれの項目についてあてはまると思う数字（1～4）をひとつ，回答欄に書き込んでください．

- 1… あてはまらない
- 2… あまりあてはまらない
- 3… ややあてはまる
- 4… あてはまる

1a．感想文とレポートを区別して書き分けている．……………（　　）
2a．自分の意見と事実を分けて書ける．………………………（　　）
3a．筋道を立てて人に話すのが得意である．……………………（　　）
4a．本や論文の内容を決められた字数で要約できる．…………（　　）
5a．本の内容や話の要点を箇条書きにできる．…………………（　　）
6b．授業中に大切なことはノートに書いておく．………………（　　）
7b．授業中，板書以外の大切なこともノートに取る．…………（　　）
8b．黒板に書かれたことはノートに書く．………………………（　　）
9c．理屈を考える前に暗記する．…………………………………（　　）
10c．教科書やノートの言葉どおりに正確に覚える．……………（　　）
11c．公式，人名，年号などを覚えるのが得意である．…………（　　）
12d．あるテーマについてインターネットで情報収集できる．…（　　）
13d．大学の図書館にない本の探し方を知っている．……………（　　）
14d．誕生日にどんな出来事があったかを調べられる．…………（　　）
15e．本の並べ方を自分なりに決めている．………………………（　　）
16e．授業で配付された資料を整理している．……………………（　　）
17e．ノートを整理する時は自分なりの工夫をしている．………（　　）
18f．本を読む時は大事な所に線を引く．…………………………（　　）
19f．アイデアが浮かんだ時は必ずメモする．……………………（　　）
20f．答案を書く前にキーワードをメモする．……………………（　　）
21g．読み方のわからない漢字を漢和辞典で調べられる．………（　　）
22g．国語辞典と漢和辞典の使い分けができる．…………………（　　）

23h. この1ヶ月に新書本を1冊以上読んだ。………………（　）
24h. 内容の善し悪しや正誤を考えながら読むことがある。……（　）

注．原尺度における「講義」は，「授業」に表現を変えている。

	a	b	c	d	e	f	g	h
合計得点								

(広沢, 2009)

として「考える」ことを重視し，学習技術の構造としては，「聴く」「読む」「調べる」「整理する」「まとめる」「書く」「表現する」「伝える」の8つの構成要素からなると指摘しています。これらを参考に，広沢（2003）は，ノートの取り方，テキストの読み方，文章の要約，情報収集の仕方など学習技術を表わす45項目を収集し，大学生を対象に調査・分析した結果，11因子構造からなることを明らかにしています。ワークショップ1-1に掲載された学習技術尺度24項目は，さらに尺度化を進めたもので，8因子構造をなしています（広沢, 2009）。8因子の累積分散寄与率は60.46％で，回転後の因子負荷量が.40以上の項目は，

表1-1　学習技術8因子の内容（広沢, 2009）

学習技術	内　　容
a. 論理構成	文章を読み，書き，話す過程で，文脈を把握し，論理的に構成する技術であり，学習技術の中核をなすものといえる。
b. ノートテイキング	授業中，聴き取ったことをノートに取り，再構成する技術。
c. 暗記	漢字，単語，公式，人名，年号などを機械的に，あるいは工夫を凝らして正確に記憶する技術。
d. リサーチ	文献検索，インターネットによる情報検索などの特性を理解し，うまく使い分けることによって，情報を収集し，加工する技術。
e. 資料整理	授業時に配布された資料などを保管し，分類整理し，再配置する技術。
f. メモ	思いついたことを頭の中からいったん取り出し，言語化して外部媒体（紙，情報カード，携帯電話など）にメモする技術。
g. 辞書活用	国語辞典，漢和辞典などをはじめとする種々の辞典を使い分け，活用する技術。
h. 読解	さまざまなジャンルの本を読む習慣が身についているとともに，それらの文献を分析読みできる技術。

表1-2 学習技術8因子の平均値および標準偏差 (広沢, 2009)

	a.論理構成	b.ノートテイキング	c.暗記	d.リサーチ	e.資料整理	f.メモ	g.辞書活用	h.読解
平均値	12.22	9.60	6.60	7.31	8.38	6.38	6.62	4.33
標準偏差	3.03	2.18	2.23	2.54	2.26	2.13	1.62	1.91

第Ⅰ因子で5項目，第Ⅱ因子から第Ⅵ因子で3項目，第Ⅶ，Ⅷ因子で2項目となっています。これらの項目をもとにして，第Ⅰ因子「論理構成」，第Ⅱ因子「ノートテイキング」，第Ⅲ因子「暗記」，第Ⅳ因子「リサーチ」，第Ⅴ因子「資料整理」，第Ⅵ因子「メモ」，第Ⅶ因子「辞書活用」，第Ⅷ因子「読解」と命名されました。なお，項目番号のうしろのアルファベット（a～h）は，上記の各因子（Ⅰ～Ⅷ）に対応しています。表1-1は，8因子の内容をまとめたものです。回答が終われば，因子ごとの合計得点を算出し，表1-2に掲載された大学新入生（525名）の結果と比較してみてください。もし，不足している学習技術があれば，今のうちにその技術を高めておくことをお勧めします。

第4節　学習特性を自己分析しよう

【学習目標】
・自分の学習特性を自己分析しよう。

ワークショップ1-2

あなたの学習特性を自己分析しよう

あなたの日常生活や日々の学習活動で習慣になっている事柄や考え方などについておたずねします。それぞれの項目についてあてはまると思う数字（1～4）をひとつ，回答欄に書き込んでください。

　　　1…あてはまらない
　　　2…あまりあてはまらない
　　　3…ややあてはまる
　　　4…あてはまる

1a．授業で出された課題はきちんと提出している。……………（　　）

2a. 授業中に出された宿題はきちんとやっていく。……………（　）
3a. 1ヶ月間，無遅刻・無欠席ですべての授業に出られる。…（　）
4a. 授業欠席時にはすぐ友人にノートを借りて補っている。…（　）
5b. 難しい問題でもあきらめずに解こうと努力する。…………（　）
6b. 文献を読んでいて意味不明の言葉が出てきたら辞書で
　　調べる。……………………………………………………………（　）
7b. 学習することは嫌いではない。……………………………………（　）
8c. 自分の立てた計画どおりに学習できる。……………………（　）
9c. 日常生活で自分の立てたスケジュールをよく守る。………（　）
10c. 学習計画を立てたことがある。………………………………（　）
11d. 本を読んでも頭に入らないことがある。……………………（　）
12d. 授業中他のことを考えていて先生の話を聞いていない
　　　ことが多い。……………………………………………………（　）
13d. 授業中はいつも集中することができる。……………………（　）
14e. 授業中に自分から発言したことがある。……………………（　）
15e. 授業中にわからないことがあれば，あとで先生に聞きに
　　　行く。………………………………………………………………（　）
16f. 教科書，参考書，マンガ，雑誌以外の本を買いに行った
　　　ことがある。………………………………………………………（　）
17f. 自分の大学の図書館に本を借りに行くことがある。………（　）
18g. 授業中，携帯電話でメールのやりとりをしたことがある。（　）
19g. 授業中，私語や態度について注意されたことがある。……（　）

注．原尺度における「講義」は，「授業」に表現を変えている。

	a	b	c	d	e	f	g
合計得点							

（広沢, 2009）

　これから大学で学んでいくうえで，自分の学習特性を知っておくことも大切です。広沢（2003）によると，学習特性とは，個人が学習する過程で生じる行動特性のことであり，学習活動に個人的特徴を与え，学習成果に個人差を生じさせる要因であるとしています。そして，その根底には個々人のパーソナリティ特性が介在するものと考えられています。この学習特性を測るうえで示唆を

与えてくれるのが，JOHO-CAB（職務適性検査）です。この検査は，三層の性格レベル（基本的性格，対人関係的性格，達成意欲的性格）を想定しており，それぞれ5つの特性ユニットで構成されています。この中で学習特性と密接なかかわりをもつのが，達成意欲的性格です。これは，職場において仕事に積極的に打ち込み，目標達成のために努力し，絶えず業績を上げていこうとする性格のことで，学校の学習をはじめ社会生活のあらゆる場で必要とされるものです。そして，「やる気」と深くかかわっており，「計画性」「創造性」「遂行性」「集中性」「機敏性」の5つの特性から構成されています。これらを参考に，広沢（2003）は，計画性，遂行性，集中性，知的関心，意欲，積極性など学習特性を表わす35項目を収集し，大学生を対象に調査・分析した結果，8因子構造からなることを明らかにしています。ワークショップ1-2に掲載された学習特性尺度19項目は，さらに尺度化を進めたもので，7因子構造をなしています（広沢, 2009）。7因子の累積分散寄与率は62.91％で，回転後の因子負荷量が.40以上の項目は，第Ⅰ因子で4項目，第Ⅱ因子から第Ⅳ因子で3項目，第Ⅴから第Ⅶ因子で2項目となっています。これらの項目をもとにして，第Ⅰ因子「遂行性」，第Ⅱ因子「意欲」，第Ⅲ因子「計画性」，第Ⅳ因子「集中性」，第Ⅴ因子

表1-3 学習特性7因子の内容（広沢, 2009）

学習特性	内容
a. 遂行性	授業の出席や欠席時の補い，課題の遂行やレポートの提出など，学習にかかわるタスクをやり遂げるという行動特性。
b. 意欲	学習することへの高い動機づけや好意的態度と深いかかわりをもち，他の学習特性を高める中核的な行動特性。
c. 計画性	大学生活における日常のスケジュールや学習計画を自分で立て，計画どおりに実行していく行動特性。
d. 集中性	授業を聴く，本を読む，課題をするなど，何事においても集中して取り組むことができる行動特性。
e. 発問積極性	授業中に発言したり，授業でわからないことを自分から先生に質問に行ったりするなど，積極的に問いを発する行動特性。
f. 知的関心	自分の専門分野にとらわれることなく，いろいろなことに関心をもち，追求する行動特性。
g. 受講マナー	授業を聴くうえでのマナー（携帯電話の電源を切る，私語をしないなど）を守るという行動特性。

第4節 学習特性を自己分析しよう

表1-4 学習特性7因子の平均値および標準偏差（広沢, 2009）

	a. 遂行性	b. 意欲	c. 計画性	d. 集中性	e. 発問積極性	f. 知的関心	g. 受講マナー
平均値	11.82	8.19	7.09	6.36	4.23	5.67	5.48
標準偏差	2.88	2.24	2.27	1.86	1.72	1.81	1.71

「発問積極性」，第Ⅵ因子「知的関心」，第Ⅶ因子「受講マナー」と命名されました。なお，項目番号のうしろのアルファベット（a～g）は，上記の各因子（Ⅰ～Ⅶ）に対応しています。表1-3は，7因子の内容をまとめたものです。回答が終われば，項目番号11, 12, 18, 19は反転項目ですので，まず，5からあなたの得点を引き，そのうえで，因子ごとの合計得点を算出してください。表1-4には大学新入生（525名）の結果が示されていますので，自分の得点と比較してみてください。もし，不足している学習特性があれば，今のうちにそのことを十分認識し，学習していくことをお勧めします。

コラム1-1

初年次で学ぶためのキーワード

以下に，大学初年次で学ぶ際に必要なキーワードをリストアップし，説明を加えました。参考にしてください。

履修登録
自分が履修する科目を大学に届け出ること。大学ではカリキュラムに従い，自分が履修する科目を選択し，一定期間内に履修登録することになっています。未登録の科目は，いくら受講しても単位取得が認められないので，登録の際は十分に確認する必要があります。

必修科目・選択科目
「必修科目」とは，卒業するまでに必ず単位を取得しておかなければならない科目のことです。「選択科目」とは，自分の目的や興味・関心にあわせて自由に選択することができる科目です。また，複数の科目の中から決められた単位数を取得しなければならない「選択必修科目」というものもあります。

単位
単位とは学修の量を表わす基準のことで，単位数は科目ごとに定められています。また，単位制とは，各科目についての所定の時間の受講・自学自習と試験その他による評価を総合的に判断した結果，単位が認定される制度のことです。な

お，卒業に必要な単位数（卒業要件単位数）は，学部，学科によって異なります。

シラバス

シラバスとは，授業科目ごとに単位数，開講時期，担当者名，授業概要，学習目標，教科書等，評価方法，授業計画，受講に際しての留意事項などを示したもので，担当者の連絡先やオフィスアワー（教員は必ず一定の曜日・時限，研究室に在室し，学生が自由に質問や相談ができる時間）まで掲載しているものもあります。これは，履修計画を立てる時や科目を選択する際に非常に役立つものです。また，近年，ホームページ上に公開している大学も増えてきています。

専任教員・非常勤講師

大学で授業を担当している教員は，専任教員と非常勤講師の2種類に大きく分けられます。専任教員はその大学が本務校であり，通常週4日前後出勤して教育研究に取り組んでいます。一方，非常勤講師は，他大学や企業等に勤務している場合も多く，担当授業のある曜日・時限のみ出勤しています。各大学は，このような非常勤講師の協力を得ることによって，多種多様な授業を学生に提供することができるわけです。

レポート

授業で出される課題の一形態であり，期末試験の代わりに課される場合もあります。テーマはもちろんですが，書式や字数が決められている場合も多く，期限までに必ず提出する必要があります。また，レポートの種類はさまざまであり，あるテーマについて文献や資料をもとにまとめ考察したもの，実験や調査を行い，そのデータをもとに問題（目的），方法，結果，考察という形式でまとめるもの，実習の計画，実施体験，ふりかえり等をまとめるものなどがあります。

掲示板

大学生活における種々の情報は，掲示板によって伝達されることがほとんどです。休講，補講，試験などの授業にかかわる情報のほか，奨学金，資格検定，国際交流，講演会や研究会，クラブ・サークル活動，アルバイト，就職情報など生活にかかわる情報，および学生の呼出しなども行われます。大学によっては，関連する事務の場所ごとに掲示板が設置されている場合もあります。大学に来た時と帰る前には必ず，掲示板を見る習慣をつけてください。なお，掲示板を見なかったために不利益を被ることがありますので，注意してください。

〈要約〉

高校と大学ではさまざまなちがいがあります。あえてひと言で表現すると，大学生になると「自由度が増し」「やりたいことができる」ようになるということです。その反面，自律性や責任性が今まで以上に要求されます。また，「生徒」から

「学生」へと呼び名が変化し，学習においても主体的・能動的な態度が求められます。このように学習のスタイルが変化するなかで，学びのためのスキル，すなわち学習技術が重要になります。そこで，まず，学習技術尺度により，自分の学習技術8因子（「論理構成」「ノートテイキング」「暗記」「リサーチ」「資料整理」「メモ」「辞書活用」「読解」）について再点検します。次に，学習特性尺度により，自分の学習特性7因子（「遂行性」「意欲」「計画性」「集中性」「発問積極性」「知的関心」「受講マナー」）についてチェックします。この両者の結果をふりかえることによって，これからの大学での学びに役立てていきましょう。

〈キーワード〉

　勉強，学習，生徒，学生，学習技術，論理構成，ノートテイキング，暗記，リサーチ，資料整理，メモ，辞書活用，読解，学習特性，遂行性，意欲，計画性，集中性，発問積極性，知的関心，受講マナー

〈知識チェック〉

次の内容が正しければ○，間違っていれば×を解答欄に書きなさい。
① 学習は受動的に学ぶことを意味する。　　　　　　　　　　　　（　　）
② 勉強には，「無理をすること」という意味がある。　　　　　　（　　）
③ 学習技術は学びのためのスキルなので，努力しても向上しないものである。
　　　　　　　　　　　　　　　　　　　　　　　　　　　　　　（　　）
④ 学習特性は学習活動や成果に個人差をもたらす行動特性であり，
　パーソナリティとかかわりがあると考えられる。　　　　　　　（　　）

〈レポート・討論課題〉

① 高校と大学のちがいを箇条書きにして列挙してみよう。
② 学習技術・学習特性に関する尺度を用いて自己分析した結果と，表1-2，1-4の大学新入生の平均値を比較し，両者における自分の強み・弱みをまとめてみよう。

〈ブックガイド〉

　コーンハウザー, A. W.・エナーソン, D. M.（改訂）山口栄一（訳）1995　大学で勉強する方法　玉川大学出版部
　江下雅之　2003　レポートの作り方――情報収集からプレゼンテーションまで

中央公論新社
学習技術研究会（編）2002　知へのステップ――大学生からのスタディ・スキルズ――　くろしお出版
竹田茂生・藤木　清（編）2006　知のワークブック――大学生と新社会人のための　くろしお出版
田中共子（編）2003　よくわかる学びの技法　ミネルヴァ書房
上村和美・内田充美　2005　プラクティカル・プレゼンテーション　くろしお出版

【参考文献】
アエラ編集部（編）2004　アエラムック　勉強のやり方がわかる　朝日新聞社

【引用文献】
学習技術研究会（編）2002　知へのステップ――大学生からのスタディ・スキルズ――　くろしお出版
広沢俊宗　2003　学習技術, および学習特性の構造　高等教育研究叢書, **4**, 27-48.
広沢俊宗　2009　学習技術, および学習特性に関する尺度化の研究（1）――大学生用簡易版尺度の作成――　教育総合研究叢書, **2**, 刊行予定
ピタウ, J.　1982　ニッポン人への熱い手紙：若者と教育をみつめて　日本リクルートセンター出版部
佐藤広志　2001　大学生にとっての学習技術とは何か　高等教育研究叢書, **3**, 43-61.
佐藤　学　1997　学びの身体技法　太郎次郎社

2
効果的な学習法を身につけよう

　皆さんが社会人になって必要な能力や知識は大学で身につくと思いますか？身につくともつかないともはっきり断言はできませんが，まず確実にいえることは，部署が変われば要求される能力や知識も変わるというふうに，社会人になると，自分がいる環境で必要となる能力や知識，技能をそのつど身につけていかねばならないということです。そのため，「学ぶ力，学習技術」を大学で身につけておくことが必要です。この章では，心理学的に効果的であると考えられる「学ぶ力」について考えてみたいと思います。

　さて，一年生の間は，特に興味のない教養的な科目や語学科目を履修することも多いでしょう。最初はとっつきにくい内容であっても，本章で見出した学習法をつかって，効率よく学んでみることをお勧めします。最初は何のために学ぶのかわからない学問でも，知識が次第に身につくにつれて，どんどん面白くなり効率も上がってきます。勉強して何の役に立つかがわからなければ勉強しない，必要だから学ぶというのはもう古い考えかたです。成果だけを求めるのではなくて，成果をもとめるプロセスを楽しみましょう。どんどん学びが身について自分や世界に対する見方がどんどん変わっていく体験を大学でしてほしいと思います。そして，この体験こそがどのような環境や立場であっても必要な能力や知識を身につけるうえで，きっと生きてくると思います。

　なお，この章では，効果的な学習法に関する知識だけでなく，学びを実行し，継続するために必要なやる気についても扱うことにします。

第1節　脳のメカニズムをふまえた学習法

【学習目標】
・学習に関する認知心理学の基礎知識を身につけよう。
・学習に関する脳の神経科学の基礎知識を身につけよう。

　近年，脳の神経科学的知見を援用した学習法がマスコミで取り沙汰され，学習法に関する本の出版がブームになっています。書店の店頭を眺めると，認知症の予防を謳(うた)った大人の学習ドリルや百ます計算などの出版物が平積みされており，さらには脳機能の向上を目的とした携帯型ゲーム機用のゲームソフトが販売され，一世を風靡(ふうび)しています。まさに学習法の一大ムーブメントが起こっているといって過言ではありませんが，裏を返せばそれほどに，より効果的な学習法を身につけたいという人々の非常に強い欲求があるのだといえます。それはおそらく，人間の社会において，私たちが一生を生き抜くことと学び続けることが不可分だからでしょう。年少期から青年期にかけては大学受験を頂点としたさまざまな受験に備えて勉強する必要がありますし，成人になってどのような職業に就いても必要な知識を学び続けなければなりませんし，老年期になっても安定した生活を送るためには，現代社会の複雑な年金制度や社会保障制度を学ばなければなりません。
　それでは，これらの学習法はどれだけの効果があるのか，冷静に科学的に検証されているのでしょうか。残念ながら，大半の人々はブームに踊らされているだけのように見受けられてなりません。そこで本章では，認知心理学の成果，脳のメカニズムをふまえた科学的で効果的な学習法について検討します。まず学習と密接にかかわる「記憶」について，記憶にかかわる認知心理学的知見と脳の神経科学的知見を概観しましょう。そして，それらをふまえたうえで筆者の考える効果的な学習法について述べることにします。

1．記憶にかかわる認知心理学的知見

　「新しい情報が脳に取り込まれ，一定時間の後に取り出せる心理機能」は一般

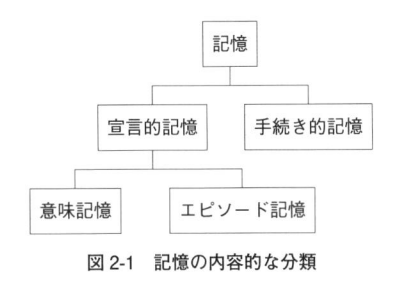

```
        ┌──────┐
        │ 記憶 │
        └──┬───┘
       ┌───┴────┐
  ┌────┴───┐ ┌──┴──────┐
  │宣言的記憶│ │手続き的記憶│
  └────┬───┘ └─────────┘
   ┌───┴────┐
┌──┴───┐ ┌──┴──────┐
│意味記憶│ │エピソード記憶│
└──────┘ └─────────┘
```

図 2-1　記憶の内容的な分類

に記憶といわれています。記憶は時間的側面，内容的な側面からみるとさまざまな分類ができる多面的な現象です。

　まず記憶を時間的側面からみると三つに分類できます。一つめは，情報をほんの数秒間の心理機能と並行して使用するまでの間だけ保持する作業記憶（working memory）です。二つめは情報が数分間保持される短期記憶（short term memory）です。三つめは長期記憶（long term memory）で，短期記憶から変換され，何時間もあるいは一生にわたって保持されます。短期記憶を長期記憶に変換するには海馬とよばれる脳の部位の働きが必要です。

　記憶を内容的な側面からみると大きく二つに分類できます（図2-1）。一つは表象として意識的に想起できる記憶で宣言的記憶（declarative memory）とよばれます。もう一つは主として行動に反映され，意識化できるか否かはっきりしない記憶で手続き的記憶（procedural memory）とよばれています。

　宣言的記憶は，要するに以前経験したことを意識に想起し，その想起表象を言語，絵，身振りなど何らかの手段をつかって他人に伝えることのできる記憶と考えれば理解しやすいでしょう。宣言的記憶はさらに「出来事」の記憶にかかわるエピソード記憶（episodic memory）と，「概念」の記憶にかかわる意味記憶（semantic memory）に大別されます。「出来事」の特徴は生起が1回性で，その内容に脈絡があり，かつ時間・空間情報をともなっていることです。「概念」の特徴は動きや時空間性に乏しいものの，意味をもっていることです。

　某月某日，誰かとドイツへ旅行した記憶があるとすると，その時々の楽しい出来事・シーンはエピソード記憶として想起されます。しかし，ドイツは意味記憶としても保持されており，某月某日などという月日の概念もそれ自体は意味記憶に属します。概念は1回の経験では成立せず，類似の経験を繰り返すな

かで，出来事の個別性が排除され，共通項として抽象化されることによって形成されます。

　手続き的記憶には運動技能，書字技能，音楽技能など運動要因の強いもの，隠し絵のようなノイズの中から形態を読み取るなど視覚要因の強いもの，パズルの解き方などかなり知的要因の強いものまで，さまざまなものがあり，内容は均一ではありません。

2. 記憶にかかわる脳の基本的メカニズム

　海馬は，記憶に密接にかかわる脳部位として多くの研究がなされてきました。記憶において海馬がどのような機能を果たしているかが完全に解明されてはいませんが，いくつかの役割が発見されています。左右両半球の海馬がどちらもひどく損傷している患者は，記憶に重大な障害が生じます。新しく学んだどのようなことも記憶できず，数分前に会った人の名前や顔さえ思い出せません。しかし，脳損傷以前の記憶は残っているのです。つまり，海馬は，一時的に日常生活における膨大な情報を短期記憶として保管し，それら膨大な情報の中から，記憶すべき重要な情報だけを取捨選択して，脳の側頭葉とよばれる領域に長期記憶として貯蔵するという「記銘」の役割を果たしているのです。

　ところで，人間の脳にはおよそ1000億のニューロン（神経細胞）が存在しており，脳の情報処理において重要な役割を果たしています。図2-2のAはニューロンを模式的に示したものです。核を含む細胞体と突起からなり，核は大きくて丸く，核小体がはっきり見えるのがニューロンの特徴です。突起には樹状突起と軸索の2種類が区別されます。樹状突起は樹木のように複雑に枝分かれしています。細胞体と樹状突起は他のニューロンからの情報を受ける部位であり，樹状突起の枝が繁茂すればするほど情報を受ける場所が広がることになり，そのニューロンの情報処理能力が向上すると考えられます。軸索は他のニューロンへ情報を伝える突起で，通常，細胞体から1本出ていて，他のニューロンまたは筋細胞などに情報を送ります。

　一つのニューロンの軸索と他のニューロンの樹状突起や細胞体との間にはシナプス（図2-2のB）とよばれる特殊な細胞接合領域があって，その接合領域を電子顕微鏡で調べてみると，二つのニューロンの間には20～40ナノメート

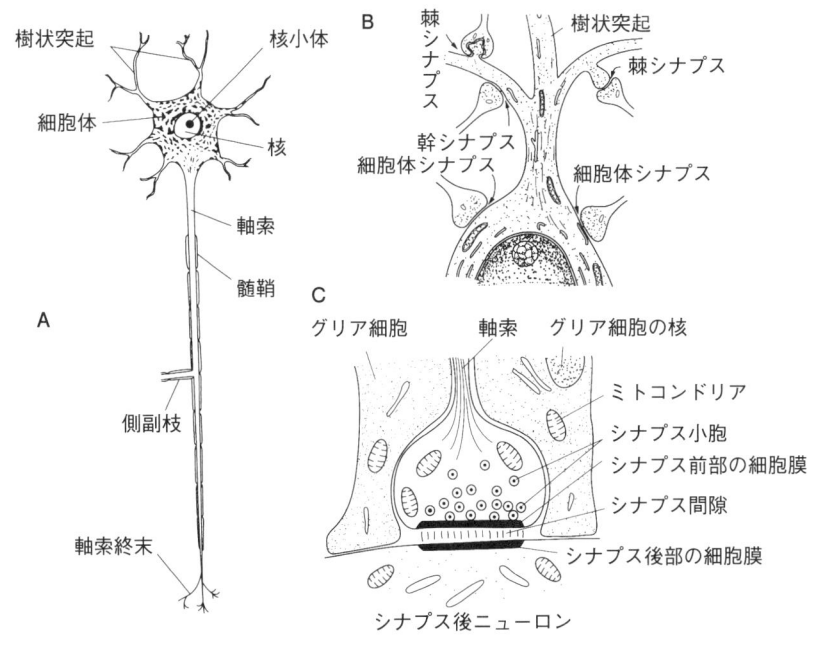

A：ニューロン，B：シナプス，C：シナプス末端の拡大図
図2-2　ニューロンとシナプス（新井, 2000）

ルの非常に微小な間隙があります。その間隙はシナプス間隙とよばれます。シナプスはニューロン同士が接する場所であると同時に二つのニューロンの境界でもあるわけです。シナプス（図2-2のC）には，直径30〜150ナノメートルの小胞が多数存在します。この小胞をシナプス小胞とよびます。ここで重要なことは，このシナプス小胞の中に神経伝達物質が含まれていることで，軸索の細胞膜を伝わって，細胞体から電気的信号が神経終末に到達すると，それが引き金となって，シナプス小胞内の神経伝達物質がシナプス小胞からシナプス間隙へ放出されます。シナプス後部の細胞膜には神経伝達物質に特異的に結合する受容体があって，シナプス間隙の細胞外液を拡散してきた神経伝達物質がシナプス後部の細胞膜に達し，その受容体に結合すると，今度はその刺激によって，シナプス後部の膜のイオンの透過性が変わり，電気的信号が発生するのです。このように，一つのニューロン内（細胞体と樹状突起と軸索）においては

20　第 2 章　効果的な学習法を身につけよう

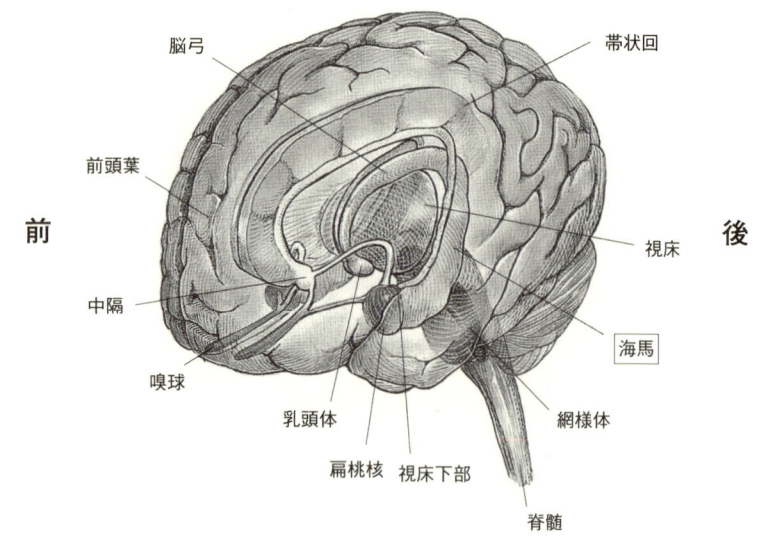

図 2-3　大脳辺縁系における海馬（Bloom, 2004）

電気的に興奮するか否か，すなわち電気的信号によって情報処理がなされますが，その電気的信号を別のニューロンへ伝達する際は，シナプスで神経伝達物質のような化学的信号を媒介して伝えられ，伝えられたニューロンに電気的信号を発生させるのです。したがって，このようなニューロンから構成されている脳は，電気的システムであると同時に化学的システムでもあります。

　脳の海馬（図 2-3）に話を戻しましょう。海馬のニューロンは電極で繰り返し刺激されると，刺激をやめた後も数週間にわたって発火し続けます。この発火が続くという長期増強を作り出す手法は，日常的に何かを記憶しているという作業をする動物でみられる神経発火とよく似た状態の神経発火を作り出します。長期増強にはシナプスにおいて特別なグルタミン酸（神経伝達物質）の受容体，つまり NMDA（N-メチル-D-アスパラギン酸）受容体を通じて作用するいくつかの興奮性の伝達が収斂し，相互作用することが必要です。最初の興奮の後，NMDA 受容体の介在した反応によって，シナプス前細胞でも後細胞でも，カルシウムイオン流入の増加が起きます。シナプス前細胞と後細胞の両方で，サイクリック AMP（環状アデノシン一リン酸）を増加させる他の海

馬神経回路による作用も必要です。近年の神経科学では，上記の海馬の細胞・分子レベルのメカニズムが人間の学習と記憶に密接にかかわると考えられています。

> **ワークショップ2-1**
>
> **学習法の比較**
>   これまで，あなたが自分で効果的であると思っている学習法（たとえば英単語を覚える，あるいは歴史の年号や人名を覚える，作業や手順を覚える場合など）をふりかえり，記してください。それらの内容を，クラスの他の人たちと比較して，共通点や差異を考察してください。

3. 科学的知見に基づく学習法

　前項をふまえて，認知心理学と神経科学の立場からみた効果的な学習法は以下の3点です。

　① 新しい行動を学習する時に，練習を休みなく続けて行う集中練習と，1回ごとまたは何回か休みをはさみながら行う分散練習があります。集中練習と分散練習については，同じ練習量なら，分散練習の方が集中練習よりも効率的に学ぶことができるといわれています（水野, 2003）。1週間のうち，日曜日だけ7時間勉強するよりも，月曜から日曜まで毎日1時間ずつ勉強した方がよく学べます。また，水野（2003）は学習の反復による再活性化が記憶の定着（短期記憶から長期記憶への移行）に必要だと述べており，復習と再学習が大事だと主張しています。

　② 脳の海馬は毎日しっかりと睡眠時間を確保し熟睡した方がきちんと睡眠ができていない場合よりも活動が高まるといわれています（Peigneux et al., 2004）。すなわち，海馬が活発に活動すれば，学習と記憶の能力が向上します。また，池谷（2001）は，何か新しい知識や技能を身につけるためには覚えたその日に6時間以上眠ることが欠かせないという，スティックゴールド（Stickgold, 2000）の研究成果を紹介しています。つまり，現在の脳の神経科学の見解では，睡眠中の夢見が脳の情報を整理し，記憶を強化するために不可欠な情報処理だと考えられています。学習と記憶にとって，しっかりと眠ることが大変に重要

です。

③上記の2点から，規則正しい生活習慣，規則正しい学習習慣こそ最も効果的な学習方法です。毎日一定時間の学習をして，その後しっかり寝て脳を休ませるべきです。学習にかかわるおかしな情報にふりまわされることなく，夜遊びや夜更かしをせず，きちんと自己管理して，栄養のバランスの取れた食事を規則正しく摂り（体の健康にとってよいことは脳にとってもよいことである），毎日地道に努力することこそ学びの王道であるのです。

コラム 2-1

効果的な学習方法

　効果的な学習方法といっても，「学習」の定義によるので簡単にこうだといえませんが，学生の皆さんが関心をもちそうな記憶の仕方，すなわち「記銘行動」に絞って，効果的な学習方法について述べます。私たちは記銘行動を効果的にするために，たとえば，英単語を復唱して覚えるなど，リハーサルをします。当初は，リハーサルの量が増加するほど，記憶できる情報量が増えるとシンプルに考えられていました。しかし，学習に関する研究が進むにつれて，リハーサルの方略は2種類あり，リハーサルの方略の違いによって学習の効率が違うことがわかってきました。リハーサルの方略の一つは，維持的リハーサル，1次的リハーサル，タイプⅠのリハーサルとよばれ，学習項目の意味をあまり考えないで項目の音韻そのものを単純に反復するやり方です。このタイプのリハーサルは情報の処理水準が浅く，リハーサルの量や時間を増加させても，記憶できる情報量があまり増えないといわれています。もう一つのリハーサルの方略は，構成的・精緻的リハーサル，2次的リハーサル，タイプⅡリハーサルなどとよばれ，情報の意味を考えたり，イメージ化したり，処理水準を深くすることによって，記憶できる情報量を増やす方略です。さまざまな研究者がリハーサルの方略が学習の効果に与える影響について研究していますが，いずれも，前者よりも後者の方略の方が，学習の効果が高いと結論づけています。すなわち，やみくもに英単語帳の単語を機械的に丸暗記するのではなく，意味のある英語の文章の一文ずつを覚えて，その文章を構成する英単語を覚える方が，効果的かもしれません。

（山内・春木, 2001）

---

4. 年齢に関係なく，学習にかかわる脳機能は鍛えれば向上する

　このように効果的な学習法について検討してきましたが，結局昔から学校教育や家庭生活の場でいわれてきた常識の正しさ（毎日コツコツ少しずつ勉強す

ること,復習すること,規則正しい睡眠生活習慣を送り心身ともに健康であること)が,認知心理学や神経科学によって科学的に実証されたということです。本章第1節で紹介した,脳機能の向上を目的とした携帯型ゲーム機用のゲームソフトを開発した川島(2004)や,百ます計算を開発した陰山(2005)もそれぞれの著書で奇しくも同様の考えを述べています。すなわち,どんなにすごくて画期的な学習法(脳機能を向上させるゲームソフトや百ます計算は効果的な学習法かもしれませんが)を実践しても,基本的な睡眠生活習慣が規則正しく保たれていないと,なんの効果もないのです。学習法の中身ばかりにこだわるだけなく,その学習を効果的なものにするためにも,規則正しい睡眠生活習慣を送ることが必要不可欠です。

また,基本的に脳のニューロンは毎日数万の単位で死滅していますが,健康な人が年齢を重ねるたびに急激に学習能力が衰えることはありません。それは,ニューロン間の接続部であるシナプスが増えることで学習能力を支えているからです。本節第2項で,海馬のニューロンのシナプスで一定時間に電気が流れやすくなる長期増強という現象が学習と記憶に密接にかかわることを紹介しました。石浦(2004)の研究では,長期増強が起こる前後のシナプスを顕微鏡で比較すると,長期増強後の方のシナプスの末端が膨らんでいることを発見し,この膨らみをスパインと名づけました。このスパインの発見は,脳における記憶と学習にかかわる物質的基盤が初めて発見されたという点で非常に画期的ですが(Matsuzaki et al., 2004),さらに重要なのは,年齢に関係なく,学習を続ければ続けるほどシナプスやスパインを増やすことができるのです。すなわち,年齢に関係なく,学習にかかわる脳機能は鍛えれば鍛えるほど向上することが科学的に証明されたのです。皆さんもこの事実を励みとして,あきらめずに学び続けてください。

コラム 2-2

神経倫理学

神経倫理学(Neuroethics)という言葉をご存知だろうか。世界的に著明な認知神経科学者のガザニガ(Gazzaniga, 2006)によれば,ニューヨークタイム

ズ紙のコラムニストのウィリアム・サファイアが「神経倫理学」という新語をつくり，「人間の脳を治療することや，脳を強化することの是非を論じる哲学の一分野」と定義したことを紹介しています。このような新語が誕生した背景には，近年の脳に関する神経科学の目覚しい進歩によって，脳と機械やコンピュータを直接つないで相互に作用させるブレイン‐マシン・インタフェース（Brain-Machine Interface：BMI）や，分子生物学の遺伝子操作によって脳の疾患の治療を行うなど，ほんの数年前までは考えられなかったような革新的な技術が出現したことがあります。これらの技術を，たとえば，言葉を発することができない重度の身体障害者の脳とコンピュータを BMI でつないで介護者とコミュニケーションをとりやすくしたり（櫻井他, 2007），脳の海馬ニューロンのシナプスの接続と遮断を遺伝子操作によって自由に制御する技術によって記憶にかかわる脳のメカニズムを探っているマサチューセッツ工科大学（MIT）の利根川進教授の研究グループ（Nakashiba et al., 2008）の研究のように，これらの革新的技術を医療・福祉や脳の基礎研究に応用することに対して反対する人はいないでしょう。しかし，もし，この革新的技術を健康な人間の脳の海馬に適用して，通常ではありえないような記憶力の強化に利用したとしたら，はたしてどうなるのでしょうか。まだまだ脳の神経科学は発展途上で未解明な部分も多いので，海馬の機能のみ強化したらどのような悪い副作用が起こるかわからないという恐ろしさもありますし，それ以上に，たとえば裕福な人間のみが大金をはたいて革新的技術を買い，貧しい人々とは比べられないほど脳機能を向上させるという究極の格差をわれわれは認められるのかという倫理的な問題などもきわめて重大です。このように，最新の革新的技術を今後われわれはどのように受け入れるべきなのかを真剣に考えなければならない，非常に切迫した危機感から「神経倫理学」という考え方が提唱されているのです。ガザニガは「神経倫理学」を次のように再定義しています。

「神経倫理学は，個人の責任を，できるだけ広い社会的・生物学的視点からとらえようとするものだ。神経倫理学は，脳から得られた知見に基づく人生哲学を模索する研究分野であり，またそうあらねばならない。」

〈要約〉

近年，携帯型ゲーム機による脳トレーニングや大人の計算ドリルなど，学習方法を扱った出版物がブームになっています。しかし，それらの学習方法がどれほどの効果があるのか，十分に科学的に検証されていません。そこで，本章では認知心理学，神経科学の知見から，脳のメカニズムに基づいて効果的な学習法につ

いて検証しました。また，学習を効果的にするためには，普段の睡眠・生活習慣が大変重要であることを指摘しました。

〈キーワード〉

作業記憶，短期記憶，長期記憶，手続き的記憶，宣言的記憶，エピソード記憶，意味記憶，海馬，ニューロン，シナプス，NMDA 受容体，スパイン

〈知識チェック〉

下記の空欄に適切な語句を記入しなさい。

記憶は時間的側面からみると三つに分類できる。一つ目は，情報をほんの数秒別の心理機能と並行して使用するまでの間だけ保持する（ィ　　　　）である。二つ目は情報が数分間保持される短期記憶である。三つ目は（ロ　　　　）で，短期記憶から変換され，何時間もあるいは一生にわたって保持される。短期記憶を（ハ　　　　）に変換するには（ニ　　　　）とよばれる脳の部位の働きが必要である。

〈レポート・討議課題〉

① 睡眠時間の違いが学習の効果にどのような影響を与えるか，自分で実験してください。

〈ブックガイド〉

新井康允　2000　脳とニューロンの科学　裳華房
ブルーム, F. E.（他著）中村克樹・久保田　競（監訳）2004　新・脳の探検下　講談社
伊藤正男（監修）　2003　脳神経科学　三輪書店
アイゼンク, M. W.（編）　野島久雄・重野　純・半田智久（訳）1998　認知心理学事典　新曜社
山内光哉・春木　豊　2001　グラフィック学習心理学　行動と認知　サイエンス社

【引用文献】

新井康允　2000　脳とニューロンの科学　裳華房
Bloom, F. E., Nelson, C. A., & Lazerson, A.　2001　*Brain, mind and behavior*（3rd ed.）New York: Worth Publisher.（中村克樹・久保田　競監訳　2004　新・脳の探検下　講談社）

池谷祐二　2001　記憶力を強くする　講談社
石浦章一　2004　遺伝子が明かす脳と心のからくり　羊土社
陰山英男　2005　欠点を長所にすると学力はグーンと伸びる　小学館
川島隆太　2004　天才の創りかた　講談社インターナショナル
Gazzaniga, M. S.　2006　*The ethical brain: The science of our moral dilemma*. New York: Harper Perennial.（梶山あゆみ訳　2006　脳のなかの倫理　脳倫理学序説　紀伊國屋書店）
Matsuzaki, M., Honkura, N., Ellis-Davies, G. C., & Kasai, H.,　2004　Structural basis of long-term potentiation in single dendritic spines. *Nature*, **429**（6993）, 761-766.
水野りか　2003　学習効果の認知心理学　ナカニシヤ出版
Nakashiba, T., Young, J. Z., McHugh, T. J., Buhl, D. L., & Tonegawa, S.　2008　Transgenic inhibition of synaptic transmission reveals role of CA3 output in hippocampal learning. *Science*, **319**, 1260-1264.
Peigneux, P., Laureys, S., Fuchs, S., Collette, F., Perrin, F., Reggers, J., Phillips, C., Degueldre, C., Del Fiore, G., Aerts, J., Luxen, A., & Maquet1, P.　2004　Are spatial memories strengthened in the human hippocampus during slow wave sleep? *Neuron*, **44**, 535-545.
櫻井芳雄・八木　透・小池康晴・鈴木隆文　2007　ブレイン-マシン・インタフェース最前線　工業調査会
Stickgold, R., James, L., & Hobson, J. A.　2000　Visual discrimination learning requires sleep after training. *Nature Neuroscience*, **3**（12）, 1237-1238.
山内光哉・春木　豊　2001　グラフィック学習心理学　行動と認知　サイエンス社

第2節　やる気

【学習目標】
・動機づけについて理解しよう。
・自分が大学で学ぶ動機を意識してみよう。
・学びを継続するための適切な目標設定について理解しよう。

　前節では，効果的な学習法とは「課題を分割しながらコツコツと少しずつ勉強すること」「復習につとめること」「心身の健康につとめること」であることを学びました。これらのコツがテスト間際に一夜漬けするよりも，効率的で楽な勉強法であると勧められても，「理屈はわかるけど，コツコツ勉強するのがじゃまくさい」「勉強する気がぜんぜんしない」という人もいるでしょう。この節では，学ぶ意欲を維持するために，「やる気」について心理学的に考えてみることにします。
　なお，ここで紹介する内容は勉強だけに限らず，何か成し遂げようとする行

動（達成行動）には一般的に成り立つことです。勉強よりも，スポーツや音楽など今しかできないことに思い切り打ち込んでみたいと思っている人たちにも，「勉強」をそれらの活動におきかえて読んでいただければ十分に参考になるはずです。

1. やる気の心理学

やる気を心理学的にいいかえると，動機づけ（motivation）となります。行動をする気にさせ，方向づける欲求のことです。機械の動力源，エネルギーのようなものです。たとえばある大学生が公認会計士になるため，一生懸命勉強しているとしましょう。わき目もふらず勉強に方向づけるエネルギーは何でしょうか。高収入を得るため，親が会計事務所を経営しているから，社会的地位を得て異性にもてるため，会計士として社会に貢献するため，簿記を勉強していて会計学の面白さにはまったからなど，いろいろ考えられます。

動機づけは，外発的動機づけ（extrinsic motivation）と内発的動機づけ（intrinsic motivation）に大別されます（Deci & Ryan, 1985）。外発的動機づけは行動の結果見込まれる報酬や罰への脅威，外からの要請によって行動を起こそうとする欲求です。よい成績をだせばごほうびがもらえる，勉強しないと怒られるから勉強するといった場合には，外発的動機づけに基づいて勉強していると考えられます。内発的動機づけはその行動自体に興味をもつために行動を起こそうとする欲求です。学んでいるうちに疑問や興味をもち自分で調べたくなる，学びの行為自体が楽しくて取り組む場合は，内発的に動機づけられているといえます。

教育現場では，外発的な動機づけがなくなれば学ばなくなるのは問題ですから，自ら進んで学ぶ内発的に動機づけられた生徒や学生を好ましいと判断するようです。出席点だけがほしい，単位が取れればいいといった外発的に動機づけられた学生には，試験前に少しだけ勉強するだけで，試験が終わって単位がもらえればあとは知らないとする人が多いようです。学問は日々進化しており，試験で暗記した程度の理解だけでは本当に身についたとはいえません。内発的動機づけによって，一見難しそうにみえても粘り強くあきらめないで取り組んでほしいところです。

ワークショップ 2-2

学習動機

高校までの学習を思い出して、次の問いに答えなさい。
問1「自分はいったいなぜ勉強してきたと思いますか」
⇒

問2「人はなんのために勉強しているのだと思いますか」
⇒

問3「あなたが大学で学ぼうとする理由はなんですか」
⇒

問4「人はなんのために大学に進学すると思いますか」
⇒

結果の整理と考察の仕方

記述が終わったら，市川（2001, 2004）の学習動機の2要因モデルにそれぞれの回答を当てはめてみましょう。さらに，その結果を教室全体で集計してみるのも面白いでしょう。うらにノリがついている付箋紙に回答を書いて，黒板に大きく書いた2要因モデル内（図2-4）に貼り付け，みんなで議論してみましょう。このとき，分類不能という枠もつくっておきましょう。

　内発的動機づけから勉強する学生だけをゼミに参加させたいというのが大学教師の本音です。しかし，最初は単位欲しさからゼミを受講している学生も，グループ研究を始めて，他の学生との関係性の中で活動が楽しくなり，グループの皆から必要とされるようになると俄然やる気をみせて活き活きとするとい

った姿がゼミでみられます。このように，外発的な動機づけから内発的動機づけに変わっていくことがあります。また卒論で必要だと先輩からいわれるから，仕方なしにコンピュータによる統計分析の演習を履修した学生が，自分で集めたデータの分析結果が面白くてどんどんはまっていくうちに，データ解析自体が面白くなって，マーケティングリサーチの会社に就職するという例もしばしばみられます。大学や社会には，「やりたくないけど，しないとうるさく言われるから仕方なしにやっている」つもりでも，やっているうちに面白くなってしまうことがたくさんあります。

2. 学習動機の2要因モデル

　市川（2004）は先のワークショップにあるような質問（問1と2）を大学生に対して行って，その記述を六つに分類しました。さらに，「学習の功利性」「学習内容の重要性」という2次元で構造化をはかったものです（図2-4）。ここでは，次元とは強弱を表わすものさしと考えてください。

　横軸の「学習の功利性」次元は，「学習すれば得をするし，やらないと損をする」という動機を右の極として，その度合いが左方向へ行くほど弱くなり「学習に伴う賞，罰は意識しない」ようになることを意味しています。

　縦軸の「学習内容の重要性」次元は，上の方から「この内容だからこそやりたい」という内容重視の考えから，その度合いが下方向へ行くほど弱くなり「別にこの内容でなくてもいい」という考え方になることを意味しています。

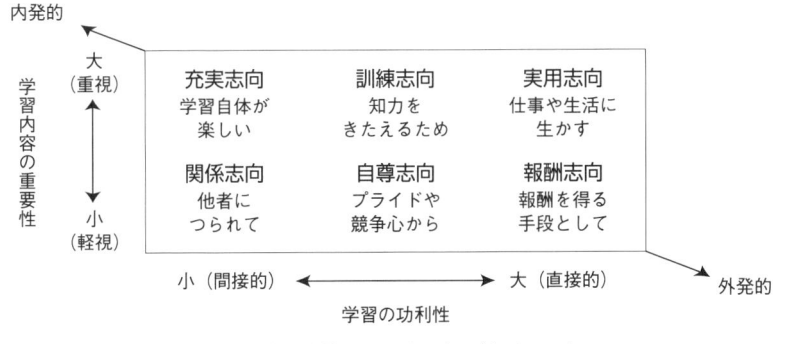

図2-4　学習動機の2要因モデル（市川, 2004）

	学習内容の重要性 大（重視）		
内発的	充実志向 学習自体が楽しい	訓練志向 知力をきたえるため	実用志向 仕事や生活に生かす
	関係志向 他者につられて	自尊志向 プライドや競争心から	報酬志向 報酬を得る手段として
	小（軽視）		外発的
	小（間接的） ← 学習の功利性 → 大（直接的）		

これらの2次元を組み合わせると六つの学習動機が位置づけられます。市川（2001）の記述にしたがって，説明します。上の段にある「充実志向」は学習すること自体が楽しく，やっていると充実感があることを意味します。内容を重視しますが，役に立つかどうかは関係がありません。「訓練志向」は知力をきたえる目的がありますので，やると頭がよくなる課題に挑戦しようとします。「実用志向」は自分の将来の仕事や生活に生かせるから勉強をするということで，功利性は強いということになります。

　下の段の「関係志向」はみんながやっているからというように他者につられて勉強しているので，内容そのものは重視していないことを意味します。「自尊志向」はいい成績をだして優越感を味わい，プライドを維持するといった動機で，少し功利的ですが，気分的なもので内容まで問いません。「報酬志向」は明らかに外からの物質的報酬を意識した動機です。

　従来からの外発的動機づけと内発的動機づけは，この2要因モデルではどのように位置づけられるでしょうか？　内発的動機づけは，学習内容を重視し，学習の功利性を軽視します。外発的動機づけは学習内容を軽視し，学習の功利性を重視します。図2-4に以上を表現した矢印が書かれています。つまり，充実志向から報酬志向にいたる対角線の軸が内発的動機づけから外発的動機づけへの位置づけです。あくまで目安ですが，各動機の「〜志向」の「〜」の右端から対角線に直角に交わるように垂線を下ろしてみると，各動機がどの程度内発的で外発的かが表現できます。外発的動機づけが最も強く内発的動機づけが弱いのが「報酬志向」，内発的動機づけが強く外発的動機づけが弱いのが「充実志向」です。「実用志向」は勉強があくまで目的達成の手段という意味では外発的であるといえます。他に可能な別の手段があるならば勉強しないということになるからです。「関係志向」には，テレビや本で知った先生にあこがれて，その先生の専門分野を一生懸命勉強するといったことも含まれます。一方的関係ですから，別にその先生にほめてもらうことを期待しているわけではなく，すばらしい業績や知性に感化されて学ぼうとしているので内発的動機づけの側面を強くもっていると考えられます。

　先のワークショップにおけるあなたの問3，問4はこの2要因モデルのどこかに位置づけることができましたか？　あなたは，大学でどのような動機づけ

をもって学ぼうとしていますか？

3. やる気のなさは後天的に身につけたものである

　前節では，学ぶ時間さえあれば，不得意な科目であっても十分にこなせるようになる「効果的学習法」についてみてきました。しかし，「努力したって自分にはできるわけがない……」と思っているならば，今日も，明日も「効果的学習法」を実行できないでしょう。そこで，「やる気のなさ」「無力感」が生じる原因を理解し，克服するにはどうすればよいかを考えたいと思います。

　「無力感」はどのようにして生じるのでしょうか？　生まれつき「やる気のない人」「やる気にあふれている人」がいるように思えますが，心理学には「無力感」はある特定の状況下で獲得され，「無力感」は他の生活場面へと一般化されていくとする立場があります。その代表であるセリグマン（Seligman, 1975）は自分ではどうすることもできない「悪い事態」を繰り返し体験すると，「無力感」を学習するといいます。セリグマンは実験的に人や動物で学習性無力感（learned helplessness）が生じることを明らかにしました。なお，ここでいう学習（learning）とは，「経験によって生じる比較的永続的な変化」のことです。報酬が得られる行動の生起確率が高くなる（強化），苦痛などの罰から逃れる方法を学習するといった行動の法則性を研究する学習理論の基礎概念です。次に紹介するセリグマンの実験では，ずいぶん変わったことを犬に学習させます。つまり，自分では「どうしようもない状況下では何も積極的に行動しない」ことを学習させるのです。

　実験では，犬をベルトで固定し，連続した電気ショックを与え，それから逃れる機会をまったく与えませんでした。すると動こうとはせず，電気ショックにひたすら耐え，止むのを待つようになります。その後，この犬を別の実験箱に入れます。この箱では，犬の拘束は解かれており，ハードルを飛び越え隣の部屋に移りさえすれば電気ショックから逃れることができます。しかし，先ほどと同様に犬は希望を失ってしゃがみこんだままでした。そして，電気ショックが流れている場所からハードルを越えて逃れるように引っ張ってもなかなか動こうとせず，あたかも従順に苦痛に耐えあきらめているかのようでした。

　実験では比較対照の群（対照群）を設定する必要があります。ここでは，対

照群として，拘束を受けた犬は鼻で前のパネルを押せば電気ショックを止めることができるグループを用意しました。つまり「やればできる」状況におかれた犬たちです。その後，その犬を実験箱の方に入れると容易にハードルを飛び越え，電気ショックから逃れました。人間も同様で，自分で事態をコントロールできると考えると積極的に対処しますが，一方，自分の力ではどうしようもない出来事に繰り返しさいなまれると，無力感，絶望，抑うつ感情を感じるにいたってしまうのです。

このように自分のいる環境をコントロールできないという感覚は，さまざまな場面で無力感をもたらします。大事なことは，この無力感は本人の生得的，先天的な性格傾向ではなく，あくまでも「ある状況下」で学習したものであるということです（後天的に得たものです）。

勉強に限定して考えてみましょう。教師がある児童にとって高すぎる目標を立てて取り組ませても，いつまでたってもクリアできません。この児童はどうなるでしょうか？　セリグマンの考えに従えば，何をしてもムダだというあきらめモードにはいってしまうのではないかと考えられます。

大人数のクラスで一斉に学習をさせるという授業形態では，個々人の課題達成状況をみたり，つまずいた際にはすぐにアドバイスをするといったことがなかなかできません。どうしても落ちこぼれる生徒がでてしまいがちです。落ちこぼれた生徒は，個別指導や習熟度別の少人数クラスなど別のやり方ではクリアできたはずのことがなかなかできず，その科目を嫌いになるだけでなく，自分に対して不信感を募らせ，劣等感をいだかせてしまうことになるのです。

4. 適度な目標設定をすること

高すぎる目標，成果がなかなか目に見えない目標を立てることは，何度も失敗し，やる気を失い，無力感を引き起こす可能性があります。ここでは適切な目標設定をすることが学ぶ意欲を維持し，学力を向上させ，本人の自信まで生み出すという研究をみることにしましょう。

バンデューラとシャンク（Bandura & Schunk, 1981）は，効果的な目標を設定するには，長期で詳細でない一般的な目標（遠隔目標：distal goals）よりも，短期で具体的な目標（近接目標：proximal goals）をうち立てるほうがよいと

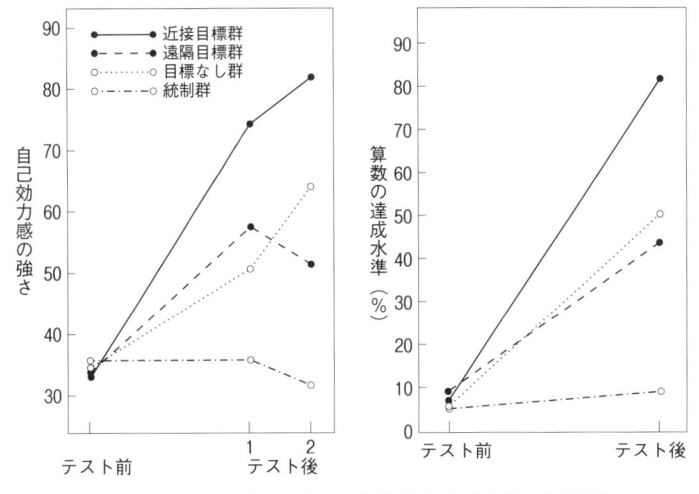

図2-5　引き算に対する自己効力感（左）と引き算の達成水準

いいます。大きすぎる目標だけでは，日々行うべき具体的な準備が進まないし，自己効力感（self efficacy）が高まらず，やる気も起きにくくなると考えられます。ここで，自己効力感とは，自分がある行動をすることができる（I can do it!）という認識です。自己効力感を強く感じるほど，ますます行動を実行する気になります。

　バンデューラとシャンクは，適度にチャレンジしがいがあり，その日のうちに達成できる近接目標のほうが学力向上に役立つことを実験的に示しています。算数嫌いの児童にあるプログラム（自己決定学習：self-directed learning）に従って引き算を学ばせ，反復測定（同じ課題について複数回測定をする実験計画）を児童の自己効力感（知覚された数学的自己効力感）と引き算の学力について行いました。実験では，プログラムの教材に取り組むうえで三つの目標の立て方の群を用意します。それらは，近接目標群（1日6ページを目標），遠隔目標群（7日で42ページを目標），目標なし群（教材をこなしていくうえで目標に対する言及がない群）です。さらに比較のために統制群（control group：実験処理であるプログラムに参加せず自己効力感と学力だけ測定を受ける）も設けられています。ここで，近接目標も遠隔目標も7日間でみると同じ数値目標になることに注意してください。

実験の結果，最も学力や自己効力感が向上したのは近接目標群でした。皮肉なことに7日で42ページという遠隔目標群は目標なし群とほとんど変わらなかったのでした。このように遠い目標ではかえって意欲はわかないことがわかります。なぜならば毎日の目標のほうが，よりコントロールしやすく現実的だからです。

　この実験からは，必要な努力の総体を考え，それを実行可能な日々の努力，近接目標に分割することが有効だと考えられます。できるだけ自分で，実行可能かつ成果が確認できる近接目標を立てることです。近接目標を設定することで，具体的に何をすれば明確になり，「自分にもできそうだ」と自己効力感（知覚された効力期待）が高まり，そして学習意欲が高まってくるのです。何週かすると，目標を達成したことで達成感を味わい，さらに自己効力感が高まっていきます。

　なお，ここでは若者が大いなる夢をもつことを否定しているわけではありません。ストリートミュージシャンからメジャーデビュー，スポーツの世界で頂点を目指すなど大きな夢の実現のためには倦まずたゆまず努力し，あなたの才能を見出してくれる人との出会いなど，いくつかのチャンスにもめぐまれなければならないでしょう。努力も必要ですが，夢をもたないとチャンスに躊躇したり，見逃したりするのです。ただし遠大な目標だけを立てると「大いなる夢を語るが，日々の努力をしない」という悪循環につながる可能性があります。この悪循環の一般的なメカニズムは次のように考えられます。遠大な夢に思いをはせることは「実績に基づかない，自己満足のためだけの有能感」を満たすことにつながります。その反面，自分の能力のなさといった現状をみつめる不快な思いを避けるために，今なすべきことをずるずる先延ばしする，努力しない原因を自分がおかれた環境のせいにする，目的外の行動に精を出すなどといった悪循環につながってしまうのではないでしょうか。この悪循環は勉強だけに生じることではありません。

　最後に，近接目標の立てかたについて具体的に考えておきます。

　① 近接目標は無理な目標を設定すると逆効果なので，自分自身が現実的に考え，主体的に設定することが望ましい（最初は少なめに学習量を設定するとよい）。

② 高校生の英単語力アップを例にとります。たとえば1日5個の英単語を覚えると10週間で350語，40週で1400語を覚えることができるといったようにします（センター試験ならば十分の単語力でしょう）。通学のための電車の中と寝る前にチェックをするといったスキマ時間の活用でよく，5個の単語を一日で覚えきるのではなく，時間をみつけて何度もちょこちょこ復習することが重要です。

新たな学習習慣形成のために3週間は続けることです。すべて始まりは困難であるといいます。最初は大変でもいったん動き出せばどんどん楽になります。「分散学習と復習を繰り返す」ことです。朝の歯磨きや化粧が苦痛でなくなっていくのと同様に，効率的学習法も習慣化すれば苦痛ではなくなります。そうするうちに基礎知識が身につくにつれて，応用も利きますし，他領域の学習も容易になります（学習の転移作用の累乗効果といいます）。そして学力や学習効率がぐんと上がりはじめるのです。

ξξξξξξξξξξξξξξξξξξξξξξξξξξξξξξξξξξξξξξξξξξξξξ

〈要約〉
「やる気」を心理学では「動機づけ（モチベーション）」といいます。「動機づけ」には，外発的動機づけと内発的動機づけがあります。この節では，学習行動への動機づけについて，市川の学習動機の2要因モデルを紹介し，それに基づき，大学で学ぶ動機についてふりかえってみました。「やる気がなくなる」メカニズムを理解するために，学習性無力感について学びました。大目標（遠隔目標）を分割して1日単位でこなせる目標（近接目標）を設定して実行することが，やる気も課題に対する自己効力感も高めます。第1節で効率的な学習法とされた分散学習（分散練習）は学び続ける意欲を保つうえでも有効です。

〈キーワード〉
動機づけ，外発的動機づけ，内発的動機づけ，学習動機の2要因モデル，学習性無力感，遠隔目標，近接目標，自己効力感

―― 〈知識チェック〉 ――
・外発的動機づけと内発的動機づけについて説明せよ。
・学習性無力感について説明せよ。
・目標のたて方と意欲，達成結果の関係について述べよ。

〈レポート・討論課題〉
① 現在履修中の科目の中から，授業後に短時間でよいのでコツコツ復習をしてみてください（授業後，就寝前，目覚めてから，授業前）。1ヵ月続けた後，その科目に対する自信はどのように変化したのかを報告してください。あるいは，語学を修得したいと思っていた人は，単語や例文の暗記で，コツコツと復習をするのを同じく1ヵ月続けてみてください。復習がいつでもどこでもできるように，単語や例文を記した小さなノートや単語カード，単語帳機能がある電子辞書，パソコンの出力などを持ち歩くとよいでしょう。
② 勉強，スポーツなどでこれまで大目標を立てたが実行できなかったことについて，その内容を説明したのち，なぜ努力が続かなかったのかを自己分析してみましょう。

〈ブックガイド〉
市川伸一　2001　学ぶ意欲の心理学　PHP研究所
市川伸一　2004　学ぶ意欲とスキルを育てる　小学館
　（学習意欲や動機づけ，日本の教育問題への応用を知ることができます。市川（2001）には学習動機を測定する尺度がありますので，集団で実施して，自分の位置づけを探ることもできます。）

【引用文献】
Bandura, A., & Schunk, D. H.　1981　Cultivating competence, self-efficacy, and intrinsic interest through proximal self-motivation. *Journal of Personality and Social Psychology*, **41**, 586-598.
Deci, E. L., & Ryan, R. M.　1985　*Intrinsic motivation and self-determination in human behavior*. New York: Plenum Press.
市川伸一　2001　学ぶ意欲の心理学　PHP研究所
市川伸一　2004　学ぶ意欲とスキルを育てる　小学館
Seligman, M. E. P.　1975　*Helplessness: On depression, development and death*. San Francisco: Freeman.

第Ⅱ部

自分という存在について考えよう

3

私たちは世界をどのように認識しているのか？

　私たちは日々さまざまな感覚（あるいは知覚）を利用して生活しています。たとえば朝，時計のアラームの音（聴覚）で目をさまし，手さぐり（触覚）でそのアラーム音を止めます。用意した朝食の味（味覚）やその香り（嗅覚）を味わい，鏡の前でより魅力的に見える（視覚）服をコーディネートします。支度がすむと戸外に出て，道やその周囲の風景を見ながら徒歩や自転車などで通学します。大学に到着して，講義が始まる前に友人と顔（顔の知覚）を合わせながら議論や談笑をすることもあるでしょう。

　通常，このような生活の中で，私たちは周囲の世界に何の違和感を覚えることもありません。しかし，感覚を通して伝達された私たちの世界は，ありのままの外界を反映したものなのでしょうか。この章では錯覚について紹介し，外界の認識について当たり前とされることに疑問をもつようになることがねらいです。

第 1 節　外界把握の仕組み

【学習目標】
・ものが見える仕組みを理解しよう。
・知覚的恒常性について理解しよう。

私たちが生活している外界は三次元空間です。そこでの生活を可能にするためには外界を認識しなければなりません。私たちはその外界を認識するためにさまざまな情報をとりいれています。特に人間は，目からもっとも多くの情報をとりいれています。この情報のことを心理学では刺激（stimulus）とよびます。外界からの刺激に加えて，人間の内部からの刺激も受容するのが感覚（sensation）です。感覚とほとんど同じ意味で知覚（perception）ということばも用いられます。

　感覚には視覚，聴覚，嗅覚，味覚，皮膚感覚（このなかには触覚，圧覚，温覚，冷覚，痛覚があります）のいわゆる五感と，運動感覚（自己受容感覚ともいいます），平衡感覚，内臓感覚の8種類があります。私たちは，これらの感覚の受容器（receptor cell）によって，刺激をとらえて世界を認識しています。感覚によって認識された世界は，外界をコピーしたものではなく，これらの間には程度の差こそあれ，歪みが生じています。その歪みの著しいものを錯覚（illusion）といいます。

コラム 3-1

感覚遮断実験

　外界からの刺激が極端に少ない状況では，人間はどうなるのでしょうか。ヘロン（Heron, 1957）は外界からの視覚，聴覚，皮膚感覚の刺激を極端に制限した実験を行いました。図のように，実験参加者の目には目かくしがなされ，一様な光が見える程度で形を見ることはできませんでした。耳には換気の単調な音以外は何も聞こえず，手にはカバーがなされ，何も触れることができませんでした。実験参加者は，食事とトイレ以外は，小さな防音室の中に置かれたやわらかいベッドの上に横たわっているように命じられました。

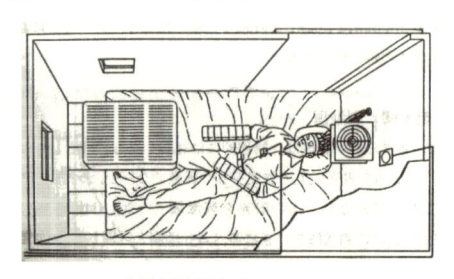

感覚遮断実験（Heron, 1957）

実験がはじまると，実験参加者はよく眠りました。目が覚めるとなんとなく落ち着かず，何かを考えようとしますが，時間がたつにつれて思考は鈍化し，まとまったことは考えられなくなりました。ときには幻覚が生じ，精神状態は不安定となり，脳波の異常を示すようになりました。この実験に3日以上耐えることができた実験参加者はいませんでした。この結果は，環境からの刺激は単に外界からの情報という意味だけではなく，人間の脳が正常に働くために不可欠な存在であることも示しています。

　感覚の中で，人間は視覚からの刺激をもっとも多く活用していることから，ここでは，主に視覚の歪みである錯視（visual illusion）を紹介します。

1. ものが見えること

　ここで，錯視を紹介する前に，目の仕組みと見えることについてふれておきます。上述したように，視覚の受容器は目です。図3-1は目の水平断面を示しています。目はカメラによくたとえられます。水晶体はレンズ，虹彩は絞り，網膜はフィルム，まぶたはシャッターに相当します。外界の像は網膜に結像します。その像を網膜像（retinal image）といいます。

　わたしたちの目は，カメラと大きく異なっているところがあります。カメラで撮影された写真は，それを見る人が必要になります。では，網膜像を一体誰が見るのでしょうか。この考え方は，見る人の頭の中にも目が必要となり，さらにその目を見る目が必要となります（Gregory, 1998）。よって，脳はその中

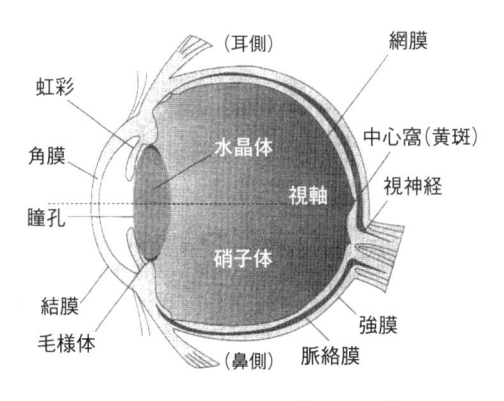

図 3-1　目の水平断面図（永田, 2005）

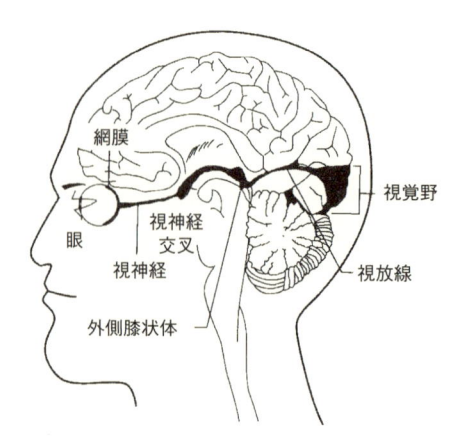

図3-2 視覚神経系の模式図（長谷川ら，1889）

の目で網膜像を見ているのではないということです。

図3-2は視覚神経系を示しています。網膜像は電圧の瞬間的な変化であるインパルスに変換され，視神経を通って脳の視覚野に伝えられ，そこで再構成された視覚が生じるのです。このように，私たちの視覚世界は外界を正確に模写しているのではないのです。

2. 知覚的恒常性

一本の木を見るとき，その木の大きさ（対象の物理的特性）のことを遠刺激（distal stimulus）とよび，その木の網膜像（感覚受容器に到達した物理的特性）を近刺激（proximal stimulus）とよびます。その木を近くから見るとその網膜像は大きくなり，遠くから見るとその網膜像は小さくなります。しかし，網膜像の大きさにかかわらず，木の見かけの大きさはどちらもほとんど同じです。このように遠刺激からの距離が変化しても，その見かけの大きさがほぼ一定に保たれることを大きさの恒常性（size constancy）といいます。一般に感覚受容器の近刺激が変化しても，遠刺激が変わらずに知覚されることを知覚的恒常性（perceptual constancy）といいます。

その他の知覚的恒常性には遠刺激の特性（形，明るさ，速度，音の大きさなど）によって形の恒常性（form constancy），明るさの恒常性（brightness constancy），速度の恒常性（velocity constancy），音の大きさの恒常性（loudness constancy）があります。

> **ワークショップ3-1**
>
> **指の大きさの恒常性**
>
> 　次のことを行ってみてください。両手の人差し指（あるいは同じ長さの鉛筆）を立て，両腕を離して前方にのばしてください。左腕はいっぱいにのばし，右腕は左腕の半分にのばします。まず，片目あるいは両目で左右の指の長さを比べると，どちらの人差し指もさほど大きさはかわりません。次に，目からそれぞれの手の距離を保ちながら，両方の人差し指が見えるように両腕を正中面（左右の中心面）に移動します。そして，手前の指が重ならないように片目で左右の指の長さを比べます。すると，左の人差し指の大きさは，右の人差し指の大きさの半分ほどに見えます。このように，網膜像の大きさが変化しても，注意して比較しない限り，対象の大きさは，一定に見えること（大きさの恒常性）が確認できます。

第2節　さまざまな錯視・錯覚を考える

【学習目標】
- ・幾何学的錯視を理解しよう。
- ・縞柄錯視を理解しよう。
- ・縦断勾配錯視を理解しよう。
- ・触覚の錯覚を体験しよう。

1. 幾何学的錯視

　まず二次元画面で生じる錯視について紹介します。幾何学的錯視とは，平面上に描かれた図形の長さ，形，大きさ，角度，方向などの客観的な幾何学的性質と著しく異なって知覚される錯視のことです。

　図3-3はミュラー・リヤー錯視（Müller-Lyer illusion）とよばれています。この錯視は矢ばねによって，線分の見かけの長さが異なります。線分は上図にある内向きの矢ばねをもつ線分と，下図にある外向きの矢ばねをもつ線分に分けられます。その2つの線分の客観的な長さは同じですが，内向きの矢ばねの

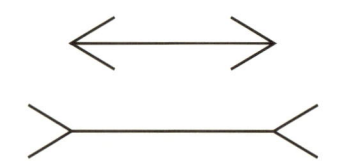

図3-3 ミュラー・リヤー錯視（Müller-Lyer, 1889）

線分は外向きの矢ばねの線分よりも短く見えます。

図3-4はハイレグ錯視（high-cut leg illusion）とよばれています。この錯視は，ハイレグ・カット水着の方がそうでない水着よりも足が長く見えます。これはミュラー・リヤー錯視の効果といわれています（Morikawa, 2003）。

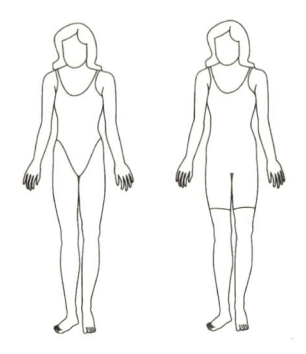

図3-4 ハイレグ錯視（Morikawa, 2003より改変）

図3-5はヘルムホルツの正方形（Helmholtz square）とよばれています。この錯視は正方形が左図のように横縞模様によって縦長の長方形に見えます。右図のように左図を90°回転して縦縞模様にすると，今度は正方形が横長の長方形に見えます。

図3-5 ヘルムホルツの正方形（Helmholtz, 1866）

図3-6はシェパード錯視（Shepard illusion）とよばれています。これは形の

図 3-6　シェパード錯視 (Shepard, 1990)

錯視で，図の2つのテーブルの面はまったく同じ大きさと形をしているのに異なって見えます。実際に測って確かめてみてください。

　以上から，私たちの見かけの長さあるいは幅は，矢ばね，方向，縞模様によって歪んでいることがわかります。

ワークショップ 3-2

動く錯視

変則的運動錯視 (Kitaoka & Ashida, 2007)

本を手で持ち，上下，左右，斜め，前後に動かしてみてください。中

心に描かれた円が動かした方向に動いて見えます。この錯視は変則的運動錯視（anomalous motion illusion）とよばれています。図の黒と灰色の円は，周囲の白色と黒色の模様よりもコントラストが低く描かれています。低いコントラストの円は高いコントラストの周囲よりも視覚の情報処理が遅く，知覚するのに時間がかかるためにこの錯視が生じます（Kitaoka & Ashida, 2007）。

ワークショップ 3-3

顔の知覚

　顔はその輪郭，髪，目，口，顎などの要素によって構成されています。顔の表情を知覚するとき目と口は特に重要とされています。図はサッチャー錯視（Thatcher illusion）とよばれています。まず図の左右の顔を見比べてください。右の顔は左の顔と比べて違和感がありますが，その程度は小さいでしょう。次に本を180°回転してください。少し違和感があった顔の表情は恐ろしい顔に見えます。この恐ろしい顔は左の顔の目と口を逆さまにした写真です。トンプソン（Thompson, 1980）はこの図によって，顔の表情の知覚には顔の方向が重要であること，顔が逆さまになると目や口の部分が表情の手がかりに重要であることを示しています。

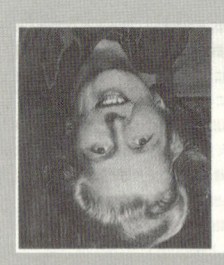

サッチャー錯視（Thompson, 1980）

2. 縞柄錯視

　先にヘルムホルツの正方形について紹介しましたが，図 3-7 の中央の人物は左の人物よりも細く見え，右の人物よりも太く見えます。実際の服でも，同じ

第 2 節　さまざまな錯視・錯覚を考える　47

図 3-7　絵における縞柄錯視（今井, 1992）

縞柄でもヘルムホルツの正方形とはまったく逆の錯視が生じ，縦縞の服の方が横縞の服よりも身体が細く見えるという通説があります（コラム 3-2）。これを縞柄錯視といいます。

ではなぜ縦縞が図形では太く見え，服では細く見えるのでしょうか。これは見かけの奥行きが影響しているとされています（田谷・三浦, 2001）。図 3-8 は右端がヘルムホルツの正方形で，左に行くほど見かけの奥行きが強くなり，円筒に見えます。この図から，見かけの奥行きが強いほど幅が小さく見えます。

図 3-8　奥行き感のある縞柄（田谷・三浦, 2001）

コラム 3-2

縞柄錯視

　山川ら（1985）は，縞柄錯視を検討するために，図のようなワンピース，フィット・ブラウス，ルーズ・フィット・ブラウスの縦縞と横縞を 3 サイズ設定し，計 18 着作成して，それぞれ人台に着せました。20 名の実験参加者は，ランダムに

並べられた6体の人台を2mの距離から観察しそれらの人台を，見た目が太って見える順に並べる質問紙に答えました。そして順位の高いものから6点……1点を与えて集計されました。

　実験の結果，下図のように，縦縞の服は横縞の服よりも細く見えました。また，縦縞と横縞の太さの違いが最も大きかったのは，ルーズフィット・ブラウスでした。

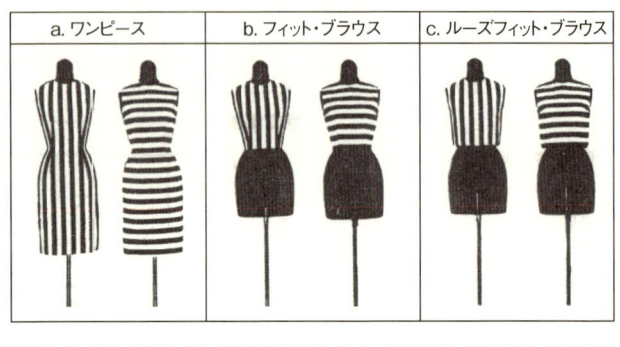

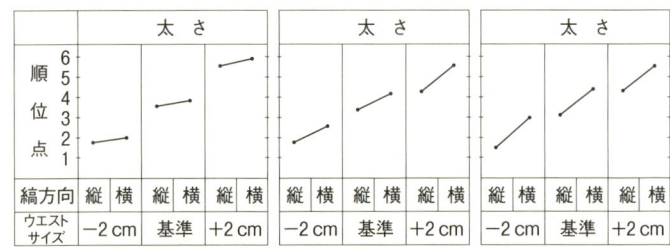

縞柄錯視の実験刺激（上）と実験結果（下）（山川ら，1985）

3. 縦断勾配錯視

　図3-9は香川県高松市屋島にある道路で，「ミステリー坂」とよばれています。この道路に実際に立ってみると，手前は下り坂，遠方は上り坂に見えます。しかし，実際には両方とも上り坂です。縦断勾配錯視（visual illusion of a vertical gradient）とは，道路を正面から見たときに上り坂が下り坂に見えたり，反対に下り坂が上り坂に見えたりすることです。この縦断勾配錯視の要因の一つは，遠方の急な上り坂があることによって，上り坂が下方向に傾斜して見えることだと考えられています（Bressan et al., 2003）。

図3-9 ミステリー坂（對梨撮影）

4. 触覚の錯覚

ワークショップ3-4は触覚の錯覚でアリストテレスの錯覚（Aristotle's illusion）とよばれているものです。体験してみてください。

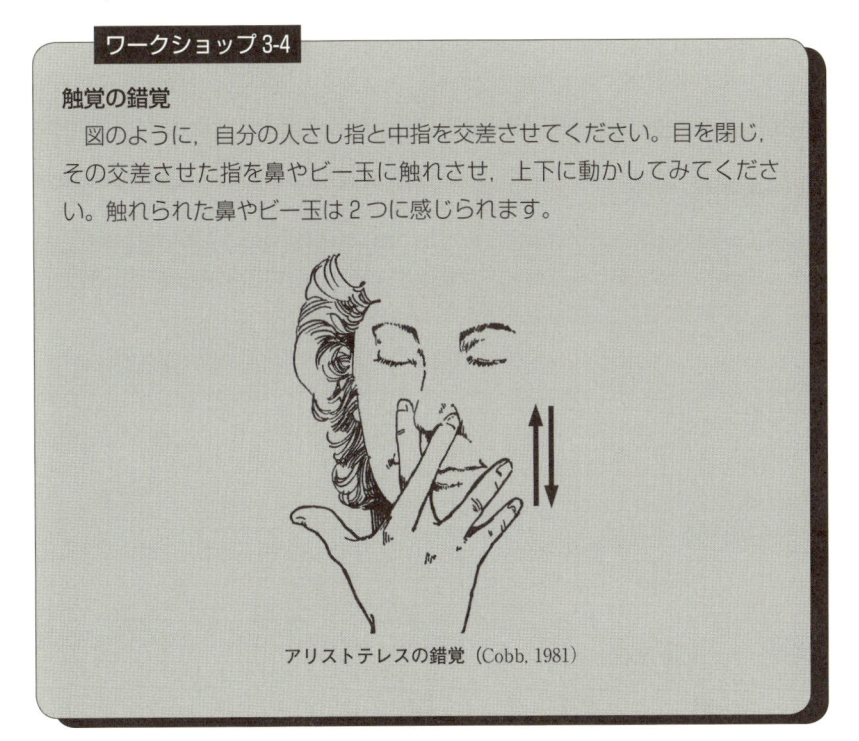

ワークショップ3-4

触覚の錯覚

図のように，自分の人さし指と中指を交差させてください。目を閉じ，その交差させた指を鼻やビー玉に触れさせ，上下に動かしてみてください。触れられた鼻やビー玉は2つに感じられます。

アリストテレスの錯覚（Cobb, 1981）

以上に紹介したように，私たちが認識している外界と客観的外界との間には

歪みが生じています。その認識された世界は，私たち一人ひとりがもつ感覚によって構築した主観的世界なのです。日常の些細な歪みを見逃さずに疑問をもつ努力をすることは，研究する姿勢を育てるとともに，深い洞察力をもつ自己を育てることにもつながるのです。

❀❀❀❀❀❀❀❀❀❀❀❀❀❀❀❀❀❀❀❀❀❀❀❀❀❀❀❀❀❀❀❀❀❀❀❀

〈要約〉

　私たちが認識している外界は，私たちの感覚によって主観的に構築されたものです。感覚はその種類によって受容する刺激の種類が異なり，また計測器のように外界の刺激をとらえることはできません。刺激が極端に少ないと，私たちは正常な思考ができなくなります。客観的刺激と認識された主観的刺激の歪みが特に顕著な時に錯覚が生じます。その中の錯視にも，二次元平面から日常の三次元空間で生じるものまでさまざまなものがあります。錯視あるいは錯覚の例から，知覚された世界は現実そのものではないことが理解できます。

〈キーワード〉

　刺激，感覚，知覚，錯覚，錯視，網膜像，幾何学的錯視，ミュラー・リヤー錯視，ヘルムホルツの正方形，シェパード錯視，サッチャー錯視，感覚遮断実験，遠刺激，近刺激，知覚的恒常性，アリストテレスの錯覚

―――〈知識チェック〉―――
・感覚の種類をあげてください。
・錯覚はなぜ生じるのか説明してください。
・大きさの恒常性について説明してください。
・感覚遮断実験の結果から，外界の刺激が示唆するところを述べてください。
・サッチャー錯視が示唆するところを述べてください。

〈レポート・討論課題〉

① 大きさの恒常性以外の知覚的恒常性について，具体例をあげて説明してください。

② ミュラー・リヤー錯視が生じる要因は何かを実際に矢ばねを描いて調べてく

ださい。

〈ブックガイド〉

梅本堯夫・大山　正（編）　1995　心理学への招待—こころの科学を知る—　サイエンス社

グレゴリー, R. L.　近藤倫明・中溝幸夫・三浦佳代（訳）　2001　脳と視覚—グレゴリーの視覚心理学—　ブレーン出版

今井省吾　1984　錯視図形　見え方の心理学　サイエンス社

松田隆夫　2000　知覚心理学の基礎　培風館

【引用文献】

Bressan P., Garlaschelli, L., & Barracano, M.　2003　Antigravity hills are visual illusions. *Psychological Science*, **14**, 441-449.

Cobb, V.　1981　*How to really fool yourself: Illusion for all your senses*. Harper Collins.（崎川範行訳　1998　錯覚のはなし　東京図書　p.12.）

Gregory, R. L.　1998　*Eye and brain: The psychology of seeing* (5th ed).（近藤倫明・中溝幸夫・三浦佳代訳　2001　脳と視覚—グレゴリーの視覚心理学—　ブレーン出版　pp.65-66.）

長谷川寿一・東條正城・大島　尚・丹野義彦・廣中直行　2008　はじめて出会う心理学　改訂版　有斐閣　p.167.

Helmholtz, H. von　1866　*Handbuch der Physiologischen Optik*, Ⅲ. Leipzig: Voss.

Heron, W.　1957　The pathology of boredom. *Scientific American*, **196**, 52-69.

今井省吾　1984　錯視図形—見え方の心理学—　サイエンス社　p.62.

Kitaoka, A., & Ashida, H.　2007　A variant of the anomalous motion illusion based upon contrast and visual latency. *Perception*, **36**, 1019-1035.

Morikawa, K.　2003　An application of the Müller-Lyer illusion. *Perception*, **32**, 121-123.

Müller-Lyer, F. C.　1889　Optische Urteilstauschungen. *Archiv für Anatomie und Physiologie, Physiologische Abteilung*, **2**, 263-270.

永田信一　2005　図解レンズがわかる本　日本実業出版社　p.120.

Shepard, R. N.　1990　*Mind sights: Original visual illusions, ambiguities, and other anomalies, with a commentary on the play of mind in perception and art*. New York: Freeman.（鈴木光太郎・芳賀康朗訳　1993　視覚のトリック——だまし絵が語る「見る」しくみ　新曜社　p.50.）

田谷修一郎・三浦佳代　2001　立体感の増加にともなう分割錯視図形の幅の減少　*Vision*, **13**, 119-122.

Thompson, P.　1980　Margaret Thatcher: A new illusion. *Perception*, **9**, 483-484.

山川　勝・増田洋子・井上恵美子　1985　縞柄の錯視効果—衣服形状での検討—　武庫川女子大学紀要家政学部編, **33**, 83-89.

4

私たちはどのように成長してきたか？

　この章では，赤ちゃんがどのように外界を認識し，養育者など他者とコミュニケーションをとっているかについて心理学的に考察し，さらに，幼児がどのように対人関係のルールや道徳を身につけて，他者の気持ちを共感していくかをみていきます。赤ちゃんや子どもについて，私たちがもつ常識とはずいぶん違う内容に驚かされることでしょう。赤ちゃんは運動能力こそ発達していないようですが，認知能力，対人能力はかなり優秀であり，巧妙でさえあるのです。

　この章では，皆さんもかつては赤ちゃんだったことを思い起こしながら学んでください。また，皆さんの中にはもうすぐ親になる人もでてくるでしょう。赤ちゃんが思いのほか有能で社会性に富んだ存在であることをぜひ学んでください。この章を通じて，私たちが生きていくうえで他者を必要としており，他者を活かし，自分も活かされる存在であることを理解してほしいと思います。

　人は人や社会とのかかわりあいの中でしか生きていくことができないため，こうしたことを考えていくことには大きな意義があると思われます。そこで，ここでは社会性に関する発達を概観していくことによって，他者との出会いとかかわりあいが人にとってどのような意味をもつのか考えてみることにします。

第1節　他者との出会いのはじまり——赤ちゃんと幼児期

【学習目標】
・発達初期における対人関係の特徴について理解しよう。
・対人関係の発達について理解しよう。

・発達からみた人と人とのかかわりあいの意味について考察してみよう。

今の自分にとっては当たり前のことでも，自分史をたどってみると，それが特別なことであったり，困難なことであった時期がみえてきます。たとえば，自分の幼児期をふりかえってみると，スキップができなくて，あるいは，補助輪なしで自転車に乗るために，一生懸命練習したことを思い出す方もいるでしょう。

では，他者や社会とのかかわりはどうでしょうか。赤ちゃんは母親をはじめとした養育者とどのように出会い，どのようなかかわりあいをしているのでしょうか。

ワークショップ 4-1

人とのかかわりあいの発達について考えてみよう

1. ことばを獲得する前の赤ちゃんと母親は，どのようにしてコミュニケーションしているのでしょうか。
2. 子どもが母親と他の女性の声を聞き分けることができるようになるのは，いつ頃だと思いますか。
3. 大人が「あかんべー」をした時，子どもがそれを真似できるようになるのはいつ頃だと思いますか。
4. 「人には心がある」ということを理解するのはいつ頃でしょうか。
5. なぜ，目に見えない自分や他者の心（気持ち）を理解することができるのでしょうか。

---

1. 誕生直後の視覚と聴覚

生まれたばかりの赤ちゃん（新生児 neonate）は，この世界をどのように見ているのでしょうか。長い間，誕生直後の新生児の視覚機能は未熟であり，明暗に反応する程度と思われていました。しかし，新生児も生まれて来たこの世界をしっかりと見つめ，認識していることがわかってきました。ファンツ（Fantz, 1961; 1963）は，生後5日以内の新生児と2～6ヵ月の乳児に対して，顔，標的，新聞の切り抜き，白，赤，黄の6種類の円形の図版を見せ，それぞれに対する注視時間を測定するという実験を行いました。結果は図4-1に示し

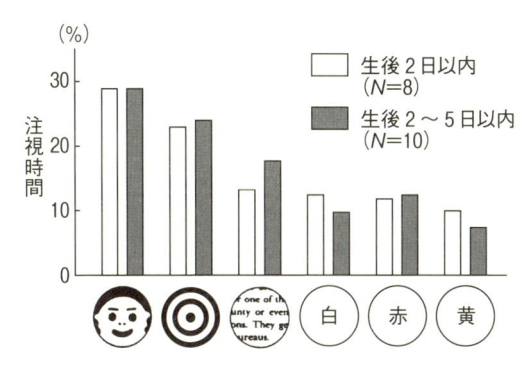

図 4-1　6 種の図版への新生児の注視時間（Fantz, 1963）

たとおりです。各図版に対して注視する時間が異なるということは，生後 5 日以内の新生児であっても，パターンを弁別する能力があることを示しています。さらにこの結果から，赤ちゃんは人の顔に最も関心を向けていることがわかります。

　新生児は視力 0.02 前後（下條, 1988）とかなりの近視であり，18 cm から 30 cm の距離にしか焦点を合わすことができません（Morris, 1995）。しかし，この距離には大変重要な意味があるのです。この距離は，養育者が赤ちゃんを抱っこした時，その二人の顔の距離と一致するのです。つまり，赤ちゃんはこの世界に溢れかえる多くの刺激には惑わされず，自分を心地よくしてくれる人の顔を見ることができるように生まれてくる，と考えることができます。

　では次に，生まれたばかりの赤ちゃんの音の世界はどのようなものなのでしょうか。新生児期（neonatal period 生後 28 日未満）においては，視覚に比べると聴覚の方が発達しており，赤ちゃんは誕生直後からさまざまな音を弁別する能力をもっています。つまり，赤ちゃんは大人と同様にさまざまな音を聞いていると考えられています。その中でも，とりわけ好きな音は人の話し声で，他のどんな音よりも人の話し声に強い関心を示します。それも，男性の低い声よりも，女性の高い声の方に強い反応を示します（Morris, 1995）。

2. 胎生期からはじまるコミュニケーション

　赤ちゃんは最初に出会う人，つまり母親をはじめとする養育者と，どのよう

にしてコミュニケーションしていくのでしょうか。ことばを獲得する前の赤ちゃんと養育者とのコミュニケーションは，養育者が一方的に話しかけるだけで赤ちゃんはそれを聞くのが精一杯，というイメージがあるかもしれません。しかし，赤ちゃんは表情や手足の運動，泣き方，仕草，といったことば以外の手段を十分に活用し，養育者と豊かなコミュニケーションを行っているのです。

　妊娠28週頃になると，赤ちゃんは胎内で音を聞いています。したがって，母親が語りかけることばを聞いていると考えられています。もっとも，胎児は羊水を通してしか音を聞くことができないので，私たちと同じ音を聞いているわけではありません。しかし，新生児が母親の声と他の女性の声を聞き分けることができ，胎内で聞いていた母親の声を記憶して生まれてくることが実験的に示されています（DeCasper & Fifer, 1980）。こうした研究知見から考えると，赤ちゃんと母親のコミュニケーションは胎生期（embryonal period 受精後から出産までの期間）からはじまっていると考えられます。

　さらに，赤ちゃんは言語音に対して特別な感受性があることがわかっています。新生児に大人の話しことばを聞かせると，その音節によく同調したリズムで手や足，胴体を動かしはじめます。これは相互同期性（interactional synchrony）とよばれており，人工的に合成した母音やタッピングのような物理音に対しては生じないことが確認されています（Condon & Sander, 1974）。養育者が語りかけるとそれに応じるように赤ちゃんは身体を動かしていく，このようにして親子のコミュニケーションがはじまっていくのです。

　また，新生児は表情に対して特別の感受性があることがわかっています。図4-2に示したとおり，新生児を腕に抱き，顔をじっと見つめゆっくり口を開けて舌を出し「あかんべー」のような表情を繰り返すうちに，新生児は口先を突き出すようになり，やがて自分も舌を出しはじめます（Meltzoff & Moore, 1977）。新生児が自分の口や舌について知っているわけはなく，ましてや相手の口や舌との対応を知っているわけではないのですが，誕生直後からこうした模倣（imitation）を行います。さらに，同様の方法で，新生児が喜び，悲しみ，驚きといった表情を作り出すことも報告されています（Field et al., 1982）（図4-3）。

　このように，赤ちゃんは表情や言語音に対して敏感であり，特別の関心をも

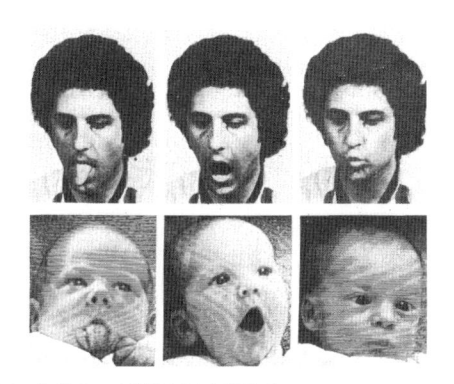

図 4-2　生後 2 〜 3 週児が示す模倣（Meltzoff & Moore, 1977）

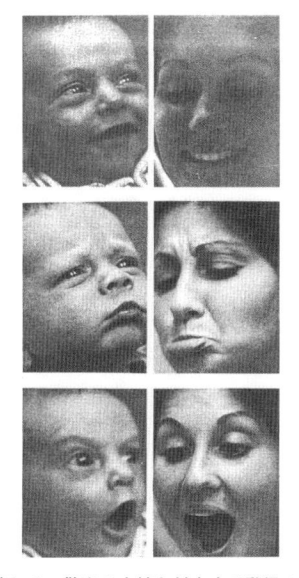

図 4-3　モデルの喜び・悲しみ・驚きの表情と対応する乳児の表情（Field et al., 1982）

って生まれてきます。そして，おそらくこうした行動は生得的な仕組みを基盤とするものであり，赤ちゃんも養育者も相互に一体化しようとする傾向を基礎にもちコミュニケーションを重ねていくと考えられています。このような発達初期における非言語的なコミュニケーション（nonverbal communication）によって，赤ちゃんと養育者との間には心理的な絆が形成されていくと考えられ

ています。

3. 赤ちゃんはなぜかわいい

　誕生直後，新生児室で寝ている赤ちゃんを見ていると，突然「ニコッ」と微笑んでくれます。この笑顔は自発的微笑（spontaneous smiling）とよばれるもので，赤ちゃんの生理的反応として現われるものです。つまり，これは人に向けられた微笑ではないのですが，それにしても，人は笑顔をもって生まれてくることは事実です。

　赤ちゃんが人の顔に対して能動的に微笑みかけるのは生後2ヵ月頃からです。そして，3ヵ月頃になると，養育者をしっかりと見つめ微笑んでくれるようになります。こうした人に向けられた親和的な微笑を社会的微笑（social smile）といいます。わが子から見つめられ微笑まれた時，親はどれほど嬉しく，また，愛おしく思うことでしょうか。実際に，母親を対象として，妊娠初期から出産後4ヵ月までの間，どのような場面でわが子を「とてもかわいい」と思ったかを評定してもらったところ，他の場面よりも「赤ちゃんが見つめるようになった」や「笑っている時」に「とてもかわいい」という反応が多くなります（図4-4）（大日向, 1988）。

　しかし，そもそも赤ちゃんの存在そのものがとても愛らしく，赤ちゃんを見た時そうした感情が生じることには文化的な差はないといわれています。動物行動学者のローレンツ（Lorenz, 1978）は，人を含めてどの動物にも，赤ちゃん固有の形態的諸特徴があり，それらが見る側の「かわいい」という感情を引き出し，ひいては養育行動を引き起こす原動力になっていると主張します。それらの特徴とは「比較的大きな頭，顔に比べて額が大きく張り出し，顔の下の方にある大きく丸い目，鼻と口はわずかに突き出すだけで目立たず，ふっくらとした頬，四肢は太く短い，弾力のある丸みを帯びた体型，ぎこちない運動」（図4-5）といったものです。

　養育者はこうした赤ちゃんの容姿，そして笑顔，さらには，誕生直後から生じる模倣（新生児模倣）や相互同期性といった行動から，愛おしさや可愛らしさを感じています。つまり，これらが養育行動を引き出す有効な刺激になっていると考えることができます。このように考えると，赤ちゃんは一方的にかわ

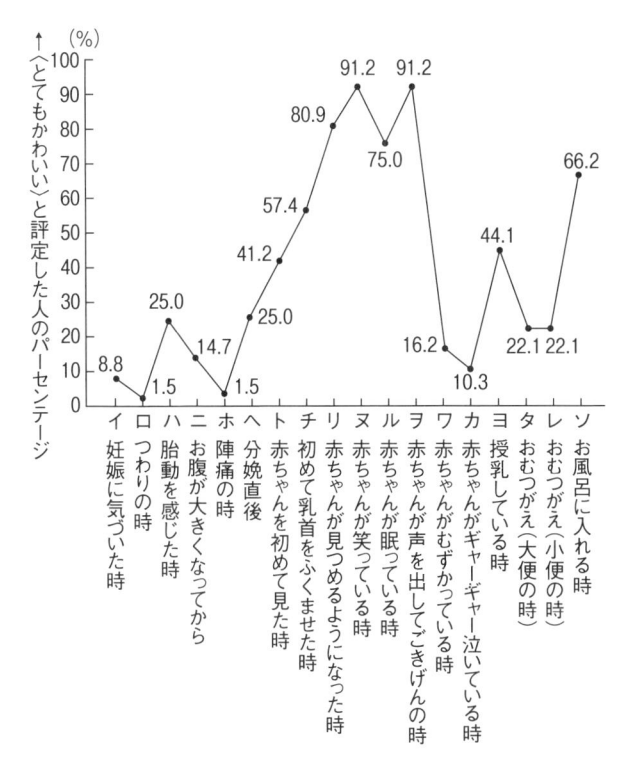

図 4-4 妊娠初期から出産 4 ヶ月までの各時期の各場面において，わが子を「とてもかわいい」と評定した人のパーセンテージ（大日向, 1988）

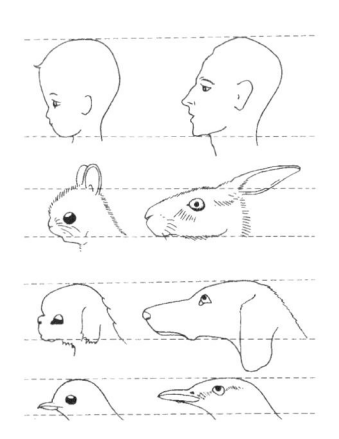

横軸の項目（左から右）：
- イ 妊娠に気づいた時：8.8
- ロ つわりの時：1.5
- ハ 胎動を感じた時：25.0
- ニ お腹が大きくなってから：14.7
- ホ 陣痛の時：1.5
- ヘ 分娩直後：25.0
- ト 赤ちゃんを初めて見た時：41.2
- チ 初めて乳首をふくませた時：57.4
- リ 赤ちゃんが見つめるようになった時：80.9
- ヌ 赤ちゃんが笑っている時：91.2
- ル 赤ちゃんが眠っている時：75.0
- ヲ 赤ちゃんが声を出してごきげんの時：91.2
- ワ 赤ちゃんがむずかっている時：16.2
- カ 赤ちゃんがギャーギャー泣いている時：10.3
- ヨ 授乳している時：44.1
- タ おむつがえ（小便の時）：22.1
- レ おむつがえ（大便の時）：22.1
- ソ お風呂に入れる時：66.2

図 4-5 「かわいらしさ反応」を引き出す形態的諸特徴（Lorenz, 1978）

いがられ世話をされるだけの受け身の存在なのではなく，自ら養育者へ働きかけていく能動的な存在としてとらえることができます。

4. 人と人は通じあうことができる

　生後 6〜8 ヵ月頃になると，赤ちゃんは人見知りをはじめるようになります。これは赤ちゃんが養育者との特別な関係を形成しはじめ，なおかつ，養育者と他の人を区別することができるようになったことを示します。赤ちゃんは養育者とのかかわりあいを積み重ねながら，個人差はあれ，1 歳の誕生日頃までにはごく少数の養育者と愛着関係を形成していきます。愛着（attachment）とはボウルビィ（Bowlby, 1969）によって提唱された概念で，親と子の間に形成されるような緊密な情緒的結びつきと定義されます。赤ちゃんは養育者と愛着関係を形成していくことによって，社会生活を行う最初の拠点を確保していくことになります。

　そしてやはり同じ 1 歳の誕生日を迎える前後，個人差はあるのですがおおむね 10 ヵ月から 15 ヵ月の間に，はじめてのことば，初語（first word）が発現します。しかし，ことばはこの時期に突然と立ち上がるわけではありません。ことばは人との関係の中で獲得され発達していくものなので，養育者とのコミュニケーションを中心にことばの発達が準備されていくことになります。また，たとえば神経系や発声器官の成熟，認知の発達など，ことばの前提条件といえる機能の発達も必要となります。

　ことばが獲得される以前のコミュニケーション場面においては，日々の生活の中で動作の意味を互いに理解しあっていく必要があります。たとえば，赤ちゃんが「おなかがすいた」「おしめが濡れて気持ち悪い」といった自分の欲求や要求を表情や動作で表わすと，それを養育者が読み取り了解してくれます。また，乳児も，養育者が「喜んでいる」「心配している」といったように，自分に向けられた表情，あるいは，動作の意味や意図をよく感じとっていくようになります。このように，「乳児は親しく愛しあう人との動作のやりとりを介してそこにお互いが意図を持ち，それを相互に読み取りあうことによって，人間同士は通じあう存在なのだということを知っていく」（岡本, 1991）ことになります。

赤ちゃんと養育者はコミュニケーションを重ねながら，こうした情動的交流を成立させていきます。これが愛着関係の基盤となっているのと同時に，ことばを獲得する基盤にもなっているのです。

5. 人とのかかわりあいの広がり

　赤ちゃんは発達初期から他児に関心を示し，たとえば生後2ヵ月児でも，他の子どもを凝視するといったことが観察されています。また，0歳後半の人見知りの時期においては，大人に対しては否定的で回避的な反応を示しますが，子どもに対しては肯定的な表情や態度を示すといったことも報告されており，子どもと大人は異なる存在として認識されているようです。

　1歳を過ぎる頃になると，同じくらいの年齢の他児とかかわりあう姿がみられはじめます。たとえば保育所の1歳児クラスをのぞいてみると，同じおもちゃを用いて二人で仲良く遊ぶ姿をみることができます。しかし，保育士などの大人の援助がないと，遊びが長続きすることは少なく，興味のある物の取りあいなどで喧嘩が生じることの方が多いのです。

　親子関係に代表されるような大人と子どもの関係と，仲間関係は質的に異なります。仲よく遊ぼうと思えば，大人との関係においては大人主導で互いの意図や行動を調整することになるのですが，仲間関係においては双方ともに主体的に互いの意図や行動を適宜調整しなければならないのです。

　しかしこうした調整を実行するには，その前提として以下のような人に関しての理解や気づきが必要となります。①他者とは自ら外界に働き掛けていく能動的な行為主体であり，その行為は「〜したいので」といった意図や「楽しいから」といった情動をもってなされている。②自分も意図や情動をもって外界に働き掛けていく存在である。③こうした意味において，自己と他者は同型的な存在である。意識されているか否かは別として，こうした理解や気づきがあるため，互いの行為がぶつかった時，それぞれの意図や情動を推測し，協調するための行動を考えていくことができるのです。

　では，子どもはいつ頃こうしたことを理解していくのでしょうか。9ヵ月を過ぎた頃になると，たとえば母親が赤ちゃんの好きな犬を見つけ「あっ！」と言いながら指さしをすると，赤ちゃんは指の先を見るのではなく，指がさし示

した方向を見るようになります。これは，母親が何かに注意を向けていることに気づいているために可能となるのであり，共同注意（joint attention）とよばれます。また，同じ頃，たとえば赤ちゃんの前に新奇な物が置かれた時，赤ちゃんは母親を見つめ，その表情や態度を読み取り，それをもとに，手を伸ばすか否かといった自分の行動を決定する，という社会的参照（social referencing）とよばれる行動がみられるようになります。これらの行動は赤ちゃんの意図の気づきに対する兆しを示すものであり，意図の理解は1歳から2歳にかけて発達していくと考えられています。

　そして，こうした意図の理解に基づき，人の心の状態に関する理解の営みが本格的に生じていくと考えられています。人の心は直接観察することができないため，それを仮説的に構成し，それによって人の行動を理解したり，説明したりすることになります。そのためには心に関しての推論システムが必要となり，これを「心の理論（theory of mind）」とよんでいます（Wellman, 1990）。

　多くの研究知見によれば，子どもは幼児期の終わり頃までには「心の理論」を獲得し，自他を問わず人は心をもつことを発見し，そして，心の状態を推論し理解することができるようになります。しかし，心に関しての本格的な理解は，小学校以降に発達すると考えられています（久保, 1998）。

　人は発達の初期から他者と豊かなコミュニケーションを行っており，人に対する基本的な理解は素早くなされていくようです。しかし一方では，大変長い時間をかけて，他者とかかわりあいながら自己と他者の理解を深め，人の心に関する理解を深化させているといえます。

6. 発達から人と人とのかかわりあいの意味を考える

　かつて，アメリカ心理学の開祖といわれるジェームズ（William James）は，誕生直後の赤ちゃんはものごとを認識したり適切に反応することができず混沌とした世界に生まれてくる（the blooming and buzzing confusion）といい，イギリス経験主義哲学は，人間は生まれたときはいわば白紙の状態（タブラ・ラサ：tabula rasa）である（ロック（John Locke））ととらえました。しかし，近年における赤ちゃんを対象とした多くの研究知見から考えると，赤ちゃんは決して白紙の状態で生まれてくるわけではなく，また，すべてにおいて混沌とし

た世界に生まれてくるわけでもないようです。

　本節でも紹介したとおり，赤ちゃんは人への強い関心をもって生まれてくることがわかっており，そうした意味において，人は人に方向づけられて生まれてくるといえるでしょう。当たり前のことなのですが，人は人の中に生まれ，そして，人の中で育っていくのです。

　この当たり前が崩れたとき，何が起こるのでしょうか。虐待を受けたきょうだいの事例（内田, 1999）が，私たちにその一端を教えてくれます。

　このきょうだいが救出された時，姉は6歳，弟は5歳でした。しかし，遺伝的な問題がないにもかかわらず，二人とも発語はなく，歩行もできない状態であり，身体発育の面からみても1歳半程度でした。彼らは外廊下に作られたトタン囲いの小屋に閉じ込められ，食事は2歳年長の姉が世話していたようですが，母親や父親からはほとんど養育らしい養育を受けずに育ったようです。

　救出後，このきょうだいは乳児院に収容され，彼らの発達の遅れの回復を目指した治療チームがつくられました。こうして，保育士をはじめとする人との適切な関係が保障された環境の中で，約20年にわたりさまざまな働きかけがなされた結果，二人とも発達の遅れを取り戻していくことができました。

　この事例は，たとえば「立つ」「歩く」といった人に生得的に備わっている成熟プログラムの起動においても，モデルとなる人の存在，あるいは，励ましや承認といった養育者の働きかけなど，環境からの適切な質と量をともなった働きかけが必要であることを示唆しています。

　人の発達は遺伝的要因によって規定される側面をもちます。しかし，いつ，誰と出会い，そこでどのような経験を積み上げていくのか，ということが人の発達に与える影響も大きいといえます。

❦❦❦❦❦❦❦❦❦❦❦❦❦❦❦❦❦❦❦❦❦❦❦❦❦❦❦❦❦❦❦❦❦❦❦❦❦❦

〈要約〉
　視覚や聴覚は未熟ながらも誕生直後から機能しており，これらは人へ方向づけられているという特徴をもちます。また，相互同期性や表情の模倣から，新生児は言語音や表情に対する特別な感受性があると推測されており，こうした特徴を

用いて養育者と豊かなコミュニケーションをとっていることがわかっています。
　社会的微笑や赤ちゃん固有の形態的諸特徴が大人の養育行動を引き出す有効な刺激となっており，そうした意味において，赤ちゃんは大人へと働きかけている能動的な存在ととらえられています。赤ちゃんは養育者とコミュニケーションを重ねながら，愛着関係を築き，ことばを獲得し，人への理解を深めていきます。「心の理論」は幼児期の終わり頃までには獲得されると考えられており，これ以降，長い時間をかけながら心に関しての理解を発達させていくと考えられています。

〈キーワード〉
　新生児の視覚，新生児の聴覚，赤ちゃんと養育者のコミュニケーション，相互同期性，非言語的コミュニケーション，自発的微笑，社会的微笑，新生児模倣，愛着，初語，ことばの発達，情動的交流，仲間関係，意図，行為主体，指さし，共同注意，社会的参照，心の理論，心に関する理解，タブラ・ラサ，混沌とした世界，虐待，発達の遺伝的要因

〈知識チェック〉
・新生児の視覚と聴覚の特徴について述べなさい。
・自発的微笑と社会的微笑の違いについて述べなさい。
・愛着の定義を述べなさい。
・大人と子どもの関係と仲間関係の違いについて述べなさい。

〈レポート・討論課題〉
① もし，無人島で誰ともかかわることなしに育った人がいたとしたら，その人はどのような特徴をもっているでしょうか。
② もし，あなたが今とは異なる両親のもと異なる土地で育ったとしたら，今の自分と比べて，何が変わって，何は変わっていないのか，考えてみましょう。

〈ブックガイド〉
　板倉昭二　1999　自己の起源―比較認知科学からのアプローチ―　金子書房
　マウラ，D.・マウラ，C.　吉田利子（訳）1992　赤ちゃんには世界がどう見えるか　草思社
　モリス，D.　幸田敦子（訳）1995　赤ん坊はなぜかわいい？―ベイビー・ウォッチング12か月―　河出書房新社
　落合正行　1996　子どもの人間観　岩波書店

岡本夏木　1982　子どもとことば　岩波書店
下條信輔　1988　まなざしの誕生―赤ちゃん学革命―　新曜社

【引用文献】

Bowlby, J.　1969　*Attachment and loss. Vol.1 Attachment.* Hogarth Press.（黒田実郎・大羽 蓁・岡田洋子訳　1976　母子関係の理論1　愛着行動　岩崎学術出版社）

Condon, W. S., & Sander, L.　1974　Neonate movement is synchronized with adult speech: Interactional participation and language acquisition. *Science*, **183**, 99-101.

DeCasper, A. J., & Fifer, W. P. 1980 Of human bonding : Newborns prefer their mothers' voices. *Science*, **208**, 1174-1176.

Fantz, R. L.　1961　The origin of form perception. *Scientific American*, **204**, 66-72.

Fantz, R. L.　1963　Pattern vision in newborn infant. *Science*, **140**, 296-297.

Field, T. M., Woodson, R., Greenberg, R., & Cohen, D.　1982　Discrimination and imitation of facial expressions by neonates. *Science*, **218**, 179-181.

久保ゆかり　1998　気持を読み取る心の成長　丸野俊一・子安増生（編）　子どもが「こころ」に気づくとき　ミネルヴァ書房　pp.83-109.

Lorenz, K.　1978　*Das Wirkungsgefüge der Natur und das Schicksal des Menschen.* München, R. Piper & Co. Verlag.（谷口　茂訳　1983　自然界と人間の運命―生存への諸問題をめぐって―　思索社）

正高信男　1993　0歳児がことばを獲得するとき―行動学からのアプローチ―　中央公論社

Meltzoff, A. N., & Moore, M. K.　1977　Imitation of facial and manual gestures by human neonates. *Science*, **198**, 75-78.

Morris, D.　1991　*Babywatching.* Jonathan Cape.（幸田敦子訳　1995　赤ん坊はなぜかわいい？―ベイビー・ウォッチング12か月―　河出書房新社）

岡本夏木　1991　児童心理　岩波書店
大日向雅美　1988　母性の研究　川島書店
下條信輔　1988　まなざしの誕生―赤ちゃん学革命―　新曜社
内田伸子　1999　発達心理学―ことばの獲得と教育―　岩波書店
矢野喜夫・落合正行　1991　発達心理学への招待―人間発達の全体像をさぐる―　サイエンス社
Wellman, H.　1990　*The child's theory of mind.* MIT Press.

第2節　社会性と共感性の発達

【学習目標】
- 社会性について理解しよう。
- 道徳性の発達について理解しよう。
- 共感性の発達について理解しよう。
- 心理的離乳について理解しよう。

1. 社会性の発達
(1) 社会性とは

　人は生まれてから大人になるまで、多くの人と出会います。その中で人間関係を形成し、円滑に維持していくという行為は、社会の一員として生きていくうえで重要なことです。このように人間関係を形成し、これを円滑に維持する能力を社会性といいます。これまで私たちは、人とのかかわりあいを通して、人との関係を築き、社会の規範や慣習を身につけてきました。たとえば、電車やバスの中で煙草を吸うことはしないでしょう。また大学での講義中、大声で授業と関係のない話をすることはしないでしょう。このような行為は、ルール・マナーに反した行為と思われます。

　まず、ワークショップ4-2に示すような行為に対して、あなたはどの程度「迷惑」だと感じるでしょうか。

　吉田ら（1999）は大学生を対象に迷惑行為について調べています。その中で、社会的な事象に関心をもち、規範意識が強い人ほど、また博愛的な人生観や道徳的な人生観をもつ人ほど、ワークショップにあるような「ルール・マナーに反する行為」を迷惑だと感じているということを報告しています。このことはルール・マナー違反行為に対して「迷惑だと感じる」という感受性と、社会規範や他者への配慮を意識する度合いが関連することを示唆しています。このような行為が社会的に迷惑であると感じることは、他者への配慮にもつながると思われます。

　人は生を受けてから社会の成員になるまでの間に親や友人など、さまざまな人とのかかわりあいの中で、社会性を身につけていくのです。

ワークショップ 4-2

迷惑感

人々の次のような振る舞いを目にしたとき，あなたはどの程度「迷惑」だと感じるでしょうか？「迷惑とまったく感じない」から「非常に迷惑と感じる」の5つの数字から1つを選んで○をつけてください。

	迷惑とまったく感じない	迷惑とあまり感じない	どちらでもない	迷惑と感じる	非常に迷惑と感じる
1. タバコや空き缶をポイ捨てすること	1	2	3	4	5
2. 人混みで，歩きながらタバコを吸うこと	1	2	3	4	5
3. 路上に噛んだガムを捨てること	1	2	3	4	5
4. 住宅街の狭い道でスピードを出して運転すること	1	2	3	4	5
5. 授業や講演会が始まっていても，音を立てて入ってくること	1	2	3	4	5
6. 図書館で声の大きさを気にしないでしゃべること	1	2	3	4	5
7. 場をわきまえず性的な話をすること	1	2	3	4	5
8. 飲めない人にお酒をすすめること	1	2	3	4	5
9. いい加減な計画しかたてず，登山をすること	1	2	3	4	5
10. 授業中，授業とは関係のないことを友だちとしゃべること	1	2	3	4	5

数字を合計してください。得点が高いほど，これらの行為を迷惑であると感じていることを示します。

(吉田ら，1999を一部改変)

(2) 親との関係の中での社会性の獲得

2～3歳頃，それまで従順であった子どもが親に対して抗議したり，拒否したり，激しい感情を表わしたりするようになります。この時期を第一反抗期とよびます。この時期，子どもの運動能力や知的能力は急速に発達し，行動範囲

表 4-1 「遊び能力」の構成要因とその概要（森ら, 1982 を改変）

構成要因	観点	概要
相互作用能力	能動性	自分から他の人へどれくらい働きかけるか
	応答力	他からの働きかけに対してどれくらい受け答えができるか
	指導力	遊びの活動の中でどれくらいリーダーになれるか
	協力度	仲間にどれくらい協力できるか
	喜悦度	どのくらい楽しそうな表情をしているか
組織的行動能力	規則遵守度	ゲームでルールを守れるか
	理解力	遊びに対する理解の速さはどれくらいか
	役割遂行度	役割を遂行できるか
創造的能力	発想力	活動内容を発展させるアイディアをどれくらい出せるか
	工夫力	物を製作したりする際，どれくらい工夫できるか
	技巧度	手先の器用さはどれくらいか
	関心度	まわりのできごとや物に対してどれくらい関心をもっているか

が拡大し，何でも自分でやりたいという意識が強くなり，自己の要求を積極的に主張するようになります。子どもは親とのぶつかりあいのコミュニケーションを通して，自己主張したり，自己抑制したりといった自己調整機能を働かせることができるようになり，社会性を身につけていきます。

(3) 遊びの中での社会性の獲得

　子どもは他者との相互交渉で多くのことを学びます。その中でも遊びは社会性の発達に大きくかかわっているといわれています。森ら（1982）は「遊び能力」には「相互作用能力」「組織的行動能力」「創造的能力」の3つの概念があることを提唱しています（表4-1）。これら遊び能力を構成する要因には，社会性の能力，すなわち対人関係を円滑にしていく要素が多く含まれています。子ども同士で遊ぶとき，ルールを共有しなければいけません。また自分の意見を相手に伝えなければいけません。遊びが高度になれば，話し合って調整する力，解決策や妥協点を見出す力も必要になってきます。集団で遊ぶことでこのような力は養われるのです。すなわち，子どもたちは遊びを通して社会性を獲得していくのです。

2. 道徳性の発達

正義や公正さの観点から，あるいは思いやりや配慮などの観点から，何が善であり，何が悪なのかを自らが考え判断する能力を道徳性といいます。

(1) ピアジェの道徳性の発達

ピアジェ (Piaget, 1932) は，子どもの道徳性の発達は，自己中心的思考から抜け切れない，年長者や教師などの権威者の判断を重要視する「他律的道徳の段階」から自己中心的思考を脱却し，相互の尊敬に基づいた判断を重要視する「自律的道徳の段階」へ変化すると考えています。

ここで，次のワークショップ4-3を考えてみてください。

> **ワークショップ4-3**
>
> **道徳の問題──あなたはどう考えます？**
> 状況A：給食の時間，太郎君は給食の用意を一生懸命していました。おかずをお皿に入れようとした時，手がすべってしまい，おかずを沢山こぼして床を大きく汚してしまいました。
> 状況B：給食の時間，次郎君は給食の用意もせず，友達と悪ふざけをしていました。その時，友達とぶつかってしまい，おかずが少しこぼれ，床が少し汚れました。
>
> さて，あなたなら，AとBどちらが悪いと思うでしょうか？ その理由を，子どもならどう考え，A，Bどちらが悪いと考えるでしょうか？ その理由を考えてください。

このような質問に対して，他律的道徳の段階の子どもは「大きく汚した方が悪い」と答え（結果論的判断），自律的道徳の段階の子どもは「悪ふざけをした方が悪い」と答えるのです（動機論的判断）。善悪の判断を，物質的損失の結果から判断することから，なぜそのようになったのかという理由から判断できるようになるのです。

(2) コールバーグの道徳性の発達

ワークショップ4-3は，どちらが悪いかを判断させる課題ですが，私たちの

表 4-2 コールバーグによる道徳性の発達段階とその概要(山岸,1995 を改変)

水準（レベル）	段階（ステージ）	概要
慣習以前の水準	1 罰と服従への志向	罰や制裁を回避し，権威に対し自己中心的，盲目的に服従することが正しいとされる。行為がもつ心理的・人間的意味でなく，物理的結果（ex. 物理的損害）が善悪を決める。
	2 道具的，功利的，相対的志向	自分の欲求，時には他者の欲求を道具的に満たすことが正しい行為で，自分自身の利益や欲求に合うように行動することが正しいとされる。
慣習的水準	3 対人的一致，良い子への志向	他者から期待される良い役割を遂行することが正しいとされる。他者から是認され他者を喜ばせたり助けたりすることに志向する。
	4 社会システム・秩序への志向	全体としての社会システムを維持することが正しいことで，そのために社会における義務や責務を果たし，権威を尊敬し，与えられた社会秩序を保つことに志向する。
慣習以後の水準	5 社会契約的遵法的志向	一般的な個人の権利と幸福を守るために社会全体によって吟味され一致したものとしての規準に従うことが正しいとされる。個人や集団によって価値は相対的であることに気づいていて，一致に達するための手続きを強調し，社会契約や全体の効用（最大多数の最大幸福）に志向する。
	6 普遍的倫理原則への志向	自ら選択した倫理的原則に従うことが正しいとされる。この原則とは公正という普遍的な原則であり，人間の権利の平等性，個々の人格としての人間の尊厳を尊重するという原則である。

　生活の中には，どちらが悪いかを判断することがなかなか難しい場面が多くあります。コールバーグ（Kohlberg, 1976; 1984）は，ピアジェの理論を発展させるなかで，二つの選択肢のうち，どちらを選択すればよいのかわからないようなモラルジレンマ課題を提示し，人々がどのような理由でどのように判断するのかを調べました。そして表 4-2 のような 3 水準 6 段階の道徳性の発達を考えました（山岸, 1995）。第 1 の水準は慣習以前の水準であり，道徳的価値は人や規範にあるのではなく，外的，物理的な結果や力にあるというものです。第 2 の水準は慣習的水準であり，道徳的価値は良いあるいは正しい役割を遂行すること，慣習的な秩序や他者からの期待を維持することにあるというものです。第 3 の水準は慣習以後・原則的水準であり，現実の社会や規範を超えて，妥当

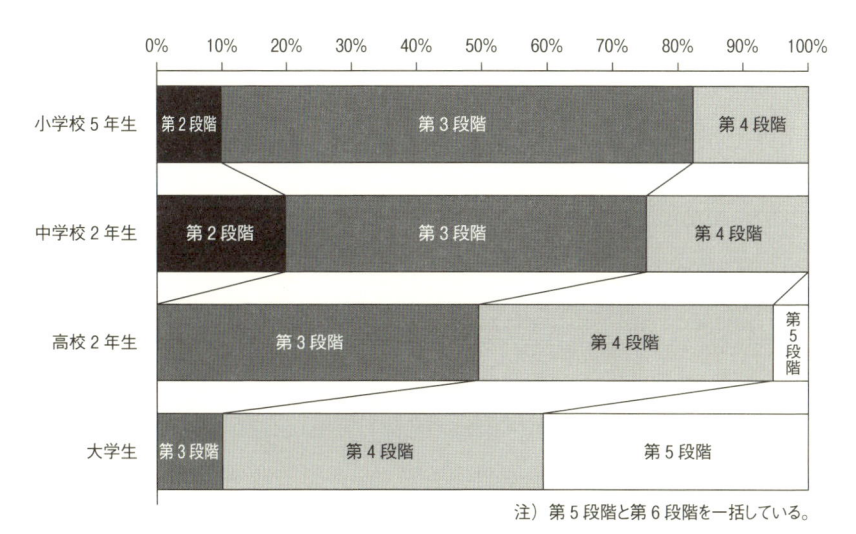

図 4-6　年齢ごとの発達段階の分布（山岸，1995 を改変）

注）第 5 段階と第 6 段階を一括している。

性と普遍性をもつ原則を志向し，自己の原則を維持することに道徳的価値をおくというものです。そして，それぞれの水準には二つずつの段階が設定されています。

　山岸（1995）はコールバーグの段階に基づいて，日本における道徳性の発達について調べています（図 4-6）。その結果，年齢とともにステージが高くなっていく傾向があるということを報告しています。第 3 段階は年齢とともに減少し，第 4 段階や第 5 段階が増加することがわかりました。

　しかしながら，ギリガン（Gilligan, 1982）はコールバーグの理論が男性を中心としたものであると批判しています。ギリガンは男性の道徳性は「公正さの道徳性」であるのに対し，女性の道徳性は，人間関係，気配り，共感などを重視する「配慮と責任の道徳性」であると考えています（山岸，1995）。

3. 共感性の発達

(1) 共感性とは

　人間関係を形成し，円滑に維持していくためには，自分勝手な行動ばかりしているとうまくいきません。他者の立場に立って他者の気持ちを推測し，共有することで他者を理解することができ，円滑な人間関係を形成することができ

るのです。このように「相手の感情を相手の身になって共に感じること」を共感といいます。フェッシュバックとロー（Feshback & Roe, 1968）は，①他者の感情を識別し，同定する能力，②他者の視点あるいは役割をとる能力，③共有された感情反応の喚起，の3段階を経て共感が可能になると考えています（澤田, 1995）。

(2) 共感性の発達

ホフマン（Hoffman, 1981; 1984; 1987）は，共感性の発達は四つの段階があるとしています（安藤, 1991; 伊藤・平林, 1997）。これらをまとめると次のようになります。

① **第1段階　原初的・反射的共感の段階**：生後約1年の間にみられます。自分を他者から区別する以前の反射的な共感の後，だんだんと他者は自分とは別の存在であることがわかるようになります。しかし自己と他者の区別が未分化なところもあり，他の子どもが転んで泣いているのを見て，あたかも自分が怪我をしたかのように泣き出すこともあります。

② **第2段階　自己中心的共感の段階**：1歳から2歳くらいになると，自分とは違った他者が苦しんでいることを理解しはじめます。しかし他者の内的状態を完全に推測しきれないため，たとえば，泣いている友だちをなぐさめるために，その子の母親を連れてくるのではなく，自分の母親を連れてきたり，自分の気に入っている玩具を与えたりするという行動をとります。

③ **第3段階　役割取得に基づく共感の段階**：自己と他者がある程度区別できるようになり，役割取得能力が形成されはじめます。役割取得能力とは，他者の視点に立ち，他者がどう考え，どのような行動をとろうとしているのか，また自分に何を期待しているのかを理解する能力のことをいいます。そして，これと関連して，他者の感情や欲求が，自分自身の感情や欲求とは独立したものであると考えることが可能になります。他者の役割を理解し，他者の視点に立って共感できるようになるのです。

④ **第4段階　他者の一般的窮状に対する共感の段階**：ほぼ児童後期になると，他者の一般的な窮状に対する共感性が芽生えます。ある状況に実際に遭遇しなくても，これまでの生活経験を通して他者の喜びや悲しみに気づくことができるようになります。一般的に困っている人に対しても思いやりをもつよう

になり，貧困や弱者への共感が生じるとされています。

　共感は向社会的行動（prosocial behavior），すなわち「思いやり」の行動とも関係しているといわれています。アイゼンバーグら（Eisenberg et al., 1983）は，向社会的行動の判断とその理由について分析し，社会的行動についての判断の発達は，自分の快楽に結びついた快楽主義的な考え方から，相手の立場に立った共感的な理由を経て，強く内面化された価値に基づく判断へと発達するということを提唱しています（坂本, 2004）。

4. 親子関係
(1) 親の養育行動

　社会性，共感性の発達にとって欠かすことのできない要因に親子関係があげられます。澤田（1995）は，親子間の愛着関係の中で自己の要求が満たされる結果として他者への応答性を高めたり，親の共感的態度をモデルにして他者への応答性を高めたりしていくといった形で共感性の発達が促されると考えています。また小高（1994）は高校生を対象に調査を行い，親が子どもの意見に耳を傾け，子どもを愛し，子どもを気持ちのうえで支持してくれると認知する子どもは抑鬱的でなく，活動的であるということを報告しています。つまり，親の愛情豊かな養育行動は子どもの共感性や情緒安定性や活動性と関係しているということを示唆します。

　ボウルビィ（Bowlby, 1969）は，特定の対象に対する特別の情緒的結びつきをアタッチメント（attachment：愛着）と名づけました。安定したアタッチメントの中で成長した子どもは「自分は他者から愛される存在である」「他者や世の中は，自分を受け入れてくれる信頼に値する存在である」というイメージを形成していきます。これを愛着の内的作業モデル（internal working model）とよびます。愛着対象が誰であり，その対象がどこにいるのか，その対象にどんな反応を期待できるかについての考えは，その後のさまざまな人間関係の鋳型となっていくのです。

　皆さんが将来，親になった時，子どもを情緒的に支持し，子どもを受容するという行動をとることは子どものパーソナリティの発達や社会性，共感性の発達にとって非常に重要なことなのです。ただし，子どもを受容するということ

は，単にわがまま勝手を許したり，子どものいいなりになるということではありません。また子どもが自分でできることさえも手助けすることでもありません。子どもに対してどのようにかかわるべきか，常に考える必要があるでしょう。

(2) 親子関係の再構築

思春期，青年期（12～15歳頃）になると，青年は自己に関心を強く向けるようになります。自己の独自性，自律性の欲求が高まり，自分の将来は自分自身で決定したいと考えるようになります。しかし，それと同時に自立への不安も生じてきます。このような心理的に自立する過程で，親と青年との間で葛藤や緊張が生じやすくなるといわれています。この時期は第二反抗期とよばれています。青年は最初，外面上の自立・独立を欲求したり，親に反抗したり，また親を無視したような態度をとったりします。しかし，青年はその厳しい目を自分自身にも向けるようになり，大人に対する一方的な非難を脱し，自分自身についても見つめる目をもつようになるのです。やがて青年期も終わりに近づく頃には葛藤や緊張を解消するために新たなる関係を親との間で築くこととなるのです。この時期，親と子の関係は質的に変化する時期であり，これまで経験した親子関係を再構築する時期であると考えられています（井上，1975; 古澤, 1991）。このことは心理的離乳という言葉でも説明されます。

西平（1990）は心理的離乳を一次，二次，三次という段階に分類しています。第一次心理的離乳は，親からの離脱や親への依存の払拭（ふっしょく）に重点を置くものです。また第二次心理的離乳は第一次心理的離乳と同じ特質はもっていますが，自立・独立の方向に重点を置き，より客観的，自覚的であり，より高次のものです。第三次心理的離乳は両親から与えられたモラルや価値観等を超越して，自分自身の生き方を確立するというものです。ほとんどの青年は第一次心理的離乳と第二次心理的離乳を経験しますが，第三次心理的離乳については，ごく限られた者だけが経験すると考えられています。

小高（1998）は大学生を対象に親子関係の調査を行い，図4-7のようなA型→B型→C型→D型へと移行するという心理的離乳モデルを提案しています。青年が親を一人の人間として客観的に見ることができるようになった時，そして親に対していたわりの気持ちや感謝の気持ちをもつことができるようになっ

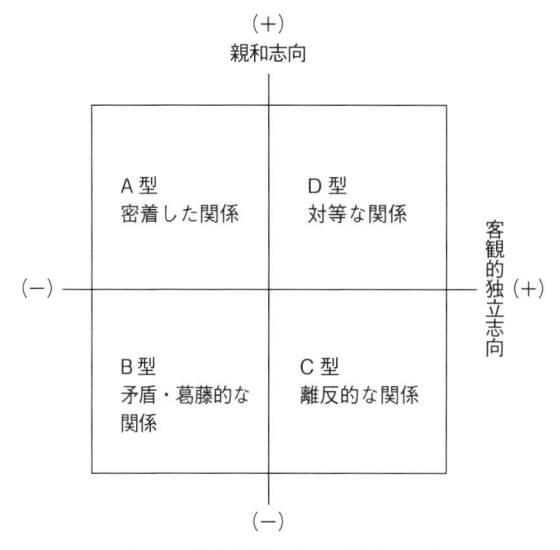

図4-7 心理的離乳モデル（小高, 1998）

た時，すなわち青年と親が対等な関係になった時，青年の第二次心理的離乳は完了するのです（小高, 2008）。

〈要約〉

　人は社会の中に生まれ，社会の中で育っていきます。人は生を受けて，養育者をはじめとする周囲のさまざまな人々と出会います。そして社会の成員になるまでの間にたくさんの人とかかわりあい，その中で社会性や道徳性や共感性を身につけていきます。

　また，親子関係は，社会性，共感性の発達にとって欠かすことのできない要因です。情緒的に支持した受容的な養育行動は，子どものパーソナリティの発達や社会性，共感性の発達にとって非常に重要なことです。

〈キーワード〉

　社会性，他律的道徳性，自律的道徳性，アタッチメント，内的作業モデル，共感性，第一反抗期，第二反抗期，心理的離乳

───〈知識チェック〉───
① コールバーグの道徳性の発達過程について，次の内容が正しければ○，間違っていれば×を解答欄に書きなさい。

1. 3水準6段階の発達段階を設定している。　　　　　　　　（　　）
2. 男性の道徳性を中心に扱っている。　　　　　　　　　　　（　　）
3. 「責任や配慮」といった観点も取り入れている。　　　　　（　　）

② 2～3歳くらいになると，親の言うことを拒否したり，自己主張が強くなったりする行動が目立ってきます。このような反抗的な行動が活発な時期を何といいますか？

〈レポート・討論課題〉
① 皆さんが迷惑であると感じる「ルール・マナーに反する行為」はどのような行為でしょうか？　周りの人とその行為について話しあい，これらの行為はどうして生じるのか，またどのようにすればこのような「ルール・マナーに反する行為」を減らすことができるかを考えてください。
② 「情けは人のためならず」という諺がありますが，道徳性の観点から考えてこの諺はどのような意味をもつと思いますか。

〈ブックガイド〉
　井上健治・久保ゆかり（編）　2004　子どもの社会的発達　東京大学出版会
　山岸俊男　2008　日本の「安心」はなぜ，消えたのか―社会心理学から見た現代日本の問題点―　集英社

【引用文献】
安藤朗子　1991　共感性　繁多 進・青柳 肇・田島信元・矢澤圭介（編）　社会性の発達心理学　福村出版　199-212.
Bowlby, J.　1969/1982　*Attachment and Loss, vol. 1: Attachment.* New York: Basic Books.（黒田実郎・大羽 蓁・内田洋子・黒田聖一（訳）　1991　母子関係の理論　新版 I 愛着行動　岩崎学術出版社）.
Eisenberg, N., Lennon, R., & Roth, K.　1983　Prosocial development: A longitudinal study. *Developmental Psychology,* **19**, 846-855.
Feshback, N. D., & Roe, R.　1968　Empathy in six-and seven-year-olds. *Child Development,* **34**, 133-145.

古澤頼雄　1991　心理学からみた生涯発達論　教育と医学, **39**, 795-801.
Gilligan, C.　1982　*In a different voice : Psychological theory and women's development.* Harvard University Press.（岩男寿美子監訳　1986　もうひとつの声―男女の道徳観のちがいと女性のアイデンティティ―　川島書店）
Hoffman, M. L.　1981　The development of empathy. In J. P. Rushton, & R. M. Sorrentino (Eds.), *Altruism and helping behavior: Social and developmental perspectives.* Lawrence Erlbaum Associates.
Hoffman, M. L.　1984　Empathy, its limitations, and its role in a comprehensive moral theory. In W. M. Kurtines & J. L. Gewirtz (Eds.), *Morality, moral behavior and moral development.* New York: John Wiley & Sons. pp.283-302.
Hoffman, M. L.　1987　The contribution of empathy to justice and moral judgment. In N. Eisenberg & J. Strayer (Eds.), *Empathy and its development.* New York: Cambridge University Press. pp.47-80.
伊藤忠弘・平林秀美　1997　向社会的行動の発達　井上健治・久保ゆかり（編）　子どもの社会的発達　東京大学出版会　pp.167-184.
井上健治　1975　青年の対人関係　井上健治・柏木恵子・古澤頼雄（編）　青年心理学　有斐閣　pp.235-250.
Kohlberg, L.　1976　Moral stages and moralization : The cognitive-developmental approach. In T. Lickona (Ed.), *Moral development and behavior: Theory, research and social issues.* New York: Holt, Rinehart and Winston.
Kohlberg, L.　1984　*Essays on moral development vol.2 : The psychology of moral development.* Harper & Row.
小高恵　1994　親子関係と人格要因との関連性についての一考察　性格心理学研究, **2**, 47-55.
小高恵　1998　青年期後期における青年の親への態度・行動についての因子分析的研究　教育心理学研究, **46**, 333-342.
小高恵　2008　青年の親への態度についての発達的変化―心理的離乳過程のモデルの提案―　太成学院大学紀要, **27**, 31-48.
森楙・植田ひとみ・福井敏雄　1982　幼児の遊び能力形成要因の多変量解析　教育社会学研究, **37**, 95-105.
西平直喜　1990　成人になること―生育史心理学から―　東京大学出版会
Piaget, J.　1932　*The moral judgment of the child.* London: Routledge & Kegan Paul.
坂本真士　2004　社会性を育む　桜井茂男（編）　たのしく学べる　最新教育心理学　図書文化　pp.153-172.
澤田瑞也　1995　共感的コミュニケーションの発達　澤田瑞也（編）　人間関係の生涯発達　人間関係の発達心理学1　培風館　pp.45-77.
山岸明子　1995　道徳性の発達に関する実証的・理論的研究　風間書房
吉田俊和・安藤直樹・元吉忠寛・藤田達雄・廣岡秀一・斎藤和志・森久美子・石田靖彦・北折充隆　1999　社会的迷惑に関する研究（1）　名古屋大学教育学部紀要, **46**, 53-73.

5

自己理解と心の健康

　人の一生のなかで，自分の性格や，自分らしさについて最も意識するのが大学生の頃です。この章では，性格について，心理学ではどのように考えているのかを詳しく述べたうえで，「自分を意識する」という人間にとって重要な心のメカニズムについて理解を進めます。青年期の重要な課題であるアイデンティティについても詳しく学びます。ここで学んだことは何らかの形で，大学生の皆さんが今を生き，近い将来を展望するうえで役立つでしょう。

　さらに，大学生の時期は精神的にずいぶん成長する一方で，精神的に苦悩することも多くなります。この章の後半部では，どのように自己成長をとげてゆくべきか，どのように悩みに対処していけばよいのか，青年心理学，カウンセリング心理学，臨床心理学の考えかたについて紹介しますので，参考にしていただければと思います。

第1節　自分の性格を知る

【学習目標】
- 心理学では性格をどのように扱い，性格が人間行動にどのような影響を及ぼすと考えているかを理解しよう。
- 性格に関する理論のひとつである特性論に基づく性格特性を測定する尺度を体験しよう。
- 心理学で用いられる性格検査の種類や作成原理について理解しよう。

自分の性格を知りたいという欲求は多くの大学生がもっています。就職活動を始める前には「まずは自分を知ることが大切」といわれるくらいですから，性格をふくめた自己理解は重要なことなのでしょう。しかし，自分自身のことでありながら，「自分を知る」ことは大変難しいことです。性格とは，目で見たり，触れたりできる「実体」ではないですし，「自分」で「自分（？）」を理解しようとするがゆえの難しさがあるからです。ここでは性格を把握するための心理学的理論や方法を体験的に理解することを通じて，自分の個性を大切にし，各人の多様性（diversity）を許容する視点をもつことを目指します。

1. 性格とは何か

長くつきあっていると，その人らしい「思考，感情や行動の一定のパターン」がなんとなく見えてくることはありませんか？「思考，感情や行動の一定のパターンに影響を与える，持続的で個人の中にあると考えられる要因の集まり（体系）」のことを心理学では性格（personality）とよんでいます。性格は心理学における非常に重要かつ特徴的な概念ですので，少し詳しく説明をします。

まず，性格に関する古典的な定義を紹介しておきましょう。オルポート（Allport, 1961）は，「性格とは，ある個人に特徴的な行動と思考を決定するところの精神身体的体系であり，その個体内における力動的機構である」としています。その他にも性格の定義にはいろいろとありますが，多くの定義に共通するポイントが三つあります。

第1に，性格は「持続的」であるということです。1週間くらいでコロコロ変わるものではないと考えています。こうした持続的な性格特徴を性格特性（personality trait）とよびます。心理学では，「変化しにくい」心理的変数を特性変数（trait variable），「変化しやすい」心理的変数を状態変数（state variable）といいます。性格心理学や臨床心理学における重要な概念として，状態不安と特性不安があります。今しがたあるいは1日程度の短い期間における不安を「状態不安（state anxiety）」，持続的な不安傾向を「特性不安（trait anxiety）」というように区別します。

第2に，性格は人間行動に影響を与える個人内にある変数であるということです。心理学では，人々の考えかた，感じかた，行動の仕方は，二つの主要な原

因で決定されていると考えます。一つ目の主要な要因は環境的なもので，環境にある物理的あるいは対人的な刺激や出来事を指します。錯視量は視覚刺激の物理特性によって変化しますし，目の前にいる人がどんな人か（怖い先輩，恋人など）で，あなたの行動は違ってくるでしょう。これらの要因を状況的要因（situational factors）といいます。一方，あなたの心の中にある生きる目標，やる気，自己概念や気分，性格によっても行動が変わってくることも多いでしょう。これらを内的要因（intrapersonal factors）といい，もう一つの主要な要因とします。

著名な心理学者クルト・レヴィン（Lewin, 1935）は，以上の考えかたを次のような公式で表現しています。

$B = f(P, E)$

この公式は，行動（Behavior）は，人（Person）の中にある性格に代表されるさまざまな内的要因と状況や役割，規範，物理的条件といった環境（Environment）の関数であるということを表わしています。性格，信念，価値観，行動に対する好き嫌い，自己概念や能力……などの内的要因（P）と，その人が置かれた対人状況や物理的環境といった環境要因（E）によって影響を受けているということなのです。行動の種類によって，内的要因と環境要因，どちらの要因が強く働くかは異なります。行動に影響する種々の要因のうち，その代表格が性格要因です。性格は，あなたの考えかた，感じかた，そして行動の仕方に影響すると考えられています。

同じ状況下に置かれた人々が違った行動をするということは，それらの人たちの内的要因が影響しているということです。同じ状況で，みな同じ行動をしたとすると，内的要因がほとんど影響力をもたないということを意味します。たとえば厳粛な式典に参加して，みな同じ行動をしたとすれば，状況の力（しきたりなど集団規範の拘束力）が大きいということです。心理学では，環境要因を人為的に操作した実験や内的要因を数量的に測定して行動を予測する統計分析を行って，これらの関係法則を明らかにしようとします。性格心理学では多くの人についてアンケートをとり，性格など，複数個の独立変数群（原因にあたる変数群）のデータを得ます。同時に得た従属変数（結果にあたる変数）である行動（行動の有無や傾向，行動が生起する確率）を予測する式を立てて，

その式の意味を考えます。

　第3に、持続的で内的な要因の代表格である性格は、特定の状況で特定の行動に影響を与えるというよりも状況を越えて影響を与えると考えられます。誠実なパーソナリティ特性をもつ人は、特定の対象に誠実だということではなく、誰にでも、どんな課題に対しても誠実であろうとすることを意味しています。

　性格は、心理学で用いられる個人差（individual differences）変数の代表格です。性格を測定した変数が個々人によって違う値になっているということです。日常、私たちは自分の性格あるいは特定の他者の性格といった、一人の人間の性格を問題にすることが多いのですが、性格心理学が明らかにしようとする法則は、個人差変数の間の関係を明らかにすることが多いのです。専門的に心理学を学ぼうとする方は、多くの人々の間にあるちがい、すなわち個人差という視点に少しずつなじんでいただきたいと思います。次のワークショップ5-1をやってみてください。

ワークショップ5-1

個人差について

　大学に入ってできた友達、新入生演習の先生、両親や兄弟姉妹を5人思い浮かべてリストにしてみよう。そして自分もこのリストの最後に名前を加えます。これらの人たちをさまざまな側面で相互に比べてみましょう。

　まず年齢も見かけも違うでしょう。考えかた、感じかた、行動の仕方はみんな結構違うはずです。たとえば、いつも陽気かどうか、誰とでも仲良くなれるかどうか、頑固かそれとも柔軟かといったちがいで比べます。行動上の特徴として、約束した時間をきちんと守る人は誰か？　約束の時間を守らない人は誰か？　といったものがあるでしょう。

　さまざまな個人の違いを比較してみて、その違いを生み出す原因は何かを考えてみましょう。

---

2. Big5で性格を記述してみよう

　人々の性格の違いを表現し位置づける枠組みやものさしを作成し、測定を試みる理論的立場を特性論（trait theory）といいます。特性論は、次のような仮定をおいています。

① 人間は大半の状況で特定の行動パターンを生み出す傾向（内的な特性）をもつ。
② 性格特性は持続性をもち，人が種々の状況で同じような行動をする事実を説明する。
③ 特性は測定可能である。
④ 特性の程度は人によって違うことから，その強弱の組み合わせで個人特有の性格がつくりあげられている。

特性論的な心理検査の考えによれば，同じ特性上の人々の性格のちがいは，特性上の程度の差であって，外向型，内向型といったように，人々を二つのタイプに分けるということではありません。

特性論は，性格のなるべく全体をできるだけ少数の特性によって記述することを目指しています。ここでは，通称 Big5（ビッグファイブ）という性格の個人差を位置づける五つのものさし（次元）で，自分の性格を記述してみましょう。

ワークショップ 5-2 で用いたのは，性格を表わす特性語（「話好きな」「怒りっぽい」など）で自分の性格を評定してもらったデータを因子分析した和田(1996)の Big5 に関する研究をもとに，各次元 5 個計 25 個の特性語を選んだものです（Big5 簡便尺度）。5 個の項目だけですので，最大 25 点から最小 5 点の範囲までしかありません。この簡便尺度には，ともすれば各特性で最高点や最低点が出やすいという欠点がありますので，そんな値が出てもびっくりしないでください。では，Big5 の内容を説明しましょう。

ワークショップ 5-2

Big5 で自分の性格を記述する

次の項目を読んで，あなた自身にどの程度あてはまるかをお答えください。あてはまる番号のひとつに○をつけてください。回答は飛ばさないようにお願いします。

	全くあてはまらない	ややあてはまらない	どちらともいえない	ややあてはまる	非常にあてはまる
1. 話し好きな	1	2	3	4	5
2. 自己中心的	1	2	3	4	5
3. 多才な	1	2	3	4	5
4. ルーズな	1	2	3	4	5
5. 悩みがち	1	2	3	4	5
6. 外向的	1	2	3	4	5
7. とげのある	1	2	3	4	5
8. 想像力に富んだ	1	2	3	4	5
9. 飽きっぽい	1	2	3	4	5
10. 不安になりやすい	1	2	3	4	5
11. 無口な	1	2	3	4	5
12. 怒りっぽい	1	2	3	4	5
13. 視野が広い	1	2	3	4	5
14. 几帳面な	1	2	3	4	5
15. 傷つきやすい	1	2	3	4	5
16. 陽気な	1	2	3	4	5
17. 反抗的	1	2	3	4	5
18. 独創的な	1	2	3	4	5
19. 怠惰な(なまけがちな)	1	2	3	4	5
20. 心配性	1	2	3	4	5
21. 活動的な	1	2	3	4	5
22. 攻撃的	1	2	3	4	5
23. 洞察力のある	1	2	3	4	5
24. いい加減な	1	2	3	4	5
25. 動揺しやすい	1	2	3	4	5

表 採点シート

尺度名	項目番号					尺度得点
	1	6	11	16	21	
外向性			6－項目11＝			
	3	8	13	18	23	
開放性						
	5	10	15	20	25	
神経症傾向						
	4	9	14	19	24	
誠実性	6－項目4＝	6－項目9＝		6－項目19＝	6－項目24＝	
	2	7	12	17	22	※調和性尺度得点は，30－項目得点の合計＝
調和性						

採点方法：回答結果を上のシートの対応する項目に書き込んで各尺度について合計して尺度得点を求めてみよう。一部のセルは逆転採点する計算式が入っているので，逆転後，合計することに注意しよう。なお，調和性尺度は，すべて逆転項目なので，項目得点を合計後，30から引いて尺度得点を求める。採点が終われば，次の表を用いて自分の性格特性の強さを評価してみましょう。

表 評価基準

尺度		弱い	やや弱い	普通	やや強い	強い
外向性	男性	12以下	13～14	15～19	20～22	23以上
	女性	12以下	13～14	15～19	20～22	23以上
開放性	男性	11以下	12～13	14～17	18～19	20以上
	女性	11以下	12～13	14～17	18～19	20以上
神経症傾向	男性	14以下	15～16	17～21	22～23	24以上
	女性	14以下	15～16	17～21	22～23	24以上
誠実性	男性	8以下	9～10	11～15	16～17	18以上
	女性	8以下	9～10	11～15	16～17	18以上
調和性	男性	10以下	11～12	13～16	17～18	19以上
	女性	10以下	11～12	13～16	17～18	19以上

① **外向性**（Extraversion）：外向性が強い人は，社交的ででしゃばり，話好き，楽しいことが好きな傾向があります。特に強い人は，リスクが高い行動をとる無鉄砲さに気をつけなくてはならないこともあります。その反対は，内向的な人です。内向的な人は，でしゃばりでなく，静かで，受動的，控えめ，無口な傾向があります。内向性が極端に強い人は，臆病になりすぎてせっかくのチャンスを逃さないようにしましょう。外向性の強い人は，外部に積極的に働きかけますので，営業職向きといえます。

② **開放性**（経験への開放性：Openness to experience）：開放性が強い人は創造的で好奇心が強く，文化的なものに関心をもつ傾向があります。好奇心が強く，新しもの好きな人は，創造性が高いので，商品開発，研究開発，企画などの仕事に向いていると考えられます。開放性が弱い人は，ガンコな職人気質で，着実，堅実な人です。

③ **神経症傾向**（Neuroticism）：この本は初学者を対象としていますので，この因子名から誤解や心配を生まないように説明をしておかねばなりません。この尺度では最高点が出やすいので，最高点を取った人は「自分が神経症（今日では不安障害といいます）！」と誤解してはなりません。実際にデータをとると，大学生で最高点を取る人は10％近いこともあります。この神経症傾向が強い人は，神経質で心配性の傾向があると考えられます。また，ストレスを受けると不安や緊張，落ち込むといった心理的な苦痛（ネガティブ情動反応）を感じやすい傾向があります。大学生のころは，この傾向が強いのですが，加齢とともに神経質な傾向が弱くなっていきます。そこで，この尺度得点が高く，かつ自分でも神経質だと思う人は，経験を重ねて，その性格を活かした効果的な対処がとれるようにすればよいと思います。たとえば，神経質な人の中には，予想される生活ストレスをできるだけ重ねないように工夫する人もいます。一方で神経症傾向が弱い人は，情緒的に安定しており，穏やかでのんき，気楽な人です。極端にこの傾向が弱い場合は鈍感すぎてストレスに対して効果的な対処が遅れることも考えられます。

④ **誠実性**（Conscientiousness）：誠実性が強い人は，仕事や課題に対して責任感をもち，サボらず，目標達成を尊ぶ傾向があります。現代社会において望ましい性格のようですが，強すぎると仕事中毒になりやすいと考えられます。

弱い人は，仕事の達成にこだわりをもちすぎない傾向がありますが，極端な場合には無責任でなまけもの，頼りにならないと思われることになります。

⑤調和性（Agreeableness）：調和性が強い人は気立てがよく，温かで，協調的で，信頼でき，人を支援する傾向があります。上司などから良い評価を受けるいわゆる「人がよい」性格ですが，周りに同調しすぎて自分を見失いやすい面をもっています。反対は，おこりっぽく，同情心がなく，疑い深く，非協調的ですが，人に左右されない傾向があります。

性格検査の研究の歴史の中では，因子分析法（factor analysis）という性格検査のデータを分析する手法の普及とともに，キャッテルの16因子（Cattell, 1957），アイゼンクの2因子（Eysenck, 1957，後に3因子）……というようにさまざまな因子数が提案され，議論が続いてきました。外向性－内向性（extraversion － intraversion），神経症傾向に対応する情緒安定性－不安定性（emotional stability － instability）という2次元の存在はほぼ確実であるという合意があったものの，適切な特性（次元）の数に関しては議論が続き，ようやく1990年代に入って，ここで紹介した5因子（Big5）がおおよそ妥当ではないかという考え方が広まってきました。現在，Big5を中心に研究が進んでいますが，それ以外の因子数を提案する研究や生物学的な理論的立場からの提案もあり，今後の研究の進展が期待されます（丹野, 2003; 杉浦・丹野, 2008）。

3. 自分の性格を考える

ワークショップ5-2で用いたBig5簡便尺度の結果はいかがでしたか？　この尺度は簡便版ですので，本格的な心理検査ではありません。あくまで1特性5項目というコンパクトなものにすぎません。形容詞ではなく，1尺度につき文章形式で10項目ぐらいはある性格検査の方がより望ましいのはいうまでもありません。したがって，出てきた結果はあくまで目安にすぎません。

今日的な価値に照らし合わせると，外向的で神経質でなく，調和的で誠実性が高いほうが好ましいと考えられているように思われますが，江戸時代の武士ならば，むしろ内向的な方が武士道に適っていたのではないでしょうか。時代や社会によって好ましいとされる性格が違うのです。どの性格が良い，悪いといったことを一概に決めつけることができない理由がここにあります。

いろいろな性格の人々がいること自体は，社会の変化が著しい今日において，価値をもつと思われます。同じような考え方，行動様式をもつ人ばかりの組織は，たとえ平均的に優れた能力をもつ個々人からなる場合であっても，環境の激変に対して適応力をもたないといわれます。個々人にそれぞれ異なった能力や性格特徴があり，それぞれの長所を活かすことができれば，集団を取り巻く環境変化に対応する力を生み出すはずです。

　先ほどのBig5の各次元が特に極端に強いあるいは極端に弱い場合は，生活環境によっては，本人にとって困ることもあるかもしれません。しかし，自分の性格，その結果生み出される行動傾向が自覚できれば，生活上の問題に対して，性格に応じた効果的な対処が取れると考えられます。さらに性格特徴は，生活上，良い面でもあり悪い面でもありえます。外向性が強い人は積極的でリーダーシップがとれますが，一方で，目立ちたがりで厚かましく，後先を考えないということにもなります。神経質でないのも，情緒が安定している一方で，心身の危機的状況やストレスに無頓着すぎても困ることになります。誠実性もいきすぎれば，仕事中毒になってしまいます。調和的すぎるのも人に流され，集団に同調しすぎて自分がないということにもなります。

　性格特性の平均水準がどのように発達変化するかについては，一定の知見が得られています（McCrae et al., 1999）。青年期から成人期後期（中年期）の間に神経症傾向，外向性，開放性は低くなり，調和性と誠実性が増えていきます。大学生と比べ成人になると神経質（情緒不安定）ではなくなり，柔軟ではなくなります。一方で，子どもや年下を育てる養育的な性格がつよくなり責任感が増えていきます。こうした変化は大きな変化とはいえませんが，男女ともに，しかも文化を超えた共通した変化であることがわかっています。

　皆さんが，経験と努力をつみかさねながら，自分の個性を活かしていくことを願っています。

コラム 5-1

質問項目に対する反応の数量的扱い，相関係数，因子分析

　心理学では，個々の質問項目に対する反応（○をつけるなど）に対して，数値を割り当てます。その数値が大きければ，その項目に強く賛成しているというふうに，その人の心理状態や特徴を，多い，少ないといった量的な表現をします。

　量的な表現が可能でない場合もあります。たとえば性別です。男性⇒1，女性⇒2という数値を割り当て，コンピュータ分析しますが，女性は男性の2倍優れているということではありません。単なる名札代わりで質の違いを意味しています。

　こうして項目反応に数値を割り当てることによって，複数の変数間の関係を分析することができます。変数間関係といえば横軸に x を，縦軸に y をとって，個々のケースを位置づけることを思い起こします。中学校以来なじんだ縦横2軸の座標（デカルト座標）に各実験参加者（測定の対象者）の二つの変数の値のデータ点をプロットした図を散布図といいます。下図をみてください。一方の変数の得点が大きくなれば，他方の得点も大きくなる場合を正の相関関係（a），一方の得点が大きくなれば，他方が小さくなる場合を負の相関関係（b），こうした

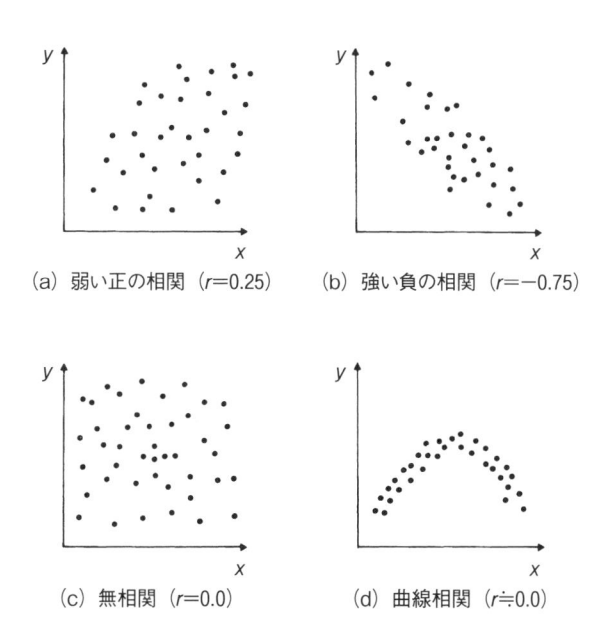

(a) 弱い正の相関（$r=0.25$）

(b) 強い負の相関（$r=-0.75$）

(c) 無相関（$r=0.0$）

(d) 曲線相関（$r \fallingdotseq 0.0$）

図　散布図の例（東，2002）

直線的関係がみられない場合を無相関関係（c）といいます。相関係数は，この散布図に表現された二つの変数間の直線的関連の程度を表わす統計量です。相関係数は，−1.0から0をはさんで1.0まで変化します。相関係数が，マイナスの値は負の相関関係を，ゼロに近い値は無相関関係を，プラスの値は正の相関関係であることを示します。曲線相関（d）は，通常の相関係数では表現できません。

質問紙法に含まれるたくさんの項目のデータ分析でよく用いられる因子分析法について簡単に解説しておきます。因子分析法とはたくさんの項目に表われた個人差をより少数の合計得点である因子得点上の個人差に置き換え，この因子得点と元の項目との相関係数である因子負荷量という数値で，元の項目間の相関関係をより簡潔に説明しようとします。この因子負荷量の大小によって，同じ特性をもつ項目のグルーピングを行い，尺度構成の参考とします。因子分析法は，項目得点間の相関係数をすべて求めた相関行列を入力データとします。下表は，Big5簡便尺度項目を因子分析した結果です。主成分法を用いて五つの因子を抽出して，バリマックス回転をへてプロマックス回転によって心理学的に解釈しやすい最終解に変換しています。表には因子パターン値という因子負荷量を変換した値（因子負荷量に類似した値）および各因子得点間の相関係数を掲載しています。

表 Big5簡便尺度項目の因子分析結果（因子パターン値および因子間相関）

項目	神経症傾向	外向性	誠実性	調和性	開放性
10. 不安になりやすい	0.864	−0.006	0.000	−0.026	−0.030
5. 悩みがち	0.840	−0.045	−0.060	−0.021	−0.051
20. 心配性	0.815	0.114	−0.149	−0.066	−0.019
15. 傷つきやすい	0.802	−0.037	−0.050	0.085	0.080
25. 動揺しやすい	0.767	0.032	0.172	−0.016	−0.049
16. 陽気な	0.043	0.795	0.106	−0.048	0.033
6. 外向的	−0.078	0.784	−0.002	0.020	0.011
11. 無口な	0.056	−0.784	−0.043	0.138	0.072
1. 話し好きな	0.137	0.769	0.023	0.009	0.062
21. 活動的な	0.014	0.733	−0.163	0.162	0.030
4. ルーズな	0.019	−0.093	0.773	−0.049	0.074
24. いい加減な	−0.122	−0.005	0.756	0.196	−0.001
19. 怠惰な(なまけがちな)	0.012	0.020	0.751	0.008	0.093
14. 几帳面な	0.317	−0.147	−0.556	0.084	0.231
9. 飽きっぽい	0.174	0.064	0.463	0.092	0.105

22. 攻撃的	−0.089	0.114	−0.091	**0.848**	−0.031
7. とげのある	−0.164	−0.179	0.012	**0.757**	0.033
17. 反抗的	0.090	0.012	0.043	**0.732**	0.026
12. 怒りっぽい	0.285	−0.037	0.100	**0.614**	−0.123
2. 自己中心的	0.000	0.078	0.239	**0.502**	0.010
18. 独創的な	0.037	−0.056	0.231	−0.024	**0.766**
8. 想像力に富んだ	0.122	−0.021	0.230	−0.131	**0.758**
3. 多才な	−0.079	0.111	−0.015	0.037	**0.660**
13. 視野が広い	−0.177	−0.008	−0.260	0.012	**0.606**
23. 洞察力のある	−0.086	0.076	−0.231	0.122	**0.474**

因子間相関	神経症傾向	外向性	誠実性	調和性	開放性
神経症傾向	1.000	−0.080	0.131	0.183	−0.128
外向性	−0.080	1.000	−0.018	0.082	0.212
誠実性	0.131	−0.018	1.000	0.145	−0.074
調和性	0.183	0.082	0.145	1.000	0.191
開放性	−0.128	0.212	−0.074	0.191	1.000

コラム 5-2

心理テストについて知る

　心理テストとは，通常，人々の中に存在する心理的な個人差（能力，適性，関心，パーソナリティの各側面など）を測定する「標準化（standardization）」されたものさしのことです。ここで，標準化されたという意味は，テストの得点や結果を評価する統一的な方法が確立されているということで，具体的には，テストの採点の方法がきちんと決まっており，テスト基準（ノルム：test norms）という個人の得点とその他の人々の得点と比較する基準が定まっており，相対評価ができることです。その基準となるのは，平均や標準偏差，パーセンタイルランク（ある得点と同じかそれ以下の人が何%いるかを示す統計数値）です。テレビや雑誌でよく見る"心理テスト"は，ここでの定義からすると，とても心理テストとはよべない代物です。残念なことに，さきほどのワークショップ 5-2 で体験した Big5 の簡便性格尺度もまだまだ心理テストの要件を満たしてはいません。

心理テストには正確さが必要です。ストップウオッチや体重計のように，心理テストもかなりの程度は一貫した結果が出てもらわなければ困ります。短時間に続けて 2 回体重計にのって測った結果がさっぱり一致していない体重計は故障している（測定結果が一貫していない！）と考えるように，心理テストも基本的には複数回測定しても同じような結果が出ることが期待されます。心理テストの性能を評価する基準である信頼性（reliability）とは心理テストの結果の一貫性（つまり正確性）のことです。その他の測定機器と同様に，心理テストは完全な信頼性をもつことはありません。人間の行動心理は変化しますので，こうした非一貫性は不可避です。通常，パーソナリティを測定する性格検査は，日々の出来事などによる気分の変化などで結果が変わるので，知能検査などの能力検査よりも低い信頼性を示すことが知られています。

たとえ，心理テストが一定基準の信頼性を満たしているとしても，そのテストが妥当性（validity），つまり，そのテストが意図した心的特性を測定する能力が高いことを保証できません。そこで，そのテストが意図したものを測定しているかどうかを検討することを妥当性の検証といいます。妥当性はさまざまな方法で検証されますが，多くは，同じ特性を測っている既存のテストや関連が期待される行動の頻度との間の相関係数を求めるなどします。たとえば，社会的外向性（広く対人接触を好む性格）尺度と友人の数との相関係数を検討します。

ここでは，性格を測る心理テストのうち，二つの代表的な心理テストの種類を紹介しておきましょう。心理テストで多いのが，Big5 の簡便尺度のように自分で自分に検査項目が当てはまるかどうかを答えるいわゆる自記式（self-report）のテストです。質問紙性格検査とよぶことも多いです。採用試験や心理現場でよく使われる YG 性格検査（辻岡, 1985)，本節に関係するものとして，Big5 を測る FFPQ（FFPQ 研究会, 1998）があります。

臨床場面でよく使われているのが投映法（projective tests）です。投映法は，あいまいで多義的な絵などの刺激に対して被検者がどのように反応するのかをみます。その反応から被検者の欲求，感情状態，性格傾向を明らかにしようとするものです。代表的なものに二つ折りの紙にインクを落として，さらに開いたような図柄を見せるロールシャッハテスト（The Rorschach Test），場面を描いた絵を見せて物語や人物の感情を語ることを求める TAT（Thematic Appercention Test），文章の一部を見せてあいている箇所をうめさせる文章完成法や実のなる木を描いてもらうバウムテストなどの描画法とよばれるものがあります。

最後に心理テストの結果を絶対視する，さらにはうのみにしてはならないことを指摘しておきます。自記式の質問紙法性格検査は，意識的にも無自覚的にも結果が歪曲されることがあります。テスト結果をうのみにして誤解することもしばしばです。その結果に関しては気をつけて解釈しなければなりません。そこで，よい専門家の下で注意深く行われた心理テストは，あなたの自己理解を進める助けになるでしょう。

〈要約〉

　心理学における重要な概念である性格（personality）の定義，性格を測定し理解しようとする特性論の考えかたを学び，最近の特性論の代表的立場であるBig5説に基づく性格特性語を用いた性格測定を試みました。自分の性格特徴を活かすためのヒントや性格特性の発達変化について紹介し，心理学で用いられる性格検査法の構成法，種類について概観しました。

〈キーワード〉

　性格，個人差，特性論，Big5（ビッグファイブ），質問紙性格検査法

〈知識チェック〉

1. 文章が正しくなるように，選択肢を選びなさい。
   ① 特性論は，人格に及ぼす（　　）の影響を強調する。
   　　　A. 無意識の衝動　B. 内的な傾向性　C. 自己実現　D. 環境要因
   ② Xさんは，どんな場面でも他人とふれあい話をするのが好きである。彼女は，（　　）が強いと考えられる。
   　　　A. 誠実性　B. 外向性　C. 開放性　D. 主張性
   ③ パーソナリティの5因子モデルの中に（A：神経症傾向　B：外向性　C：（経験への）開放性　D：知能）は含まれない。
2. Big5の因子名をあげ，それぞれの内容について説明しなさい。※Big5の因子名を覚えるには，英語名称の最初のアルファベットを並び替えると，OCEAN（オーシャン：大洋）になることを利用します。Big5には，OCEANモデルという別のニックネームがあります。

〈レポート・討論課題〉

① 次にあげる行動について，Big5の性格特性因子のような性格要因は影響を与えているかどうかを議論しましょう。性格要因以外にどのような要因が考えられるでしょうか？
　1　緊急時に人を助けようとする行動を起こす
　2　友達がいじめにあっているのに，止めずに傍観者的態度をとる
　3　恋愛相手のことで頭がいっぱいになってしまう

4　所属するクラブ，ゼミ，クラスの中でリーダーとなる
　　5　よく落ち込んでしまう
　　6　ゼミやクラスの個人発表で緊張する
② これまでの人生をふりかえって，あなたの性格は変わってきた側面があるでしょうか？変化してきた側面があれば，どのような性格面で，何がきっかけで変化したのか，それとも本文にあげた加齢による変化かについて考えてみましょう。

〈ブックガイド〉
　丹野義彦　2003　性格の心理―ビッグファイブと臨床からみたパーソナリティ―　サイエンス社
　杉浦義典・丹野義彦　2008　パーソナリティと臨床の心理学　培風館
　　（Big5を中心にした性格心理学，臨床心理学への入門には，上の2冊がおすすめです。最新の研究の話題に触れることができます。）

【引用文献】
Allport, G. W.　1961　*Pattern and growth in personality.*（今田　恵監訳　1968　人格心理学　上・下　誠信書房）
Cattell, R. B.　1957　*Personality and motivation: Structure and measurement.* Yonker-on-Hudson, NY: World Book.
Eysenck, H. J.　1957　*The structure of human personality.* New York: John Wiley.
FFPQ研究会　1998　FFPQ（5因子性格検査）マニュアル　北大路書房
Lewin, K.　1935　*A dynamic theory of personality: Selected papers.* New York: McGraw-Hill.
McCrae, R. R., Costa, P. T. Jr., Lima, M. P., Simões, A., Ostendorf, F., Angleitner, A., Marušić, I., Bratko, D., Caprara, G. V., Barbaranelli, C., Chae, J.-H., & Piedmont, R. T.　1999　Age differences in personality across the adult life span: Parallels in five cultures. *Developmental Psychology,* **35**, 466-477.
杉浦義典・丹野義彦　2008　パーソナリティと臨床の心理学　培風館
丹野義彦　2003　性格の心理―ビッグファイブと臨床からみたパーソナリティ―　サイエンス社
辻岡美延　1985　新性格検査法　日本・心理テスト研究所
和田さゆり　1996　性格特性用語を用いたBig Five尺度の作成　心理学研究, **67**, 61-67.

第2節　自己概念と自尊心

【学習目標】
- 自己概念の心理的機能，性質について理解しよう。
- 自尊心を測定する尺度を体験し，自尊心が認知，感情，行動に及ぼす影響について理解しよう。
- 自分についての見方が自分の行動やものの見方にどのように影響しているかを心理学的な知識をもとに自覚してみよう。

　ある大学生のひとり言。「自分は何かにつけて消極的で，特に人つきあいが苦手だ。彼女ができるなんて自分には想像もつかない。せめて大学で友達ができたらいいのに。消極的すぎて就職活動がちょっと怖い。こんな自分を変えることはできるのだろうか……」。

　このように自分自身のありようについて悩み，考えることができるのが，他の動物とは違う，人間の一大特徴です。意識対象が自分自身である意識を自己意識（self-consciousness）といいます。自己を意識している間は，自分（I）が，自分（me）を考えているわけで，この意識の主体としての自分を主我（I），意識の客体としての自分である客我（me）といいます（James, 1890）。この自己意識の主要な内容のうち，自己概念と自尊心の内容と機能について考えることにします。なお，もう一つの主要概念であるアイデンティティ（identity）は，次の第3節で学ぶことになります。

1. 自己概念とは

　自分自身にもっているイメージは，心理学では自己概念（self concept）とよばれるものの表われの一つと考えられています。自己概念とは，「自分がどのような人物であるかについてのすべての信念」のことです。個人の属性（〜県出身，〜大学の学生など），自分の性格から，自分はどんな人間であるかの信念や自分に対する感情まで含んでいます。ここで，信念とは自分がこうであると信じている内容という意味です。

自己概念を取り出す一つの手段として，クーンとマックパートランド（Kuhn & McPartland, 1954）の 20 答法（Who am I ? test）が知られています。以下の手順に従ってやってみましょう。ノートの行のはじめに '私は' ということばを書いたものを 20 行分用意します。教示はつぎのようにします。「'自分のこと' ということで，あなたの頭に浮かんできたことを，20 項目以内で，'私は' に続けるようにして，1, 2, 3, ……の順に書いてください。どういうことを書いたらよいとか，いけないとかいうことはありませんので，思いつくままに自由に書いてください」。特に制限時間は設けません。

年少者には身体的特徴，持ち物，居住地のような外面的，表面的特徴が多くみられますが，年齢が上がるにつれて，信念・思想，対人関係のもち方，心理的特徴といった内面的特徴が増えるという一般的傾向が認められています。

2. 自己概念の性質

20 答法をやってみた方は，結果はいかがでしたか？ それにしても 20 個も書くのは大変だったと思います。全部書けなかった人も結構いるはずで，別になんら問題はありません。

ここで出てきた自己概念は，20 答法をやっている最中に，あなたの意識にのぼったものです。今は意識にのぼらなかっただけで，あなたが認識可能な '自分' の内容は，実際にはもっと膨大にあって複雑なものです。

しかし，私たちはおかれた状況や気分で，その時点ごとに微妙に異なった自分を意識します。こうした時々の自分の意識体験としてでてくる自己概念のことを作業的自己概念（working self-concept），自発的自己概念（spontaneous self-concept）あるいは現象的自己（phenomenal self）といいます。

自分の見方が結構変わるように思われるのは，時々で意識される自発的自己概念が自己概念全体の '部分' だからです。自己概念全体を，薄暗い中に存在する大変大きい物体だとしましょう。その全体に光を当てて見ることはできませんが，光を当てるとその一部は見ることができます。光の移動とともに目に見える部分の形態が違ってくるというわけです。光が当たらない所は，今は意識できない所で，意識できる部分はいま想起可能な内容です。どこに光が当たるかは，状況や気分などの心理的状態によって変わってきます。

たとえば，普段，人は自分が「日本人である」「〜人である」とは強く意識しません。しかし，外国に滞在すると自分が日本人であることを強く意識するようになります。日本にいる時は，日本人であることを忘れているわけではありませんが，普段はことさら意識しないということでしょう。

同じように，非日常的な環境や文脈で，普段は意識しない自分に気づくことはよくあることです。日常に飽き飽きしたり，自分にいきづまったりすると，旅行に行きたくなる人がいます。普段は，いつもと変わらぬ人間関係や環境に結びついた自分しか意識しませんが，いったん日常を離れた違う土地の空気に触れると，旅先での体験から刺激を受けて，普段は意識しない自分を見出し，新たな活力がでてくるからでしょう。

3. 自己概念は認知や行動にどのように影響するか？

自己概念の内容は，何に注目するか，何を想起するか，何を考えるかなどの認知過程に影響を与えます。自分の特徴と考える情報はすばやく知覚し，そうでない情報は無視し，その人の主観的世界を作り上げるのです。たとえば，自己概念に合致した情報はそうでない情報よりも処理されやすく，合わない情報は無視するという認知的メカニズムがあります（Markus & Wurf, 1987）。

自己概念は，「自分らしくない」活動には参加しないというふうに，行動にも影響を与えます。自分が「知的だ」と思っている人は知的な活動には熱心に参加しますが，「真面目で不良ではない」と思っている人は，夜通し飲んでバカ騒ぎするといった，大学生らしい活動に参加しても，いごこちが悪いのでめったに参加しないはずです。たまに参加して「おまえは面白い奴だ」と言われると，自己概念が変化するきっかけになるかもしれません。

身近な例ですと，服装や装身具，化粧などのファッションの採用に自己概念は影響します。多くの場合，自分のイメージに合ったファッション，あるいは人から見られたい自己イメージにそったファッションを採用します。そのことで，他者はファッションにそったイメージをもちやすくなります。そのイメージにそった他者の振る舞いやコミュニケーション内容を通じて，ふたたび本人にそのイメージがフィードバックされてきます。この過程を通じて，本人は自分のイメージを確認するわけです。夏休みを経て，ガラッとファッションが変

わった人を見ると、自己概念を変えようとしているか、なんらかの出来事で自己概念が変わったとみることができましょう。

　自己概念が現実の自分とかけ離れており、不適切である時に、心理的不適応を導きやすいことはカウンセリング心理学で指摘されるところです。たとえばよい成績をとっているにもかかわらず、能力がないと思い込んでいる人がいます。入学試験で上位の成績をとって入学した人でも、不本意入学を悔いている人の場合は、授業に出ていても身に入らず、成績が思わしくなくて大学生活を楽しめない人もいます。「本来ならば第一志望の大学に入学していた自分であったのに」という理想自己（ideal self）と現実自己（actual self）のズレが大きく、思いどおりにいかなかった自分を責め、授業に身が入らないのでしょう。でも良い友達ができると別の面のズレが小さくなって大学に適応していく学生もいます。

　自己概念が単純な構造ではなく、互いに大きな違いをみせる部分を多くもっているといった複雑な構造（自己複雑性：self complexity）になっていると、突発的な不幸に対しても、情緒を安定させ、自尊心を高く保つことができ、ストレスに関連した疾病、抑鬱に対する緩衝効果が働くと考えられています（Linville, 1987）。自己複雑性の高い人は生活の一部を何らかのストレスフルな出来事で阻害されることになっても、他の活動に自己投入できますが、自己複雑性が低い人は、自分の生活の中心的活動を阻害されてしまうことになり、ストレスを避けることができません。たとえば、会社にすべてを捧げているお父さんがある日突然リストラされたとなると、そのショックは大変大きなものになると予想されます。

4. 自己概念が変化する時

　自分がいる環境が激変（環境移行）する時は、自己概念が最も変化しやすい時です。最近皆さんに起きた環境の変化といえば、大学に入学したことでしょう。今が自分に対する見方が大きく変わりやすい時です。

　高校生の時にしていたファッションをあなたは今できますか？　極端かもしれませんが、高校の制服を着て、みんなに見られていると想像してみてください。思っただけで変な気分になりませんか？　自分が高校生だった頃と同じような身なりや髪型をしている高校生を見て、バカにする気持ちになったり、変

な格好だと感じたりすれば,「大学生」としての"自分"に変化した表われとみてよいでしょう。

　自己概念を変化させる心理学的技法として,バイアスト・スキャンニング (biased scanning) という方法があります (Fazio et al., 1981; Tice, 1992)。これは,普段は意識しない自分自身について考えるように仕向けられることで自己概念を変容させる技法です。誰でも,ふだん意識している自分らしさ(自己概念)に反するような行為をしたことが少なからずあるわけですが,そうした内容は自己概念には加わっていません。この自己概念にはないかつての出来事や行為に関する情報をあえて引き出して直面させることで自己概念に取り入れさせようというわけです。

　たとえば,内向的で引っ込み思案な人が,外向的で積極的であった出来事のみを思い出すように仕向けられると自己概念が外向的な方向に変わっていきやすくなります。また,そういう情報（あなたって,意外に積極的なんですね〜）を他者から得ると,より自己概念が変容しやすくなります。バイアスト・スキャンニングによる記憶の変化だけでなく,他者からの働きかけ,つまり他者がそう思っている！という他者の承認が新たな自己内容の内面化 (internalization) を促進するのです。

　さらに,自分にはできなさそうなことを思い切ってやり遂げたという事実は,自分に対する認識を変えるきっかけとなります。海外への短期研修,バイト,クラブ活動などを通じて,新たな自分を見出していく大学生は数多くみられます。

　ここで紹介した自己概念の変容,すなわち新たな自分を見出す試み（他者とかかわりながらの新たな役割や自己を見出すトライ）は青年期において盛んに行われるのだと思います。大学生の皆さんは,どのような試みをなそうとしているのでしょうか？　どんな他者とかかわりながら自己を形成していくのでしょうか？

5. 自尊心

　自己概念の中でも,特に重要な部分として,自尊心 (self esteem) があげられます。自尊心とは,自分に対する良い評価（自尊心が高い）あるいは悪い評

価（自尊心が低い）のことです。研究上，自尊心を測定しようと試みる場合には，「良い─悪い」のものさしのどこかに，その人の自尊心のレベルを位置づけようとします。全般的に自分自身を良いとみるか悪いとみるかを測定する場合や，人間関係，情動，学業，身体などに関する自己イメージに対する評価を測定する場合もあります。ここで，ワークショップ5-3を実施してみましょう。

ワークショップ 5-3

自己肯定感尺度

以下の文章を読んで，「とてもよく当てはまる」から「まったくてはまらない」までの5段階のものさしのなかから，最も自分に当てはまると思われる箇所の数字を○でかこんでください。

	とてもよく当てはまる	当てはまる	どちらともいえない	当てはまらない	まったく当てはまらない
1. 私は，自分のことを大切だと感じる。	1	2	3	4	5
2. 私は，何をやっても，うまくできない。	1	2	3	4	5
3. 私は，いくつかの長所を持っている。	1	2	3	4	5
4. 私は，人並み程度には物事ができる。	1	2	3	4	5
5. 私は，後悔ばかりしている。	1	2	3	4	5
6. 私は，自分のことが好きになれない。	1	2	3	4	5
7. 私は，物事を前向きに考える方だ。	1	2	3	4	5

項目番号	1	2	3	4	5	6	7	合計
	6 − 項目1 =		6 − 項目3 =	6 − 項目4 =			6 − 項目7 =	

注）このワークショップで用いた簡便自己肯定感尺度では，田中（2008）のオリジナル版の自己肯定感尺度にある「私はときどき死んでしまった方がましだと感じる」という項目を削除しています。さらに，回答方法は田中の原版では「よくあてはまる」「ややあてはまる」「ややあてはまらない」「まったくあてはまらない」の4件法ですが，ワークショップの簡便尺度では5件法を採用しています。読者がオリジナル版の自己肯定感尺度（田中, 2008）を使用する際には上記の変更点に注意してください。

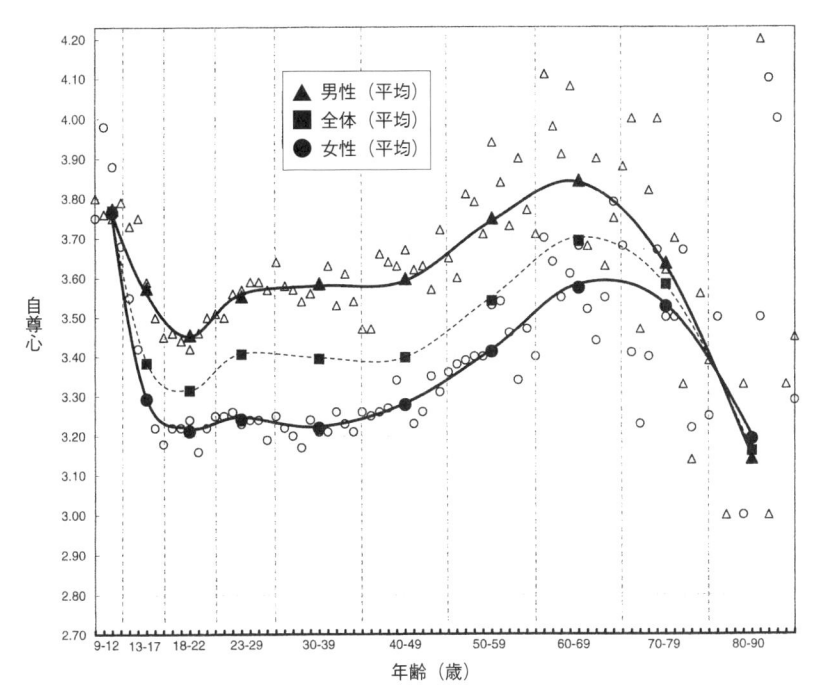

図 5-1 自尊心尺度の発達段階別の平均プロット（全体，男女別）（Robins et al., 2002）

　田中（2008）は日本人向けの自尊心を測定する尺度を研究開発し（田中のオリジナルの尺度項目数は 8 個で，この簡便自己肯定尺度では 7 項目を採用），自己肯定感を「自分に対して前向きで，好ましく思うような態度や感情」（田中，2008）と定義しています。

　この簡便尺度における男子大学生（102 人）の平均は 23.35，女子大学生（196 人）の平均は 22.82 です。これらの平均と各自の結果を比べてみましょう。

　生涯を通じて自尊心はどのような変化をするのでしょうか。ここで，ロビンスら（Robins et al., 2002）の研究を紹介しましょう（図 5-1）。まず児童期の自尊心は高いということです。多くの子どもたちはとても自信にあふれ，自分に関して非現実的な見方（宇宙飛行士や海外でプロサッカー選手になるとか）をするものです。青年期を通じて自尊心はしばしばやや低くなる傾向にあります。青年期は，他者からどう見られているかが気になり，劣等感を感じることが多

いからでしょう。青年期を終えてからは（大学を卒業して就職してから），自尊心はゆっくりと中期成人期にかけて上昇していき，そのピークは中年期の後期となります。平均的に自尊心は60代の初期が最も高く，70, 80代で一転低下します。この低下には種々の要因が考えられ，たとえば身体不調，職業的役割や配偶者を失うこと，心身面での活力の低下などが関わっていると考えられています。

先のワークショップ5-3で測定した自己肯定感尺度の得点は，自尊心が低くなる青年期後期（大学生のころ）の結果であるということです。今後，皆さんの自尊心の強さはどのような変化をしつつ，行動に影響を与えていくのでしょうか。

6. 自尊心の低い人と高い人

「自尊心が高い人と低い人の違い」の第1は感情面です。自尊心が高い人は全般的に肯定的な感情を感じやすく，幸福感を感じやすい傾向があります。一方，自尊心が低い人は不快な感情状態（不安，気分の落ち込みなど）を経験しやすい傾向があります。また，自尊心の低い人は自尊心の高い人と比べて気分や情動が変化しやすいことも指摘されています（Campbell et al., 1991）。自尊心の高い人は気分が安定していますが，低い人は気分が良かったり，悪かったりといった気分の変動が激しいということです。

第2は自己概念との関連についてです。高い自尊心の持ち主は，自分自身について好ましく，明快で一貫，安定した自己概念をもつ傾向がありますが，低い自尊心の持ち主は自分を肯定的にみておらず，さらに自分に対する見方が安定せず，混乱しやすいとされています（Campbell, 1990）。

以上に加え，自尊心尺度が外向性と正の相関を，神経症傾向と負の相関をもつことから，高い自尊心は不安や悩みに対する防御的な緩衝の役割を果たすという「不安緩衝仮説」（anxiety-buffering hypothesis）が出てきました（Greenberg et al., 1992）。

自尊心が高いということは，ふだんから肯定的感情が平均水準よりも高いということですから，ストレスや心的外傷（トラウマ）や人生におけるつまずきに直面しても，そこそこの肯定的感情を保持できます。そこで，自分を奮い立

たせ，良い状況が生まれるまで努力をしつづける余力を与えると解釈できます。これが，苦境に対する回復力となるのかもしれません。

　自尊心が高いことは，その人が精神的にも身体的にも健康で，種々の面で成功を収めていることを意味し，自尊心が高い人ほど，成功しやすいのではないかと思われます。常識的にもそう考えても不思議はないように思われます。しかし，本当にそうでしょうか。おおむねそうだとしても，無条件に「自尊心が高いことは良いことだ」といいきってよいのでしょうか？

7．自尊心が高い人は本当に優れているか？

　自尊心が高い人は良いことずくめのようにみえます。そこで，自尊心を測定する尺度を精神的に健康ないし適応している一つの指標として，研究者がとらえていた時期がありました。確かに，多くの研究は，自尊心が高い人ほど，他の人よりも賢く，人気があって，身体的にも魅力的で，他の人ともうまくやっていると「感じて」おり，楽しんで生活していることを示しています。

　ただ，これは自尊心が高い人は，自分を実際以上によくみているだけで，実際にそうであることを意味はしません。知的能力が高いと思っている自尊心が高い人のIQ（知能指数）と自尊心が低い人のIQを比べても差がないそうですし，顔写真の第三者評価でも自尊心が低い人よりも自分で魅力的だと思っている自尊心の高い人との間に差が見出せないそうです（Gabriel et al., 1994）。

　高い自尊心をもつことで，よりよい人間関係を築き，人気者になれるということでもなさそうです。見知らぬ人と出会い，知り合った後で，互いに印象を評定したところ，自尊心の高い人は自尊心が低い人よりも良い印象を与えたと考える傾向にありますが，会話をした人の評定では，自尊心が高い人とそうでない人の印象に違いはみられませんでした（Brockner & Lloyd, 1986）。高い自尊心の持ち主は批判や自尊心を揺るがす他者の考えに対して，イライラして，不快になり，他者に悪い印象を与えるそうです（Heatherton & Vohs, 2000）。

8．自尊心とどうつきあっていくか？

　このテーマについて考える前に，自尊心が高い，あるいは低いことが何をもたらすのかをまとめておきましょう。自尊心が高いことによる利点は何でしょ

うか？

　第1に，高い自尊心をもっている人は自発的な行動をより多くとろうとする傾向があります（Baumeister et al., 2003）。たとえば，初対面の人と会話を始め，見知らぬ人にアプローチし，集団の中でも自己主張ができます。高い自尊心の持ち主は自分の判断が正しく健全なものであり，自分の行為が良い結果を生み出すだろうという自信を育てるのでしょう。その一方で，低い自尊心の持ち主は自己不信に苦しみ，それゆえ他者の影響から独立した行為をすることに乗り気でないと考えられます。

　第2の利点は，高い自尊心は良い感情のストック（在庫）となることです。高い自尊心はよい感情の源泉です。高い自尊心の持ち主は他者よりも幸福感が強く，トラウマやストレスから回復するのに有利です。否定的な出来事に対する反応である情動の不安定さに負けたりはしないのです。

　一方，高すぎる自尊心が生み出す否定的側面はなんでしょうか？

　高い自尊心の否定的側面の多くは，自分自身に対する過大な見積もり，過度の自信が生み出すものだと考えられます。それは，鼻持ちならないうぬぼれであったり，まわりに配慮せずに自分を優先させる，いわゆる過度な自己愛者（ナルシシスト）となることであったりします。そうした言動の結果，他者をイライラさせ，嫌われることもあります。自己中心的でうぬぼれた個人は他者と効果的にかかわる対人技術に乏しく，心理的不適応を生むこともあります（Colvin et al., 1995）。事態がうまくいっている時は，自尊心の高い人は低い人よりも事態に適切に関与し，目標を達成できるでしょう。しかし，自我の脅威への反応として，高い自尊心の持ち主は，尊大な自己誇示のためにしばしば非合理で現実的でない無謀な目標を設定してしまい，そして高くつく失敗を生み出す可能性があります（Baumeister et al., 1993）。

　では，自尊心が低すぎることはどんな欠点をもっているでしょうか？

　第1に，低い自尊心の持ち主は達成すべき課題をすぐあきらめる傾向があります。その心理的背景には，自分の実力を評価される前にあきらめて，明らかな失敗を避けることで自己評価を下げないという自己防衛の動機がひそんでいると考えられます。しかし，達成への取り組みを避け続けると，何かをやり遂げた経験が乏しいために，いっこうに自己評価は高まらず，自信が生まれない

ために課題に取り組めません。経験不足は達成のためのスキルの獲得を妨げてしまいます。そして，時機に応じた達成を逃すことにより，ますます苦しくなっていきます。そして，さらに……というように悪循環が生じてしまいます。

　第2に，低い自尊心は対人不安やシャイネス（shyness），すなわち対人関係場面で不安，思いどおりに振る舞えない（行動抑制），過剰な警戒をする傾向と結びつくことが指摘されています。それらは友達をつくることや他者とうまくやっていくことを妨げてしまいます（Schlenker & Leary, 1982）。栗林・相川（1995）は，シャイネスの高い／低い人に初対面の異性と10分面談してもらい，相手が自分をどう思ったのか（実験参加者の推測）を評定し，さらに録画ビデオを第三者に印象評定してもらいました（評定者による評定）。そしてシャイな人は他者からの評価を実際よりも低く評定する傾向を明らかにしました。シャイな人がよりネガティブに自分をとらえるバイアスはより一層，対人場面における自信（対人場面における自尊心）を低下させ，他者と目を合わせることや自発的な発話を避けたりすることで，コミュニケーションがうまくいかず，ますます自信を失い対人場面を避ける……といった悪循環を示唆する結果です（図5-2参照）。

　さて，自尊心も真実そのものではなく，本人が知覚したものです。自尊心の認知には多くの人に共通した系統だった歪みの存在も指摘されています。自尊心がいくぶん肯定的方向に偏るのは，実質はどうあれ，成功は自分の手柄にし，

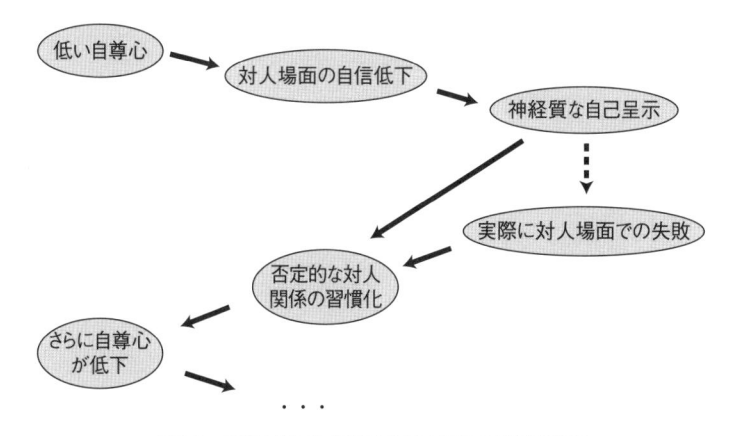

図5-2　自尊心低下と否定的な対人関係の悪循環過程

失敗は自分のせいにしないというセルフサーヴィングバイアス（self-serving bias）という認知的歪みがあるからだと考えられています（Zuckerman, 1979）。このセルフサーヴィングバイアスや認知的不協和の解消などの認知的処理は本人には自覚しにくいので，肯定的な自己評価感情や自己概念はほとんど本人には疑いもなく事実であると認識され，自尊心を高く保つことに資するのではないかと考えられています。なお，自尊心が高い人ほどセルフサーヴィングバイアスを多く示すことが明らかになっています（Fitch, 1970）。こうした認知的歪みや文化の影響（例：セルフサーヴィングバイアスは日本人にはみられず，むしろ日本社会において適応的な自己卑下的傾向があるという議論があります。詳細は堀毛, 2006），重要他者や周囲の人からも影響を受けて，自分がそうみているだけの自己に関する知覚内容が自己概念であり自尊心であることはよく知っておいてほしいと思います。そして，この自己概念や自尊心にいたずらに振り回されないことです。

　最後に私たちは自分の自尊心とどのようにつきあうべきかを考えてみたいと思います。自分というものに対する主観的評価にすぎないとはいえ（だからこそ），自分自身について「ほどほどの肯定的な評価」をもっておくということがよいのではないかと筆者は考えています。そのうえで，他者とかかわるなかで自己理解をすすめ，自己成長のために現実的な努力を継続するというのがよいのではないでしょうか。現代社会のあり方と自尊心の関係にも言及しておきます。現代社会は，高い自尊心をもとに，テキパキと課題や自己決定をする人をほめあげる社会のように思えます。個人の達成や自己決定を求めるのは社会の効率性を追求するためですが（それはそれで意味がありますが），同時に，個人の達成や決定に余裕を与えない気短かな社会でもあるのだと思います。

　自尊心の逆といえば，劣等感があります。劣等感の発達的変化を研究した髙坂（2008）によれば，中学生では知的能力（学業成績），高校生では身体的魅力に劣等感を感じ，大学生になって，自己承認を自己の重要領域とするようになると，友達づくりの下手さに劣等感を感じるとしています。しかし，大学生が人間的成熟を重要領域とすると劣等感は感じにくくなることを明らかにしています。これらのことからも，大学生の頃は，自己成長を目指して，他者とかかわり，自分の「第二の誕生」を見出してほしいと思っています。

〈要約〉

　自己意識の主要な内容のうち，自己概念と自尊心の内容と機能について説明しました。自己概念とは，「自分がどのような人物であるかについてのすべての信念」です。自己概念の全体構造は安定的でそんなに変わらないと考えられています。しかし，自分に対する知識内容は膨大でそのすべてを意識することができないため，私たちはおかれた状況や気分で，その時点ごとに微妙に異なった自分を意識します。人は自己概念に合致した情報はそうでない情報よりも処理されやすく，合わない情報は無視するという認知的メカニズムがあります。さらに自己概念は，「自分らしくない」活動には参加しないというふうに，行動にも影響を与えます。自分がいる環境が激変する時および他者とのかかわりのなかで自己概念は変化しやすいと考えられています。

　自己概念の中でも，特に重要な部分は自尊心です。自己肯定感尺度を用いて自分の自尊心を測定する試みをしました。自尊心が高い人は全般的に肯定的な感情を感じやすく，幸福感を感じやすい傾向がありますが，自尊心が低い人は不快な感情状態を経験しやすい傾向があります。自尊心が高い人は本当に優れているか？といえば，知的能力，成績，対人関係において差異は認められていません。自分を実際よりも，過小に見すぎる（あるいは過大に自分を見すぎる）と，自分自身が自分にとっての不具合を生み出していくという可能性を指摘しました。

〈キーワード〉

　自己意識，IとMe，自己概念，自己複雑性，自己肯定感尺度，自尊心，セルフサーヴィングバイアス，低い自尊心と対人関係の悪循環，自己成長

〈知識チェック〉

・自分の自己概念が時々によって微妙に違ったもののように感じられるのはなぜか。
・自己概念が行動にどのような影響を与えるかを，内省を交えながら考察しなさい。
・自尊心が高い人と低い人の違いについて整理しなさい。

〈レポート・討論課題〉
① 最近記憶にある「自分のイメージに沿った行いや活動」,「自分のイメージとはまったく異なる行いや活動」をあげて,その心理的意味を内省しましょう。
② 最近,自分が活き活きと変化しつつあると感じた体験について,そのきっかけを含めて報告してください。
③ 自尊心が低いことが対人関係にマイナスの影響を与える悪循環過程について説明してください。どのようにすれば,悪循環過程から脱出できるかを提案してみましょう。

〈ブックガイド〉
頼藤和寛　1997　「自分」取扱説明書　金子書房
　　(精神科医の頼藤先生は,脳科学,心理学,哲学の知識を駆使しながら,「世間」と「自分」に囚われることで苦しむからくりをひょうひょうと明らかにしています。多様な視点から自己意識について理解がすすむ本で,従来の自己啓発本に飽きた人にもおススメです。)

【引用文献】
Baumeister, R. F., Heatherton, T. F., &Tice, D. M.　1993　When ego threats lead to self-regulation failure: Negative consequences of high self-esteem. *Journal of Personality and Social Psychology*, **64**, 141-156.
Baumeister, R. F., Campbell, J. D., Krueger, J. I., & Vohs, K. D.　2003　Does high self-esteem cause better performance interpersonal success, happiness, or healthier lifestyles? *Psychological Science in the Public Interest*, **4**, 1-44.
Brockner, J., & Lloyd, K.　1986　Self-esteem and likability: Separating fact from fantasy. *Journal of Research in Personality*, **20**, 496-508.
Campbell, J. D.　1990　Self-esteem and clarity of the self-concept. *Journal of Personality and Social Psychology*, **59**, 538-549.
Campbell, J. D., Chew, B., & Scratchley, L. S.　1991　Cognitive and emotional reactions to daily events: The effects of self-esteem and self-complexity. *Journal of Personality*, **59**, 473-505.
Colvin, C. R., Block, J., & Funder, D. C.　1995　Overly positive evaluations and personality: Negative implications for mental health. *Journal of Personality and Social Psychology*, **68**, 1152-1162.
Fazio, R. H., Effrein, E. A., & Falender, V. J.　1981　Self-perceptions following social interactions. *Journal of Personality and Social Psychology*, **41**, 232-242.
Fitch, G.　1970　Effects of self-esteem, perceived performance, and choice on causal attributions. *Journal of Personality and Social Psychology*, **16**, 311-315.
Gabriel, M. T., Critelli, J. W., & Ee, J. S.　1994　Narcissistic illusions in self-evaluations of intelligence and attractiveness. *Journal of Personality*, **62**, 143-155.

Greenberg, J., Solomon, S., Pyszczynski, T., Rosenblatt, A., Burling, J., Lyons, D., Simon, L., & Pinel, E. 1992 Why do people need self-esteem? Converging evidence that self-esteem serves an anxiety-buffering function. *Journal of Personality and Social Psychology*, **63**, 913-922.
堀毛一也 2006 自己意識と関係性のポジティビティ 島井哲志（編）ポジティブ心理学 ナカニシヤ出版
James, W. 1890 *The principles of psychology*. New York: Henry Holt.
Kuhn, M. H., & McPartland, T. S. 1954 An empirical investigation of self attitudes. *American Sociological Review*, **19**, 68-76.
髙坂康雅 2008 自己の重要領域からみた青年期における劣等感の発達的変化 教育心理学研究, **56**（2），218-229.
栗林克匡・相川 充 1995 シャイネスが対人認知に及ぼす効果 実験社会心理学研究, **35**, 49-56.
Linville, P. W. 1987 Self-complexity as a cognitive buffer against stress-related illness and depression. *Journal of Personality and Social Psychology*, **52**, 663-676.
Markus, H., & Wurf, E. 1987 The dynamic self-concept：A social psychological perspective. *Annual Review of Psychology*, **38**, 299-337.
Robins, R. W., Trzesniewski, K. H., Tracy, J. L., Gosling, S. D., &Potter, J. 2002 Global self-esteem across the life span. *Psychology and Aging*, **17**, 423-434.
Schlenker, B. R., & Leary, M. R. 1982 Social anxiety and self-presentation: A conceptualization and model. *Psychological Bulletin*, **92**, 641-669.
田中道弘 2008 自尊感情における社会性，自尊感情形成に際しての基準―自己肯定感尺度の新たな可能性 下斗米淳（編） 自己心理学6 社会心理学へのアプローチ 金子書房 p.36.
Tice, D. M. 1992 Self-presentation and self-concept change: The looking glass self as magnifying glass. *Journal of Personality and Social Psychology*, **63**, 435-451.
Zuckerman, M. 1979 Attribution of success and failure revisited, or: The motivational bias is alive and well in attribution theory. *Journal of Personality*, **47**, 245-287.

第3節　青年期とアイデンティティ

【学習目標】
・青年期の課題といわれるアイデンティティ（自我同一性）確立の意味を理解しよう。
・アイデンティティ確立プロセスにおける心理社会的発達課題を理解しよう。
・マーシャの自我同一性地位の分類を理解しよう。
・自らのアイデンティティ確立について考えてみよう。

1. 自己意識の変化とアイデンティティ

　青年期の課題はアイデンティティの確立であるとよくいわれます。この節では，大学に入学して間もない，まさに青年期に位置づけられる皆さんが，今の

時期をどのように過ごしていくことが重要であるかを考えていきます。これからトピックごとに解説をしていきますが，すでに皆さんは先の第2節で20答法（別名"Who am I ? test"）に回答をしてみましたね。ここでは別の観点から整理してみましょう。

(1) 青年期の自己意識

　皆さんが回答した20答法の内容をみてみましょう。これは，クーンとマックパートランド（Kuhn & McPartland, 1954）によって考案された自己意識や自己概念の側面を把握する技法の一つです。記述された内容は，皆さんが今の段階でもっている自己像の諸側面を反映しています。恐らく，自分の身体的特徴や能力，価値観，興味，役割，身分，性格など，さまざまな側面の記述があると思います。この20答法を用いて自己意識の発達的変化をとらえたモンテマイヤーとアイゼン（Montemayor & Eisen, 1977）は，10歳や12歳頃では身体的特徴や好み，持ち物といった客観的で具体的な事実に関する記述が目立ち，18歳になると自己決定の感覚や対人関係スタイル，個としての存在感，思想や信念，といった抽象的な記述内容が増加することを報告しています（表5-1）。つまり，青年期に近づくにつれて，自己の外面的・表面的な側面よりも，信念や性格的特徴といった内面を強く意識するようになってくることがわかります。

表5-1　20答法による自己記述の出現頻度（Montemayor & Eisen, 1977より一部抜粋）

カテゴリー	10歳	12歳	14歳	16歳	18歳
性	45	73	38	48	72
年齢	18	35	30	25	41
名前	50	10	8	11	31
職業的役割	4	12	29	28	44
個としての存在感	0	34	19	26	54
思想や信念	4	14	24	24	39
判断，好み，好き嫌い	69	65	80	45	31
身体的自己，身体イメージ	87	57	46	49	16
自己決定の感覚	5	8	26	45	49
対人関係スタイル	42	76	91	86	93

単位：(％)

皆さんが記述したものはどういった内容が多いか確認してみましょう。

(2) アイデンティティの定義

　青年期におけるアイデンティティの確立という主題に入る前に，まずアイデンティティ（identity）という用語について少し考えてみましょう。身近なところで皆さんはIDカードといわれるものを持っています（たとえば学生証や免許証などもその一つになります）。これはidentifyという動詞の始めの2文字をとっていますが，意味としては「～を同定する」「～を確証する」という意味をもっています。多くの場合，このカードには写真と生年月日，住所や性別，所属先（所属大学と学部など），学年などが記載されていますから，「自分が有している客観的・事実的な属性を社会的に証明しているカード」ということになります。

　一方，エリクソン（Erikson, 1959）によって提唱されたアイデンティティ（ego identity：自我同一性）という概念は，学術的にいえば「自己の単一性，連続性，不変性，独自性の感覚」（小此木，2002）のことを指しています。イメージしにくいかもしれませんが，少しかみ砕いて表現すれば，過去と現在の自分という感覚につながりと連続性があり，ぶれない存在として自分自身を受け入れることができ，同時にそういった自分が社会的存在として個性や独自性をもっていると思える感覚を指しています。そして，青年期には，この感覚をいかに統合していくことができるか（自我同一性の確立）が重要な課題となります。「自分とは何者か」「自分の人生の目的は何か」「自分の存在意義は何か」といった，自己を社会の中にどう位置づけるかという問いに対して，過去をふりかえりながら，肯定的に回答できるようになった時にアイデンティティの確立がなされたということができるでしょう。エリクソンがこの概念を提唱した背景には「自分とはいったい何者なのか」と常に問い続けなければいけなかったという彼自身の生い立ちが影響していますので，関心のある方はブックガイドの書籍（鑪，2002）を読んでみてください。彼自身が長い期間をかけて問い続けてきたように，そんなに簡単にアイデンティティの確立を達成できるわけではありません。この課題を達成するために要する心理的負担や時間には個人差が非常に大きいものです。大学生活ではこれまでの人生の中で最も人とのかかわりが多くなる時期ですが，他者とのかかわりを通して，過去の自分をふりかえり，

独自の存在として自分を受け入れ，未来に対する夢や希望を少しでももてるための心理的作業が必要となってきます。

2. アイデンティティの確立プロセス
(1) 幼少期から青年期までの心理・社会的発達課題

中学・高校時代から現在に至るまで，皆さんがどのような心理的状態にあったかを少し思い起こしてみてください。恐らく，自分の性を意識し，異性に強い関心をもったり，両親に反発してみたり，クラブやクラスでの友人関係で悩んでみたりと，心理的動揺や葛藤を経験することが多かったのではないかと思います。青年期は人生のライフサイクルの中で最も心理的に安定しない時期だといわれますが，アイデンティティの確立を達成するためにはこれらのプロセスは必要不可欠なことです。ちなみに，ニューマンとニューマン（Newman & Newman, 1984）は，青年期における課題として，①両親からの自立，②性役割同一性，③道徳性の内在化，④職業選択という4つをあげています。いずれの課題もアイデンティティの確立と関係してきます。親へ甘えすぎているところがないか，相手を尊重した異性関係をもつことができているか，あるいは，社会のルールを守れているか，自分自身について考えてみる必要もあるでしょう。近年では入学と同時にキャリア教育を始めている大学が増えています。このような機会を生かしながら自分の生き方や就きたい職業について悩みながら考えていく作業も必要になります。

青年期ではアイデンティティの確立が課題であることはすでに述べました。しかし，青年期になって急にこれらの課題がでてくるわけではありません。青年期に至るまでの過去の心理・社会的発達危機をどのように乗り越えてきたかが，現在の性格やアイデンティティ確立プロセスに大きな影響を及ぼしています。エリクソンは，人間の一生涯をライフサイクルととらえ，表5-2に示すような八つの時期に分けて固有の心理・社会的発達課題（危機）を想定しています（Erikson, 1968）。

まず，乳児期（0〜1歳頃）ですが，この時期には生理的欲求が養育者によってしっかりと満たされ，安心できる経験がそうでない経験を上回ることを通して基本的信頼感が形成できるかが課題となります。基本的信頼感の形成は，生

表 5-2 心理・社会的危機と同一性拡散に関するエリクソンの個体発達分化図式 （鑪, 2002）

	1	2	3	4	5	6	7	8
Ⅰ 乳児期	信頼 対 不信							
Ⅱ 幼児前期		自律性 対 恥, 疑惑						
Ⅲ 幼児後期			自発性 対 罪悪感					
Ⅳ 学童期				勤勉性 対 劣等感				
Ⅴ 青年期	時間展望 対 時間拡散	自己確信 対 アイデンティティ意識（自意識過剰）	役割実験 対 否定的アイデンティティ	達成の期待 対 労働麻痺	アイデンティティ 対 アイデンティティ拡散	性的アイデンティティ 対 両性的拡散	指導性と服従性 対 権威の拡散	イデオロギーへの帰依 対 理想の拡散
Ⅵ 成人前期						親密性 対 孤立		
Ⅶ 成人期							世代性 対 停滞性	
Ⅷ 老年期								統合性 対 絶望

（注）青年期（Ⅴ）の横の欄の下部に示してある各構成要素が同一性拡散の下位カテゴリーである。

涯にわたる自己信頼感や他者信頼感の基盤となります。

　乳児前期（1〜3歳頃）は，歩いたり，食べたりと自分の身体を自分でコントロールできる時期ですが，同時にトイレットトレーニングに代表されるような躾を通して親からの干渉が入りやすい時期ともいえます。この段階では，親によって自律性が過度に統制され恥の感覚や疑惑をもつのではなく，自らの欲求に基づいて自らをコントロールできているという感覚をもてるかが重要になります。

　乳児後期（3〜6歳頃）は，移動能力や言語能力も目覚ましく発達し，さまざまなことに好奇心を抱いて，空想力や理解力も増してきます。しかし，自分の思いどおりに何かしようとしても，両親の思いや期待とのずれが必ず生じてきます。両親が何を期待し，何を禁止するのかを感じ取り，それらを良心や道

徳的基準として内面に取り入れる（内在化できる）ことが重要な課題となります。

学童期（6～11歳頃）は，小学校に入学し同年代の仲間との交流が著しく増え，勉強や運動，習い事などにかなりのエネルギーを注ぐことになります。この時期には，何かに対して精一杯努力して喜びが得られる経験が，劣等感や挫折感を感じる経験を上回ることが重要な課題となり，自分に与えられた能力や資質を信頼できるようになれば勤勉性が獲得されたことになります。

青年期では，アイデンティティの確立を達成するために，乳幼児期から学童期までの各課題が「時間展望vs時間拡散」「自己確信vsアイデンティティ意識」「役割実験vs否定的アイデンティティ」「達成の期待vs労働麻痺」というテーマとして再び顕在化してくることになります。過去の自分をふりかえり，現在の自分と他者から見た自分，周囲から期待されている自分と実際の自分，こういったさまざまな自分との間に内的な連続性を形成しようと試みることが青年期には重要となってきます。

(2) アイデンティティ形成の分類

それでは，青年は実際にどのような過程を経てアイデンティティを確立するのでしょうか？　表5-3は，アイデンティティ研究で有名なマーシャ（Marcia,

表5-3　マーシャの自我同一性地位（無藤, 1979）

自我同一性地位	危機	傾倒	概略
同一性達成 （identity achievement）	経験した	している	幼児期からの在り方について確信がなくなり，いくつかの可能性について本気で考えた末，自分自身の解決に達して，それに基づいて行動している。
モラトリアム （moratorium）	その最中	しようとしている	いくつかの選択肢について迷っているところで，その不確かさを克服しようと一生懸命努力している。
早期完了 （foreclosure）	経験していない	している	自分の目標と親の目標の間に不協和がない。どんな体験も，幼児期以来の信念を補強するだけになっている。硬さ（融通のきかなさ）が特徴的。
同一性拡散 （identity diffusion）	経験していない	していない	危機前（pre-crisis）：今まで本当に何者かであった経験がないので，何者かである自分を想像することが不可能。
	経験した	していない	危機後（post-crisis）：すべてのことが可能だし，可能なままにしておかなければならない。

1966) が行ったアイデンティティ地位の分類を示しています。マーシャは，アイデンティティの達成度を測定するために半構造化面接を行い，四つのパターンを見出しています。アイデンティティ探索のための危機を経験しているかいないか，そのことに積極的に関与しようとしているかいないか（傾倒）で区分しています。この分類に基づいて日本人を対象に行った研究では，同一性達成者（identity achiever）46%，モラトリアム（moratorium）6%，早期完了（foreclosure）6%，同一性拡散（identity diffusion）17%というデータが報告されています（無藤, 1979）。皆さんの世代は，少子化，高学歴化，就職戦線の前倒し，といったように1979年と比べると大分様変わりしてきています。昔と比べるとアイデンティティの模索をすることが難しくなっているかもしれません。

> **ワークショップ5-4**
>
> **あなたの自我同一性地位は？**
> 　表5-3の分類を参考にしながら，あなた自身の自我同一性地位を考えてみましょう。同一性達成にない人は，それに向けてのとりくみにどのようなものがあるかを考えてみてください。

(3) アイデンティティ形成の側面

　エリクソンがアイデンティティ概念を提唱して以来，青年期のアイデンティティ形成に関連した研究はさかんに行われています。アイデンティティ形成における性差を強調して「個人内領域（男性）－対人関係領域（女性）という2分法」（杉村, 1998）でとらえた考え方もありますが，最近では性差を強調するのではなく「個としてのアイデンティティ」と「関係性に基づくアイデンティティ」の両面からアイデンティティ発達をとらえようという考え方がでてきています。調査研究を行った山田・岡本（2008）の報告によれば，個としてのアイデンティティの側面には，「自己への信頼感・効力感」「将来展望」「自律性」の3側面があるとしています。一方，関係性としてのアイデンティティの側面には，「自己を取り巻く世界への信頼感と関係性の価値づけ」「他者との適度な距離感」「関係の中での自己の定位」の3側面があるとしています。また，これ

らの組み合わせから「関係性優位群」「統合群」「未熟群」「個優位群」の4群に分類できることを報告しています。ここでは詳しく触れませんが、関心がある方は引用文献を読んでみてください。

　青年期の課題であるアイデンティティの確立を達成するためには、単に個としての独自性を強調するだけではなく、さまざまな価値観をもった多くの人々との関係性を通して、自己についてふりかえるということが必要になります。まだ時間は十分ありますから、焦らずに自分探しの旅に出てみましょう。

〈要約〉
　青年期の課題はアイデンティティの確立にあるといわれています。本節では、まず、青年期への移行に伴いどのような自己意識の変化が生じるかを説明しました。続いて、アイデンティティ（自我同一性）の定義やその確立プロセスについて解説しました。青年期におけるアイデンティティの確立には、幼少期からの心理・社会的発達課題を乗り越えてくる必要があります。その道のりは単に直線的なものではなく、自己と環境（社会）との相互作用を通して常に変化し続けています。青年期にはこれまでの自らをふりかえる作業が重要であり、その内省的作業をどのように行うかが成人期以降の対人関係の在り方に大きな影響を及ぼします。マーシャの自我同一性地位の分類、あるいは、アイデンティティ形成プロセスとして近年注目されている「個」と「関係性」の側面を参照しながら、アイデンティティ確立というテーマについて、自らの問題として深く考えてみましょう。

〈キーワード〉
　アイデンティティ（自我同一性）、心理・社会的発達課題、モラトリアム、早期完了、同一性拡散

―〈知識チェック〉――
・発達的変化からみた場合、青年期とそれ以前でどのような自己意識の違いが認められるのかを簡単に述べなさい。
・アイデンティティの確立とは、具体的にはどのようなことを意味しているのか述べなさい。

・マーシャの自我同一性地位の4分類について，どのような特徴があるのか説明しなさい。

〈レポート・討論課題〉
① 20答法で回答した内容を踏まえ，現在の自分自身のアイデンティティ確立について思うことを自由にまとめなさい。
② 現代社会において自我同一性の確立が難しくなっている要因にどのようなことが想定できるか，親子・家族・教育といったキーワードから自分の考えを自由に述べなさい。

〈ブックガイド〉
梶田叡一（編）　2002　自己意識研究の現在　ナカニシヤ出版
鑪　幹八郎・山下　格（編）　1999　アイデンティティ　日本評論社
鑪　幹八郎　2002　アイデンティティとライフサイクル論　ナカニシヤ出版

【引用文献】
Erikson, E. H.　1959　*Identity and the life cycle*. International Universities Press.（小此木啓吾訳　1973　自我同一性　アイデンティティとライフサイクル　誠信書房）
Erikson, E. H.　1968　*Identity: Youth and crisis*. New York: W. W. Norton.
Kuhn, M. H., & McPartland, T. S.　1954　An empirical investigation of self attitudes. *American Sociolical Review*, **19**, 68-76.
Marcia, J. E.　1966　Development and validation of ego-identity status. *Journal of Personality and Social Psychology*, **3**, 551-558.
Montemayor, R., & Eisen, M.　1977　The development of self-conception from childhood to adolescence. *Developmental Psychology*, **13**, 314-319.
無藤清子　1979　「自我同一性地位面接」の検討と大学生の自我同一性　教育心理学研究, **27**, 178-187.
Newman, B. M., & Newman, P. R.　1984　*Development through life*（3rd ed.）Dorsey.（福富　護訳　1988　新版生涯発達心理学—エリクソンによる人間の一生とその可能性—　川島書店）
小此木啓吾　2002　現代の精神分析：フロイトからフロイト以後へ　講談社
杉村和美　1998　青年期におけるアイデンティティの形成：関係性の観点からのとらえ直し　発達心理学研究, **9**, 45-55.
鑪　幹八郎　2002　アイデンティティとライフサイクル論　ナカニシヤ出版　p.264.
山田みき・岡本祐子　2008　「個」と「関係性」からみた青年期におけるアイデンティティ：対人関係の特徴の分析　発達心理学研究, **19**, 108-120.

第4節　精神的健康とは

【学習目標】
・精神的に健康であるということは，どのようなことなのかを理解しよう。
・自己開示と精神的健康との関連について理解しよう。
・適応と不適応について理解しよう。
・精神的健康を保つために，ストレスの対処法を理解しよう。

1. 精神的に健康な人の特徴

世界保健機構（WHO）の憲章では，「健康とは，身体的・精神的・社会的に完全に良好な状態（Well-being）であり，単に病気がないとか弱いところがないということではない」と定義されています。では，精神的に健康であるとは，具体的に，どのような状態であり，どのような人なのでしょうか。

> **ワークショップ5-5**
>
> **あなたの精神的健康観は？**
> あなたは，精神的に健康な人とは，どのような人だと思いますか？
> 思いつくことをすべて書き出してください。
> （例）開放的な人
> 1. ＿＿＿＿＿＿＿＿＿＿＿＿
> 2. ＿＿＿＿＿＿＿＿＿＿＿＿
> 3. ＿＿＿＿＿＿＿＿＿＿＿＿
> 4. ＿＿＿＿＿＿＿＿＿＿＿＿
> 5. ＿＿＿＿＿＿＿＿＿＿＿＿

表5-4は，人格心理学者や心理臨床家が考えるところの精神的に健康な人間の特徴を示したものです（古市, 1985; 佐方, 2006）。さまざまな内容が見受けられますが，シュルツ（Schultz, 1977）は精神的に健康な人間についての各研究者の主張に共通する四つのポイントを見出しています。

① 自分の生活を意識的にコントロールできる。

表 5-4　精神的に健康な人間とその特徴（佐方, 2006）

フロイト：愛することと働くことのできる人間
オルポート：成熟した人格をもつ人間
① 自己感覚の拡大，すなわち，広い範囲にわたる物事や人，活動や思想に関心をもち，それらに積極的に関与している
② 他者との間に暖かい関係をもつことができる。他者を尊重し共感することができる
③ 情緒的に安定しており，自己を受容している
④ 現実をあるがままに知覚する。そして，各種の課題を解決するのに必要な技能と，傾倒すべき課題をもつ
⑤ 自己を客観的に理解できる。洞察とユーモアの能力がある
⑥ 人生に統一（意味と方向）を与えるような人生哲学をもつ

ロジャーズ：完全に機能している人間
① 経験に対して開かれている
② 実存主義的な生活
③ 自分自身の有機体への信頼
④ 自由の感覚
⑤ 創造性

ユング：個性化した人間
① 高い水準の自己知識の達成
② 自己の受容
③ 自己の統合
④ 自己の表現
⑤ 人間の本質に対する受容性と寛容性
⑥ 未知で神秘的なものの受容
⑦ 普遍的人格

フランクル：自己超越した人間
① 自分自身の行動方針を選択する自由をもつ
② 自分の行為や自分の運命に対してとった態度について個人的な責任を引き受ける
③ 外部の力によって規定されることがない
④ 自分にあった人生の意味を見出している
⑤ 自分の人生を意識の水準で統制している
⑥ 創造価値，体験価値，態度価値を示すことができる
⑦ 自己への関心を超越している
⑧ 未来を志向している
⑨ 仕事に積極的に関与している
⑩ 愛を与えることも愛を受けることもできる

マズロー：自己実現する人間
① 現実についての有効な知覚
② 自然，他者，自分自身の全般的な受容
③ 自発性，純真さと自然性
④ 自己の外にある問題への熱中
⑤ プライバシーや自立に対する欲求
⑥ 自律的機能
⑦ 不断の斬新な鑑賞眼
⑧ 神秘的経験あるいは「至高」経験
⑨ 社会的関心
⑩ 対人関係
⑪ 民主的な性格構造
⑫ 手段と目的および善悪の区別
⑬ 敵意のないユーモア感覚
⑭ 創造性
⑮ 文化受容への社会的圧力への抵抗

パールズ：「いま，ここ」に生きる人間
① その存在が現在の瞬間にしっかりした基礎を置いている
② 十分な意識性をもち，実際の自分を受容している
③ 自分の衝動や願望を抑圧せず，表現する
④ 自分自身の人生に責任を負う
⑤ 他者の責任を肩代わりしない
⑥ 自己および世界と直接的に触れ合っている
⑦ 率直に自分の怒りを表現する
⑧ 生活が外的な力に制御されていない
⑨ 瞬間瞬間の状況に導かれて反応する
⑩ 自我境界が狭窄化していない
⑪ 幸福追求に専心しない

エリクソン：「強い」自我をもつ人間
① 自分自身に対して余裕をもつだけでなく，自分とかかわっている人々に対してもゆとりをもつ
② 自ら選択を行う能力がある
③ 孤立に耐える勇気がある
④ アイデンティティ感覚が，与えられた役割を超越し，新しい現実性に対して目が開かれている
⑤ 人それぞれの多様性に対して寛容である
⑥ 内的ないし外的葛藤を乗り越え，確固とした内的統一感，よい判断力，健康に生きる能力を達成している
⑦ 自分の得意な能力を職業の中で洗練化し，葛藤から自由に，習慣的に用いることができる

② 自分は誰であり，自分は何か，についてよく知っている。
③ 現在にしっかりと結びつけられて生きている。
④ 静かで安定した人生よりも，挑戦と興奮をともなう人生，新しい目標や新しい経験に向かう人生を歩もうとする。

　読者の中には，これらのポイントを読んで，自分の過去，現在，未来の生き方と重ねてみた人もいるでしょう。これらをすべて満たしていることが大事なわけではありませんし，条件を満たせばもう完了！というものでもないのです。これらをすべて完璧に満たそうとしゃかりきになるとかえって精神的な不健康につながります。何でもほどほどが肝要（≒健康）ということです。
　さて，鈴木（1998）はこれらの四つの条件に，もう一つ条件を加えています。
⑤ 自分のみでなく，自分以外の存在に対しても真剣な考察を行うことができる。

というものです。鈴木は，①～④の条件は自我の確立という西洋型の考えを強く反映したものであるとしています。そして，自我の確立は重要なことですが，その延長にあえて東洋的な「無我」の境地である自分（自我）へのとらわれを克服することを加えることを提案しているのです。人生の各段階で直面する大小の危機をどのように克服し，解決するかが重要であり，それぞれの人生の段階で得られるプラスを積極的に得ていくこと，失わざるをえないものにはしがみつかず，自己の課題から逃げずに立ち向うこと，それらのプロセスを共にし，支えてくれる人との間に親密な関係をもてることが大切だとしています。つまり，「関係性の中から生まれ，その中を生きていく主体性」が大切ということです。
　そうすると，これらの議論を抽象化していけば，フロイト（Freud, S.）の伝説的な言葉「愛することと働くこと（Lieben und Arbeiten）」にいきつくのではないでしょうか。ここで愛することは「関係性や親和性，共同性」であり，働くことは「主体的，自律的，課題達成的であること」といったように広い意味にとることができるでしょう。また，この2側面は共に必要であるということになります。一人で「働くこと」はできませんし，「愛すること」もできないからです。また，どちらかが突出したり，あるいは，まったくないということはアンバランスであり，できるだけ個人の中でうまくバランスが保たれればよい

ということになります。

「精神的健康」言い換えれば「健康で成熟したパーソナリティ」の指針は，あくまでも進むべき方向性を示しています。そうした基準を満たしたパーソナリティ（性格）にいきついた後は，一切変化しないことを目指すのではありません。十分に成熟したパーソナリティを備えたとしても，自分は「成熟した，たいした人物だ」と確信しきった人がいたとすると，次にその人を待っているのは「慢心」からくるパーソナリティの停滞と低下でしょう。人は変化することをやめてしまうとモノと変わらなくなると思います。「結果」ばかりを求めず，人は必ず変化の過程にあることを意識し，生き生きと変化する自分を好きになることを精神的健康の要件に付け加えてみたいと思います。

以上の精神的健康論は抽象度の高い議論です。次節から具体的な日々のストレスへの適応について考えてみましょう。具体的な生活場面における適応を考えると，精神的に健康な人は，日々のストレスにうまく対処できる人でもあります（日常レベルを越えた困難時に対する適応について知りたい人はコラム5-3「立ち直り力」をご覧ください）。

コラム 5-3

立ち直り力

困難な状況に立ち向かい，それらを跳ね返し，そこから立ち直ろうとする各個人がもっているポジティブな力をレジリエンス（resilience：回復力，立ち直り力）といいます。いわゆる「打たれ強さ」です。

アメリカでは，9.11以後，APA（アメリカ心理学会）が中心になって，国民に，レジリエンスについてわかりやすく説いて回りました。それほど，あのテロ行為が，アメリカの国民に与えたショックが大きく，尾を引くものとなったからでしょう。日本でも，災害や事件，事故の被害は，後を絶ちません。

日本での研究例をみると，小塩ら（2002）の研究では，「肯定的な未来志向性」「感情の調整」「興味・関心の多様性」「忍耐力」の4要因をレジリエンスの状態にある者に特徴的な心理的特性とみなし，新たに精神的回復力尺度を作成しています。因子分析の結果，精神的回復力の尺度は，「新奇性追求」「感情調整」「肯定的な未来志向」の3因子で構成されていることが明らかにされました。また，精神的回復力尺度は，「自尊感情」と正の相関を示す一方で，ネガティブライフイベント経験数や苦痛ライフイベント経験数と無相関であることが示され，分散

分析の結果、苦痛に満ちたライフイベントを経験したにもかかわらず「自尊心」が高い者は、そのような経験をして「自尊心」が低い者よりも精神的回復力が高いことが明らかにされました。つまり、困難に立ち向かう力には、「自尊心」が重要であるということです。そのため、立ち直っていく過程では、本人や家族がもっているエネルギーを引き出すことが必要となります。

また、祐宗（2007）は、「ある個人が、ストレス反応を『かなりダメージを与えるもの』であると評価すれば、精神医学的疾患から抵抗するための防衛機能、すなわちダメージを受けた状態から元の精神的に健康な状態に戻ろうとする復元力（回復力）が機能する。これこそが精神的、心理的ホメオスタシスとも言うべきレジリエンスである。レジリエンスは、Lazarus, R. S.のいうストレスコーピングとは異なり、それ自体は意図的に行なわれるものではないと思われる。元来、各個人に何らかのレジリエンスが生得的に備わっており、加齢や環境、社会的経験等とともに、それが発達・変容していくものであると考えられる。レジリエンスは、ソーシャル・サポートなど、他者の力などを借りながら、自らの在り方と共に発達・変容していくものである。したがって、ストレスやカタストロフィーに立ち向かい、それらを跳ね返そう、それらから立ち直ろうとする、各個人が今もっているポジティブな力こそがレジリエンスなのである」と述べて、今もっているポジティブな力であるレジリエンスの測定と、現在の内心と行動との関係を明らかにすることを目的とした、S－H式レジリエンス検査（Sukemune－Hiew Resilience Test）を作成しています。この検査でのレジリエンスは3因子の構造になっており、A因子（ソーシャル・サポート：家族、友人、同僚などの周囲の人たちからの支援や協力などの度合いに対する本人の感じ方）、B因子（自己効力感：問題解決をどの程度できるかなどの度合いについての本人の感じ方）、C因子（社会性：他者とのつき合いにおける親和性や協調性の度合いなどについての本人の感じ方）です。

レジリエンスの構成要因はさまざまありますが、教育現場では、これらを促進するような具体的なアプローチとして、教員・職員・学生相談のカウンセラーなどの専門家らとの連携による支援が望まれます。

2. 自己開示と精神的健康

私たちには、自分が辛い思いをしている時、信頼できる人に、その思いを打ち明けることができると、ほっとして心が軽くなり癒されたと感じる経験があります。これは、カタルシス（catharsis：浄化）効果といって、カウンセリングなどの心理療法が治療的に作用する要因のひとつです。また、自分のことをあるがままに他者に示す行為を自己開示（self-disclosure）といいます。自己開示と精神的健康との関連について、ジュラード（Jourard, 1971a）が、「自己開

示は，パーソナリティ健康のしるしであり，健康なパーソナリティを至高に達成する手段である」と述べているように，自己開示は，精神的健康を左右する重要な要因であると考えられます。

自己開示の程度と，精神的健康の指標のひとつである自己評価との関連では，男女ともに有意な正の相関関係があり，自己開示を多く行う者ほど自己評価が高くなっています（Jourard, 1971b；榎本, 1993）。また，孤独感と自己開示の関連では，「自分はひとりぼっちである」という孤独感が高い状態は，精神的健康が損なわれている状態だと解釈され，自己開示の程度と孤独感の間には負の相関関係があるという報告が多くされています（Chelune et al., 1980; Franzoi & Davis, 1985; 広沢, 1990; Solano et al., 1982）。

(1) 自己開示の程度と自己評価との関連

自己開示の程度と精神的健康の指標のひとつである自己評価との関連は，男女ともに有意な正の相関関係があり，自己開示を多く行う者ほど自己評価が高くなっています（Jourard, 1971b; 榎本, 1993）。

(2) 孤独感と自己開示の関連

①「自分はひとりぼっちである」という孤独感が高い状態は，精神的健康が損なわれている状態だと解釈され，自己開示の程度と孤独感の間には負の相関関係があるという報告が多くなされています（Chelune et al., 1980; Franzoi & Davis, 1985; Solano et al., 1982）。

② 孤独感を「他者との共感可能性に対する不信感から生じる，孤独化の方へ人を追いやる不健全な孤独感」と「個性をもつ存在としての自覚を促す健全な孤独感」の二つに分けてとらえ，両者と自己開示の程度の関連をみた場合，「最も親しい同性の友人」「最も親しい異性の友人」「一般の友人」のいずれの対象においても，不健康な孤独感と有意な負の関連を示し，健全な孤独感とは関連を示していません。つまり，孤独感全体が，自己開示と関連しているのではなく，他者との共感可能性に対する不信感から生まれる不適応的な孤独感のみが関連しているということであり，自己開示を多く行う者ほど，孤独化を招く不健全な孤独感を感じることが少ないということです（榎本・清水, 1992）。

(3) 自己開示の内容と精神的健康の関連

自分にかかわる否定的な情報や，不快な出来事，および嫌悪感などのネガテ

ィブな内容についての開示が，心身の健康とより強く関連しているといえます。

① 否定的もしくは，嫌悪的と感じられる個人的な情報を他者から積極的に隠す「自己隠蔽（self-concealment）」傾向は，身体症状や抑うつ，不安，否定的自己評価といった精神的不健康度を示す指標と正の相関があります。

② 否定的もしくは嫌悪的な個人的情報を隠蔽して他者に話さない者ほど，身体症状が多く，抑鬱的で不安をもっており（Larson & Chastain, 1990），自己を否定的にとらえる（Ichiyama et al., 1993）傾向にあります。

③ 不快な気持ちや出来事にかかわる自己開示を行う傾向である「苦痛に関する自己開示（distress disclosure）」は，自尊心や生活満足感と正の相関関係があり，苦痛などの否定的な内容に関する自己開示を多く行う者ほど，自分に自信をもっており，生活に満足しています（Kahn & Hessling, 2001）。

つまり，ネガティブな内容も含め，自分のことについて話すことが多い人ほど，精神的健康度が高いといえます。だからといって，自己開示する量が多ければ多いほど，精神的健康は保たれるというものではありません。

自己開示量と精神的健康との関係では，図5-3にみられるように，最適水準をもつ逆U字型を示しており，ある程度までは，自己開示が多いほど精神的健康度が高まりますが，あまりにも自己開示が多くなり過ぎると精神的健康度は低下してしまいます（和田，1995）。たとえば，あなたが，相手との和やかな関係を築くために，相手に話をしても自分の心が傷つかない程度（←ここが重要なポイント）の失敗談（たとえば，学校に遅刻してそっと先生にわからないように教室に入ったつもりが，しっかり見咎められて，みんなから笑われて恥ずかしかった話）や，気がかりなこと（たとえば，苦手な科目があって，単位が取れるか不安であるといった話）などの，だれもが経験していそうな話をすることによって，相手が自分も同じような経験や不安があると自己開示してくれれば，相手との関係が深まります。お互いに共感できる経験や気持ちを知ることができて，相手に対して親しみを感じ，打ち解けあうことができるからです。このようにあなたから自己開示を行えば，相手も自己開示を行うことを自己開示の返報性（reciprocity）といいます。

自己開示に返報性があるのは，相手は，あえて他人には言いたくないと思えるような話をしてくれたあなたに対して，自分を信頼し心を許して打ち明け

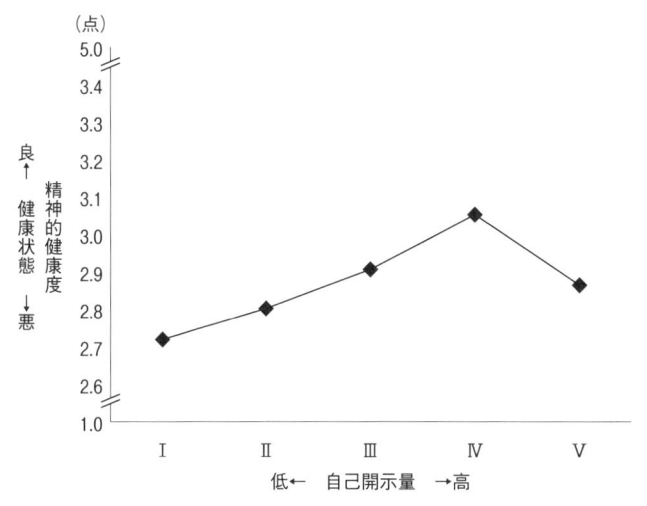

注）最も親しい同性の友人に対して，八つの内容（身体，趣味，学校，性格，社会，友人関係，異性関係，家庭生活）をそれぞれどの程度開示しているか，「まったく打ち明けない」から「すべて打ち明ける」までの5件法で回答を求めて，自己開示量が測定された。測定された自己開示量を基準に，自己開示量が少ない者（I群）から自己開示量が多い者（V群）まで，20％ずつ5群に分割して，各群の精神的健康度を比較した。精神的健康（原文では，「心理的幸福感」）の指標は，孤独感と疾病徴候と充実感の合計得点であった。

図5-3 自己開示量と精神的健康との関係（和田，1995）

てくれたことを嬉しく思い，あなたに対しての好意が高まるからです。そして，親しい関係になるほど，自己開示は多くなります。しかしそうだからといって，相手と親しくなるために，やみくもに自己開示すればよいというものでもありません。それは，たとえば，あなたの自己開示が特定の相手だけでなく，他の多くの人にも行われていることが明らかな時には，相手からの好意はあまり期待できなくなるでしょう。また，知り合って間もない状態にもかかわらず，いきなり内面的な内容の自己開示をどんどんと一方的にしてしまうと，相手のあなたへの好意が高まらず，かえって相手が退いてしまうことになりかねません。これらのことから，「信頼できる相手への，ほどよい自己開示が精神的健康を保つ」といえるでしょう。

3. 適応と不適応

ここでは，適応の概念，適応の過程で働く防衛や対処の機制を紹介していきましょう（図5-4）。適応（adjustment）とは，人や動物と環境との関係を表わす概念で，もともと生物学で用いられていたものです。個体が環境からの要請に応じる（外的適応）と同時に，個体側の要求をも充足（内的適応）していき，個体が環境との間に調和的関係を保つことをいいます。

私たちは，日々，社会という場の中でさまざまな行動をしていますが，この行動に駆り立てる心理的原動力になっているのが，欲求（need）です。マズロー（Maslow, 1954）は，欲求は，階層構造をなしていると想定しています（コラム 5-4）。欲求を満たすべく行動を起こしても，何らかの障害があり，欲求の充足が阻止されている状態を欲求不満（frustration）といいます。また，二つ以上の欲求が同時に同じような強さで生じ，両方を満たすことができず，心理的に身動きのとれない状態になるのが葛藤（conflict）です。レヴィン（Lewin, 1935）は，場や目標の誘意性の概念を用いて双方の力を接近（望ましいもの・〜したいもの）と回避（避けたいもの・〜したくないもの）に分け，① 接近－接近葛藤（たとえば，今度の休日のデートは，映画を観に行こうか，ドライブしようかと迷うような場合），② 回避－回避葛藤（たとえば，試験前に，勉強するのは嫌だが，単位を落とすのも嫌だと悩む場合），③ 接近－回避葛藤（たとえば，甘いものは食べたいけれど，太るのは嫌だというような場合）という

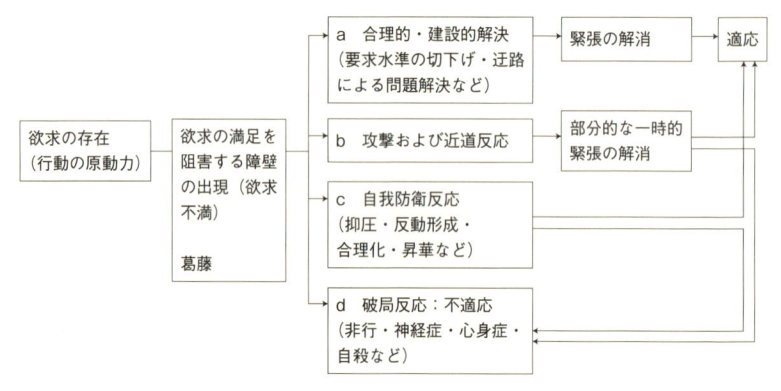

図 5-4 適応機制（宮城, 1959 より改変）

コラム 5-4

マズローの欲求階層説

　マズロー（Maslow, 1954）は，人間の欲求は，下図のような5段階の階層をなしていると考えました。低次の欲求は，行動の源泉として最も強く，この低次の欲求が満たされなければ，高次の欲求は行動を引き起こすことになりません。つまり，人間の欲求間には優先序列の階層があり，低次の欲求がある程度満たされると，高次の欲求が生じ，生理的欲求から安全欲求へ，安全欲求から所属・愛情の欲求へ，さらに，自尊の欲求から，最後に，自己実現の欲求へと進みます。より高次の欲求が満足されるにつれて，精神的健康の段階も向上していきます。
① 生理的欲求は，飲食・睡眠・排泄などの生命維持に関する欲求です。
② 安全欲求は，病気・社会の混乱・戦争など，直接的（身体的）あるいは間接的（心理的）に加えられる危険から逃れ，安全を保とうとする欲求です。
③ 所属・愛情の欲求は，あの大学に入りたいとか，人から愛されたいというような欲求です。
④ 自尊の欲求は，集団の中で認められたいとか，高い評価を得たい，ひいては地位や名誉を得たいというような欲求です。
⑤ 自己実現の欲求は，自分のもっている潜在的な能力を十分に発揮したいという欲求です。人間が最も人間らしく生き，究極的に求めるものは，この自己実現にほかなりません。

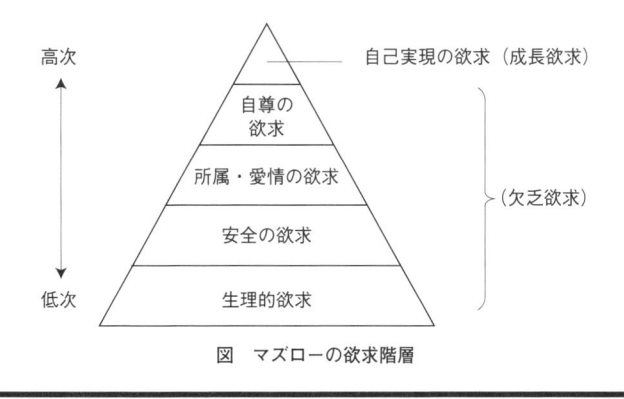

図　マズローの欲求階層

三つの葛藤場面を想定しています（図5-5）。その誘意性が拮抗していて選択が困難な場合に心的緊張状態が生じます。それは，どちらを選んでも予想される結果として欲求不満を生じるだろうという予期不安に関連します。なかでも回

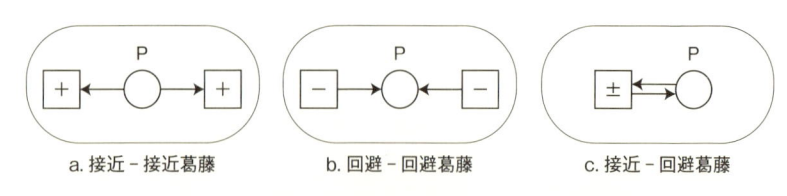

a. 接近-接近葛藤　　b. 回避-回避葛藤　　c. 接近-回避葛藤

P：人　　＋：積極的誘意性　　－：消極的誘意性

図5-5　葛藤場面（Lewin, 1935）

避が含まれる葛藤では，欲求不満や危機などの予期が強く心理的な問題を引き起こしやすいのです。このような欲求不満や葛藤の心的緊張による不快な状態を解消するため，さまざまな反応や解決法が講じられます。欲求不満に耐える個人の能力，いわゆる"我慢する心の強さ"である欲求不満耐性（frustration tolerance）が十分に備わっている場合は，思考と意思によって，合理的・建設的な欲求不満の解消がなされますが，ともすれば，欲求を阻害するものに対して積極的に排除しようと攻撃をしたり，目的のために手段を選ばない近道反応をすることがあります。また，自我の心理的安定を保つために，無意識的な心の仕組みである自我防衛機制にたよることも多いのです。この防衛反応は，危機に際して一時的な避難場所を与えるという効用がありますが，多くは非合理的な心の働きであり，現実を否定し歪曲しており，無意識的なもので本人が気がつかないという特徴をもっています。したがって，成長したパーソナリティ

表5-5　代表的な自我防衛機制（橋本, 1983）

抑圧	不快な衝動・感情・記憶などを意識から排除する。
反動形成	本来の衝動や感情とは，正反対の態度や行動をとる。
代償	一つの欲求が阻止されると，それに似た効果をもつものを獲得することで満足する。
昇華	反社会的な欲求や感情を社会に受け入れられる方向へ置き換える。
投射（投影）	自分の中にある認めがたい衝動や感情などを他人がもっていると思い込む。
合理化	屁理屈をこねて，自分の責任も他のものに転嫁し，自分を正当化する。
逃避	空想の世界（白昼夢）・他の現実世界・自己の内的世界・病気に逃げ込む。
退行	早期の発達段階にもどって，行動する。
同一視（同一化）	他のものの性質や行動を取り入れて，自分を同一のものとみなす。

がいつまでもこの自我防衛機制に依存していると，神経症を生じさせてしまうことがあります。

このような個体と環境との関係が齟齬をきたして不調和となり，個人の欲求がその環境において満たされず不快な状態に陥ってしまうことが，不適応（maladjustment）です。心的緊張の完全な解消がなされて適応するために，合理的・建設的解決法をとるには，幼児期より，適度な欲求の充足と阻止を経験させることにより，欲求不満耐性の形成が促されることが望ましいのです。

4. ストレスとストレス・マネージメント

(1) ストレス

ストレス（stress）とは，「環境からの刺激によって起こる身体的・心理的な反応」のことです。環境がもたらす刺激の方をストレス源（ストレッサー：stressor）といい，人に快く，より害の少なく，むしろ，成長や発達に必要なストレス源（ユーストレス：eustress）と，不快でより害のある悪いストレス源（ディストレス：distress）があります。

(2) ストレスと認知的評価

個人は，認知の仕方を変えたり，行動の仕方を変えるなどしてストレスに対処し，効果があれば，その人の対処能力と環境からの要請とのバランスがとれてストレス反応は消えますが，その効果がなく，いっそうバランスを崩すものであれば，ストレスは，弊害の強いものに変化し，あるものは，疾患として診断されることになってしまいます。

(3) ストレスと行動特性

① **タイプＡ（type A）の特徴**：虚血性心臓疾患にかかった患者にみられる行動特性で，競争心が強く，何事にも挑戦的，野心的で攻撃性があります。「急げ急げ病（hurry sickness）」といわれるくらい性急で，質より量や早さを重視する目的指向型で，かつ心配症です。何事にも過剰反応しやすくいつもストレス度が高いタイプです。

② **タイプＢ（type B）の特徴**：いつも平静を保ち，ゆったりと，ゆるやいだ，非競争的なライフ・スタイルを示します。他方，緊張感や攻撃性に欠けるところがあります。挑戦的な課題を与えられた場合，タイプＢは，タイプＡの

ように著しい血圧上昇を示しません。また、循環器系の疾患の有病率はあきらかに低いのです。

③ **タイプC（type C）の特徴**：癌になった患者にみられる行動特性で、協力的で控えめで、自己主張が弱く、忍耐強く、怒りや不安などの不快な感情を抑制し、理知的・合理的な対処をする傾向があり、同時に無気力感や抑うつ感、絶望感に陥りやすいです。

(4) ストレス・コントロール

ストレスに直面した時、個人のストレス対処行動（stress coping behavior）を効果的、積極的なものにすることによって、ストレスレベルを最適な状態にし、常に、生産性の高い、創造的な日常生活を送ることができます。ストレス・コントロール（stress control）やストレス・マネージメント（stress management）とよばれる心身の健康管理の総合方策の必要性がそこにあります。

コラム 5-5

ストレス対処の方法

星野（2003）は、ストレス対処の方法として、日常生活における工夫（ライフ・スタイルの質の改変を含む）と、非日常への脱出の双方を含む具体的項目を、語呂合わせで列挙しています。

S − Sports		各種スポーツへの参加、観戦、応援
T − Travel		独り旅、国内小旅行、海外旅行、観光
R − Recreation		各種ゲーム、ダンス、散歩、性交渉
Relaxation		リラックス
E − Eating		快食、グルメ探求、パーティー
S − Sleeping		仮眠、熟睡、午睡、居眠り
S − Smile		談笑、落語、漫談、漫才、ユーモア
L − Leisure		上記以外の余暇活動、音楽、描画、ボランティア活動
E − Enjoyment		各種祝い事、祭り、趣味、おしゃれ
S − Spiritual		儀式、礼拝、瞑想、祈祷、呪術等
(participation)		
S − Social support		社会的支援

ワークショップ 5-6

あなたの心身の疲労度は？

最近の数週間をふりかえり，次の 30 項目について，自分にあてはまる数字を○で囲んで答えてください。

1. 仕事や遊びに集中できない
2. 心配ごとがあってよく眠れない
3. 頭がスッキリせず，思考がさえない
4. 気分が充実せず，元気が出ない
5. 落ち着かなくて眠れない夜がある
6. 活動的な生活を送れていない
7. 外出したいという気分にはならない
8. まわりの人間とくらべて，仕事がはかどらない
9. すべてがうまくいっていると感じられない
10. まわりの人に親しみや温かさを感じられない
11. まわりの人とうまくつき合えない
12. 自分のしていることに生きがいを感じられない
13. 容易に物事が決められない
14. 何らかのストレスを感じることがある
15. 問題を解決できなくて困ったことがあった
16. 日常生活は，いつも競争であると思う
17. 日常生活を楽しく送ることができていない
18. 困ったことがあってつらいと感じた
19. 理由もなくこわくなったり，取り乱したりした
20. 問題が生じたときに，積極的に解決できなかった
21. いろいろなことを重荷と感じる
22. 気が重くて，ゆううつになることがある
23. 自信を失ってしまうことがあった
24. 自分は役に立たない人間だと感じる
25. 望みを失ったと感じることがあった
26. 自分の将来は明るいと感じられない
27. 自分が幸せだと感じられない
28. 不安を感じて，緊張したことがあった
29. 生きていくことに意味がないと感じる
30. 気が滅入って，何もできないと感じることがある

(町沢, 2008 より引用)

これは，ゴールドバーグ（Goldberg, D. P.）により開発された GHQ 精神健康調査　世界保健機構版を基に作成されたもので，あなたの心身の

疲労度をチェックすることができます。
　回答ができたら，○のついた項目の数をカウントしてください。その合計が，0〜7なら，心身の疲労度は低く，心身とも健やかで，疲労の心配はありません。心身の健康状態は青信号の状態といってよいでしょう。8〜13ならば，中程度の疲労度で，黄信号，やや心身の疲労があり，勉強や仕事を少し控え，レジャーを取り入れるなど，ストレスを増やさない工夫をしましょう。14以上なら，あなたの疲労度は高く，赤信号です。心身の疲労に対処する必要があり，休暇をとり，場合によっては医師や専門家に相談してください。

　心身の健康を保つためには，まず，今の自分のストレス状態を知る必要があります。そして，たとえストレスがあっても，それに対し，効果的な認知的，行動的，生理的なフィードバックを続けることができるサイクルをつくるように心がければ，ストレスを克服できたという自信感がもてて，人とのつながりも強くなり，平静心や精神的ゆとりが生まれるでしょう。生理的にもストレスに対する抵抗力ができ，いわゆるストレス耐性が高まるでしょう。つまり，受け止め方を変えたり，行動の仕方を変えたりして，ストレスを軽減させていけばよいわけです。ストレスは，"人生のスパイス"といえます。上手につきあっていく工夫をしましょう。

〈要約〉
　心理学者たちが考える「精神的健康な人」あるいは「健康で成熟したパーソナリティ」のポイントについてまとめました。
　精神的に健康な人は，レジリエンスをより育んでいける人であり，ストレス・マネージメントがうまくできる人でもあります。適度な自己開示は，精神的健康を保ちます。欲求不満や葛藤といった心的緊張を解消する方法としては，適応機制がありますが，非建設的なものも多くあります。合理的・建設的解決には，欲求不満耐性が必要ですが，幼児期からの適度な欲求不満と充足を体験することにより形成されます。

〈キーワード〉

精神的健康，レジリエンス，自己開示，自己開示の返報性，適応，不適応，欲求不満，葛藤，自我防衛機制，欲求不満耐性，欲求階層説，ストレス，タイプA，タイプB，タイプC，ストレス・コントロール，ストレス・マネージメント

〈知識チェック〉

・以下の文章について文意が通じるように（　　）内を埋めなさい。
　① レジリエンスとは，（　　　　　）である。
　② 自分のことをあるがままに他者に示す行為を（　　　　　）という。
・自我防衛機制について，具体的な例をあげて，説明しなさい。
・ストレスを溜めやすい行動特性について，説明しなさい。

〈レポート・討論課題〉

① 精神的健康を保つには，どのような方法があるか，具体的な例をあげて，話しあってみましょう。

〈ブックガイド〉

　備瀬哲弘　2007　D'な人々　うつ病ではない「うつ」たちへ　マキノ出版
　エデルシュタイン, M. R.・スティール, D. R.　城戸善一（監訳）　2005　論理療法による3分間セラピー―考え方次第で，悩みが消える―　誠信書房
　大野裕　2005　こころが晴れるノート　うつと不安の認知療法自習帳　創元社
　和田秀樹　2008　必ず！「プラス思考」になる7つの法則　新講社

【引用文献】

Chelune, G. J., Sultan, F. E., & Williams, C. L.　1980　Loneliness, self-disclosure, and interpersonal effectiveness. *Journal of Counseling Psychology*, **27**, 462-468.
榎本博明　1997　自己開示の心理学的研究　北大路書房
榎本博明　1993　自己開示と自己評価・外向性・神経症傾向との関連について　名城大学人間科学研究, **4**, 29-36.
榎本博明・清水弘司　1992　自己開示と孤独感　心理学研究, **63**, 114-117.
Franzoi, S. L., & Davis, M. H.　1985　Adolescent self-disclosure and loneliness: Private self-consciousness and parental influences. *Journal of Personality and Social Psychology*, **48**, 768-780.
古市裕一　1985　同一性の達成と成人性　中西信男・水野正憲・古市裕一・佐方哲彦　アイデンティティの心理　有斐閣　pp.139-159.

橋本尚子　1983　代表的な自我防衛機制　未公刊
橋本尚子　1993　ストレス　藤本忠明・栗田喜勝・瀬島美穂子・橋本尚子・東　正訓　ワークショップ心理学　ナカニシヤ出版　pp.158-163.
畑中美穂　2006　開示・抑制と適応　谷口弘一・福岡欣治（編）　対人関係と適応の心理学―ストレス対処の理論と実践―　北大路書房　pp. 67-82.
広沢俊宗　1990　青年期における対人コミュニケーション（Ⅰ）―自己開示，孤独感，および両者の関係に関する発達的研究―　関西学院大学社会学部紀要, **61**, 149-160.
星野　命　2003　ストレス対処の方法　未公刊
Ichiyama, M. A., Colbert, D., Laramore, H., Heim, M., Carone, K., & Schmidt, J.　1993　Self-concealment and correlates of adjustment in college students. *Journal of College Student Psychotherapy*, **7**, 55-68.
Jourard, S. M.　1971a　*The transparent self.* New York: Litton Educational Publishing.（岡堂哲雄訳　1974　透明なる自己　誠信書房　p.38）
Jourard, S. M.　1971b　*Self-disclosure: An experimental analysis of the transparent self.* New York: Wiley Interscience.
Kahn, L. A., & Hessling, R. M.　2001　Measuring the tendency to conceal versus disclose psychological distress. *Journal of Social and Clinical Psychology*, **20**, 41-65.
Larson, D. G., & Chastain, R. L.　1990　Self-concealment: Conceptualization, measurement, and health implications. *Journal of Social and Clinical Psychology*, **9**, 439-455.
Lewin, K.　1935　*A dynamic theory of personality.* McGraw-Hill.（相良守次・小川　隆訳　1961　パーソナリティの力動説　岩波書店）
Maslow, A. H.　1954　*Motivational and personality.* Harper & Row.（小口忠彦監訳　1971　人間性の心理学　産業能率短期大学出版部）
町沢静夫　2008　ストレス度をチェック　大切な人の心を守るための図解　こころの健康事典　朝日出版社　pp. 62-63.
宮城音弥　1959　心理学入門　岩波書店
小塩真司・中谷素之・金子一史・長峰伸治　2002　ネガティブな出来事からの立ち直りを導く心理的特性―精神的回復力尺度―　カウンセリング研究, **35**, 57-65.
佐方哲彦　2006　人格形成と精神的健康　中西信夫・三川俊樹（編）　新教職課程の教育心理学［第3版］　ナカニシヤ出版　pp. 62-67.
Schultz, D. P.　1977　*Growth psychology : models of the healthy personality.* New York: Van Nostrand Reinhold Co.（上田吉一監訳　中西信男・古市裕一訳　1982　健康な人格　川島書店）
Solano, C. H., Batten, P. G., & Parish, E. A.　1982　Loneliness and patterns of self-disclosure. *Journal of Personality and Social Psychology*, **43**, 524-531.
鈴木乙史　1998　性格形成と変化の心理学　ブレーン出版
祐宗省三　2007　S－H式レジリエンス検査　竹井機器工業株式会社
和田　実　1995　青年の自己開示と心理的幸福感の関係　社会心理学研究, **11**, 11-17.

第5節　大学生の心の健康

【学習目標】
- 自分にとって今，心はどういう状態かワークショップを通して考えてみよう。
- マーラーとエリクソンの発達理論から，人生にはさまざまな試練や危機があることを学ぼう。
- 自分の問題へのかかわり方と心の健康の関係について考えよう。
- 事例から心の健康を考えてみよう。

　皆さんの大学生活はどのようなものでしょうか。思っていたよりもわからないことだらけで大変だとか，高校と違ってかなり自由ですごく自分に合っているとか，その逆であるとか，気の合う友達がなかなかできなくて困っているとか，授業が全然面白くない，という感想もあるかもしれません。

　大学に入って毎日の生活に追われだすと，目前の出来事や人間関係に心のエネルギーが使われていきます。勉強，バイト，友人関係，恋人関係など，さまざまな問題にぶつかります。

　そういう時，悩みながらも一つひとつ自分で，あるいは人に相談したりしながら解決したり，乗り越えているのだと思います。また，「今の自分には無理だ。どうしても合わない」と保留したり距離をとったりすることも，心のバランスを保つ重要な方法だといえます。

　この節では，心の健康とは何かということと，心の健康の秘訣について考えみようと思います。

1. 心の健康とは

　さまざまな問題が起こってくるなかで，元気がなくなったり，落ち込んでしまうことがあります。そういう時を「病んでいる」というのをきくことがあります。つまり，「心が不健康，病気だ」と考えているのです。しかし，元気で調子がよくて，悩みがまったくないような「心の健康」がずっと続くかといえば，なかなかそうはいきません。

　ひとたび人間関係で悩みが生じれば，それは解決するまで心をチクチクと痛

ませたり，重くのしかかっていますし，そのようなことは日常的にどんどん起こってきます。このような時がすべて健康でないなら，人生の半分以上は不健康ということになりそうです。では，ワークショップ 5-7 で，自分の心の状態を考えてみましょう。

> **ワークショップ 5-7**
>
> **今，自分の心の状態は？**
> ① 少し大きめの紙（B4 判程度）に縦に線を引いて，3 列に区切ってください。
> ② そして，中央の列の一番上に「今」と書いて，その下に「今気にかかっていること」を，箇条書きで書き出してください。このとき，一番重く気にかかっていることを最初に書き，後の方ほど軽いものにしてください。ただし，箇条書きの数は約 10 個までにしてください。どうしてもそれ以上になりそうなときは，エネルギーを使いすぎる可能性があるので中止してください。
> ③ それでは次に，左側の列に「1 週間前」と書き，その下に「1 週間前に気にかかっていたこと」を，手帳などを見て思い出しながら，②と同じように重い順番に書き出してください。
> ④ 最後に右側の列の一番上に，「1 週間後」と書いて「1 週間後に気にかかっているであろうこと」を同様に書き出してみてください。未来に何が起こるかはわからないので，思いつく範囲で結構です（もし，「1 週間後」がまったく予測つかないようであれば，「明日」「明後日」から想像してみてください）。

どうでしょうか，気がかりの数はどこが一番多かったですか？　そして，その内容はどのように違っていますか？　中央の「今」を基準に左側が「過去」，右側が「未来」となり，気がかりの変遷がつかみやすくなっているはずです。

「今」どんなことが気がかりですか。「過去（1 週間前）」にはどれくらい悩んでいましたか。それは解決してきているのか，あるいはより深刻になってきているのかがわかります。また，「未来（1 週間後）」に書いてあることによって，その解決にどれくらいの見通しがあるかもわかります。「未来」に悩みが少なくなっていれば，気が少し楽になります。

「過去」と「今」を比べて，似たような悩みや，パターンを探してみると自分のことを知るきっかけになります。

3列の内容がまったく変わらない場合は，過去と未来の期間をもっと延ばして，「1ヶ月」，「3ヶ月」というふうにしてやってみてもいいでしょう。時間が経っても変わらない悩みや気がかりは根が深いものかもしれません。重い気がかりが長期にわたって複数ある人は，相当大変な状況ですので，誰か信頼できる人か機関に相談してみてはどうでしょうか。

こうやって「書き出す」という行為自体は，自分の気がかりに直面することになるので，つらい作業かもしれません。逆に紙に書いてしまうことで，自分と少し距離を置くことにもなり少し整理されて楽になることもあります。

どんなことで悩んでいるかが自分のなかで少し明確になったと思います。悩みの種類の傾向を大学の学年別にまとめると，1回生の時は大学という仕組みや授業・課題への不安，新しい友人関係にまつわる気がかりが多いようです。2回生，3回生になると深まってきた人間関係（友人，バイト，恋人）に絡んで家族や自分についての悩み，就職・進路を考えるとき，あらためて，自分について見つめることが多いように感じます。

2. 人が生まれてから出遭う問題

「赤ちゃんに戻れたら悩みごともなくて幸せだろうな」と思ったことはありませんか？　でも実は赤ちゃんも大変かもしれません。泣いている赤ちゃんを思い浮かべてください。今にも死にそうだというくらい，身体いっぱいに表現しています。そこで，お母さんが抱きかかえておっぱいをあげたりおむつを換えたりして，やっと泣き止みます。赤ちゃんの心の世界はどうなっており，どう変化していくのでしょうか。

(1) マーラーの発達理論

精神分析家であり乳幼児精神医学者でもあるマーガレット・マーラー（Mahler, 1955）は，乳幼児の母子関係の観察と，対象との関係に対する発達心理学的研究を行いました。そして，乳幼児の3歳くらいまでに特徴的な発達段階について考察しています。

生まれてから5ヶ月ほどの乳児は，あたかも母子が一体のように知覚されて

いるといいます。このような段階を「共生段階」とよび，母親側も似たような状態になるとしています。そして，母親の赤ちゃんへの没頭が引き起こす関係から基本的な信頼関係が形成されるとし，重視しています。

　次が「分化期」「分離・個体化の時期」です。この時期の赤ちゃんは母親との密着状態から分離し，母親と自分は違う存在であるという感覚になってくる時期です。

　さらに「練習期」とよばれる，ちょうど立ち歩きができるようになる時期がきて，赤ちゃんの行動範囲は飛躍的に拡大します。物理的に母親と離れたり母親と接触しに戻ったりを，赤ちゃん自身ができるようになります。それまでは肌で触れたり匂いをかいだりすることで安心感を得ていましたが，この時期になると母親と少し離れていても一体感を失わないですみます。

　子どもは自分の内的な欲求や外的な刺激を，まだ自分の力だけで処理していくことが十分にできません。そのため，母親にくっついて何とかしてほしい気持ちと，もっと離れて自由に探索したい気持ちがアンビヴァレント（ambivalent：両価的）に存在しています。これは子どもにとって大きな葛藤，危機となります。この時期を「再接近期」といい，心がゆらいでいる状態をよく示していると思われます。母親に行きつ戻りつしながら，この危機を乗り越えていくことで，その子どもなりの心的距離を見出します。この時期に自己と他者がよりはっきりと分かれて，自分というものが確立しはじめるのです。

　そして，3歳くらいで「個性化の確立と情緒的対象恒常性の達成の時期」がきて，愛情対象としての母親のイメージを永続的にもつことができるようになります。母親が現実的に不在であったり思いどおりにならなくても，心の中の母親イメージは破壊されることなく保たれ，子ども自身も一貫性をもった自分をもち始めるのです。

　外界，他者といった存在との出会いの訪れにともない，もはや母親ではなく自分自身で不快感などをおさめていかねばなりません。

(2) エリクソンの人格発達論

　精神分析家のエリクソン（Erikson, 1950）はライフサイクル論の中で，一生の間の各段階における葛藤を想定し，それを危機（crisis）とよびました。"crisis"について英和辞典を引いてみると，「分かれ目，危機，重大局面，急場，

山場，分利（急性疾患における回復するかの変わり目）」と書かれています。つまり，単なる「危険なとき」ではなくて，それをどう乗り切るかという重大な分かれ目でもあるということです。これはひとつの大きなチャンスともなり得るのです。

人は各自，自分に訪れた危機を自分なりに，個性的に過ごしていくのであり，自分の老い，さらには死も含めた状況とどのようにかかわり過ごすかということが重視されているのです。

これら二つの理論からも，人間がかなり早い時期からその最後まで，「おさめていく過程」が繰り返されるといえます。今まで生きてきた中ですでにたくさんの危機を経験してきたということです。試練や問題をどのように経験してきたか，体験しているかというところに，その人らしさや，個性が立ち現れてくるのだと思います。

3. 心の健康の秘訣

人はどのように心の健康を保つのでしょうか。生体には外的な環境がどのように変化しようとも内的な環境，バランスを保持しようとするホメオスタシス（homeostasis）という機能があり，通常の状態が崩れた時に，それを補い元に戻そうとする力が働きます。似たことが心でも起こるとすると，危機に陥った時にその危機を何とか打開しようとする動きが心に起こり，それが新たな展開へのチャンスになるのです。

しかし，非常に辛い体験の最中では何が起こっているかを自分でも把握しきれず冷静に考えられず，いろいろな見方ができなくなって，気持ちがますます重くなったり混乱したりします。自分の内に感情を抱えようとすればするほど，自分の中で気持ちがぐるぐると動きまわっているという体験はないでしょうか。このような状態を心がおさまらない状態だとします。これは感情の種類によって多少異なってきます。たとえば，"驚き"と"怒り"と"悲しみ"を比べると，中立的な感情である"驚き"の方が他の二つよりおさまりやすいようです（荒木，2003）。特にネガティヴな感情は，それを引き起こした出来事の大きさだけでなく，今まで重ねてきた体験にどこか通じていることが多いと考えられます。ですから，この感情の揺さぶりに向き合うことは，自分と向き合うことにもな

ります。気持ちに揺さぶられながらも抱えようとする，このアンビヴァレントな状況にあってもちこたえる力やゆとりが必要となります。揺さぶりが大きいほど，そのときに応じたゆとりが必要になります。そのことが自分の中で薄れていったり，自分が何かしら納得いくまでの時間は必要です。また，一人で抱え続けるのをやめて誰かにわかってもらうことで，肩の荷が少し降りることも多いです。ゆとりをつくるために，気がかりをあえて深く考えずにおいておくような工夫をする（増井, 1987）ことも大切かもしれません。

このようなゆとりのつくり方はケースバイケースです。たとえば誰かに相談したり話をすることで，今の自分を少し離れたところから眺め，自分について整理したり考えたりすることができます。

4. 事　例

（プライバシー保護のため加筆・修正をしています）

Aさんはやる気が出なくなったということで学生相談室に来ました。

朝起きても何もやる気が出ないため，学業などにも支障が出てきていました。

Aさんは面接者から見れば非常によく考えることのできる人でした。しかし，自分に今ひとつ自信がもてないようでした。話を聴いていくと，どうやら彼女は，昔から家族に対して違和感をもっていたことがわかってきました。しかし結局は何も言わず押さえ込んできたとのことでした。面接者はAさんがどこかで認められない悲しさや怒り，孤独を感じていたように思いながら話を聴いていました。面接が継続されるなかで，Aさんは今まで辛く苦しかったこと，また逆に自分の支えになってきたことを語っていきました。それはまるで，今までの自分を整理し，自分の支えとなるものを確認しながら自分自身を積み上げて創っているようでした。Aさんは今まで積もり積もった想いを家族に初めて素直に伝えたのです。そしてさらに，家族の事情や思いも受け入れていったのです。Aさんのやる気は徐々に戻り，Aさん自身の「もう自分でやっていけるかな」という気持ちをうけて終結となりました。

面接室の中でAさんが自分を確認していった後，Aさんは家族という「場」に自らかかわっていきます。Aさんは自身を語ることによって面接空間を，自分をあるがままに見つめ，確かめ，再構成していく「場」とし，その「場」は

Aさんの心の中にしっかりと存在する空間となったのではないかと思います。

　このように，自分のあるがままでいられる「場」は非常に重要です。自分の内から発生してきた素朴な感覚や思いを認めることで，その感覚が確かなかたちをもって自分の中に位置づくからです。そしてこの「場」は必ずしも最初からあるわけではないのです。面接室であろうと自分の部屋であろうと，そのような「場」を自分でつくり確かめる過程で，自分らしさを見つめ認める作業が行われるようです。また，そこで培われた力は外的な環境と折り合いをつける力ともなり，新たな自分の場をつくっていけるのではないでしょうか。これは自分の内に「あるがままで居られる場」，つまり自分の礎をつくることができた強みといえるかもしれません。一度つくった礎は完全なものではなく，ときに崩れる危機にさらされながら，また再構成されていきます。この繰り返しの中を生きていこうとすることが心の健康の秘訣なのかもしれません。

5. 自分の「場」について

　大学に入学すると，高校までは存在した自分の席がなくなります。身の置き場であった「いつもの場所」は自分でつくっていくことになります。

　そもそも日本語の「自分」という言葉は，自らの「分」であり，広がりを示します（北山, 1993）。人は自分なりの領域，「場」をつくりながら生きているのですが，かかわりがある場それぞれにさまざまな質があることが重要な意味をもちます（森岡, 1995）。これは，社会の中，人とのかかわりの中に自分をどう位置づけていくかということにつながっています。

　大学というところは，社会に出る直前の時期でもあり，自分で「場」をつくることを多かれ少なかれ強いられるようです。学生相談が，自分の「場」つくりのきっかけのひとつとなるよう願っていますので，学生相談室を気軽にご利用ください。

142　第5章　自己理解と心の健康

〈要約〉
　まず，自分の今の心の状態を知ることが必要です。現在の気がかりな問題から，自分がエネルギーを注いでいることやつまずいているところが少し明らかになります。マーラーとエリクソンの理論から，人は困難にぶつかるものであるのですが，それが新たな展開へのチャンスでもあることを学びました。困難へのかかわり方，危機の過ごし方は人によってさまざまであり，自分のパターンを知っていくことが重要です。うまくいかないときは相談機関も一助となりえます。事例から心の健康について再考し，自分の「場」をつくることについて述べました。

〈キーワード〉
　マーラーの発達理論，分離・個体化理論，エリクソンの人格発達論，ライフサイクル論，危機

---- 〈知識チェック〉 ----
・マーラーの発達理論において，一番アンビヴァレントな心性をもつ時期をなんとよぶか。
・エリクソンのライフサイクル論に出てくる「危機」とはどのような意味あいをもつものか。

〈レポート課題〉
　①「心の健康」がどういうものだと思うか自分の考えを述べなさい。

〈ブックガイド〉
　　福島　章（編）　1996　精神分析の知88　新書館
　　森岡正芳　1995　こころの生態学―臨床人間科学のすすめ　朱鷺書房

【引用文献】
荒木浩子　2003　「こころのおさめ方」についての一研究　2003年度京都大学教育学研究科修士論文
Erikson, E. H.　1950　*Childhood and society.*（仁科弥生訳　1977　幼児期と社会　みすず書房）
Freud, S.　1923　*Das Ich und das Es.*（井村恒郎・小此木啓吾・懸田克躬・高橋義孝・土井健郎訳　1970　自我論・不安本能論　人文書院）
北山　修　1993　自分と居場所　岩崎学術出版社
Mahler, M. S.　1955　*The psychological birth of the human infant.*（高橋雅士・織田正美・浜畑紀訳　1981　乳幼児の心理的誕生―母子共生と個体化―　黎明書房）

増井武士　1987　症状に対する患者の適切な努力　心理臨床学研究, **4**(2), 18-34.
森岡正芳　1995　こころの生態学―臨床人間科学のすすめ―　朱鷺書房

第6節　カウンセリングと心理療法

【学習目標】
・カウンセリングと心理療法の基本について理解しよう。

> **ワークショップ5-8**
> **カウンセリングと心理療法に対するイメージ**
> カウンセリングや心理療法に対してあなたはどのようなイメージをもっていますか。そのイメージをノートに箇条書きしてください。

1.　「カウンセリング」？「心理療法」？

　カウンセリングや心理療法とは何か，それについて説明する前に，まずは用語の整理をしておきましょう。「カウンセリング」と「心理療法」ではどこが違うのでしょうか。それについて，次のような点をあげて説明される場合もあるようです（野島, 1999）。① 前者は比較的問題が軽い人や健康な人を対象とするが，後者は重い人や病気の人を対象とする。② 前者は後者と比べて，より表面的，言語的，認知的，合理的である。③ 前者はおもに非医療の領域で行われるが，後者はおもに医療の領域で行われる。④ 学問的背景は，前者がカウンセリング心理学，後者が臨床心理学である。

　これらの区別は，その歴史的背景を検討することでよりはっきりわかります。心理学に興味のある人なら，カウンセリングとは何かと問われてすぐ思い浮かぶのは"心の悩みや問題に対しての心理的援助"かもしれませんが，実は「カウンセリング」とは，20世紀初頭のアメリカにおいて，① 職業指導運動，② 教育測定運動，③ 精神衛生運動を背景に生まれた用語です（伊東, 1995）。その後，アメリカの臨床心理学者であるカール・ロジャーズ（Rogers, C. R.）のカウンセリング理論とあいまって発展していきましたが，出自からわかるように，もともとカウンセリングとは，必ずしも心理的な悩みや問題への援助を意味し

ているわけではなく，健康な人も対象に，何らかの現実的・具体的な問題解決を目指した相談・助言・指導・ガイダンスの意味ももっています。

一方，「心理療法」は，催眠療法の影響を受けながらヨーロッパの医学領域で成立してきました。現在の心理療法の源流である精神分析を創始したフロイト（Freud, S.）や，分析心理学のユング（Jung, C. G.）も医者でした。すなわち心理療法とは，医学との関係の中で，心の病の"治療"という概念をもちながら生じてきたものだといえます。しかし，医学との関係の中で生まれてきたといっても，"悪いもの""異常なもの"を排除することで解決を図るといった近代医学の治療モデルとは性質が異なります。心理療法の起源は古代シャーマニズムの治療にまでさかのぼれると考えられていますが（Ellenberger, 1970），シャーマニズムが病を呈している当人の病気の治療のみを目的にするのではなく，他者とのつながりや，宇宙の調和まで含めての癒しを目指しているように，心理療法でも，単に症状の除去や日常的な問題解決にとどまらず，その人の人格や，対人関係・人生を含めた存在全体にまで深くかかわることが目指されます。

このように歴史的にみてみるとそのちがいがわかり，これらの用語を厳密に区別して用いる学派や国もあります。しかしわが国においては，どちらの用語も区別なく混在して使われていることが多いようです。また，特定の学派に所属していない心理臨床家も多く，あるいは所属していても，実践活動の場ではさまざまな理論や技法を折衷的に用い，相談に来た方に合わせた援助を行っているのが実際のところです。

もちろん，"心理カウンセリング"とその他の"カウンセリング"は区別しておく必要があるでしょう。"カウンセリング"がもともとガイダンスや助言という意味をもっていることから，その名称は心理的な相談活動以外の場面においても耳にします。たとえば「カウンセリング化粧品」といった言葉がありますし，就職支援の際や，ローンを組む時，美容院での施術前に"カウンセリング"が行われる場合があります。法律や経済の場面でも用いられます。この本を手にされている皆さんには言わずもがなだと思いますが，それらはここで説明しようとしている"心理的援助としてのカウンセリング"とは異なります。

2. カウンセリング／心理療法とは何か
(1) 定義とねらい

さて，一口にカウンセリングや心理療法といっても，さまざまな理論や技法，学派があります。それらをひとまとめに定義することは大変難しいのですが，ここでは，カウンセリング／心理療法とは，「カウンセラー（セラピスト・心理療法家）との関係性を媒介に，問題や悩みをもって来談した人（クライエント）が自ら悩みを解決し，その生き方や態度を主体的に見出していくことを，主として心理的なアプローチによって援助する営み」として位置づけておきたいと思います（以下では便宜的に，そのような意味のものとして，「カウンセリング」や「カウンセラー」という用語に「心理療法」「セラピスト（心理療法家）」も含めて説明していくことにします）。

河合（1970）によると，その第一のねらいは，「普通の人のするように早く片付けるのではなく，あくまでクライエントの心の底にある可能性に注目して，それによって本人が主体的な努力によって，自分の可能性を発展させてゆく，そのことによって問題も解決されてゆく」点にあります。

(2) 基本原理

したがって，カウンセリングでは，こちらが指導したり何かを与えたりするのでなく，また，問題の除去や表面的な解決だけを早急に求めるのでなく，クライエントの心の中から自発的に立ち現われてくるものを「待つ」カウンセラーの在り方が重要になります。この「待つ」ということは実は非常に難しいことです。困っている人がいたら早急に助けたいという気持ちは援助側として当然のものでしょう。もちろん，不必要な苦痛は少しでも早く取り除けることがクライエントにとっても望ましいと思われます。

しかしここで，問題や悩みをもった人への援助の方法をいくつか考えてみると，たとえば経済的に困っている人にお金を貸してあげるような「直接的援助」，自分の人生や経験に基づいた「助言」「忠告」，理屈で納得させようとする「説得」，その他，「叱責」「激励」「指導」「教育」などさまざまなものがあげられるでしょう。確かにこれらは場合に応じて非常に効果がありますが，それでは解決できない問題もあり，また，こちらが良かれと思ってやっていても，それが余計に相手を傷つけたり，問題を深めたりする場合さえあります。そこで役に

立つのは，ひたすらクライエントの話に耳を傾け，クライエント自身が自らの道を発見的に見出していけるよう援助する「カウンセリング／心理療法」です。「こたえはクライエントの中にある」という考えのもと，それがクライエントの中から現われてくるのを，カウンセラーは余計な手出しや口出しをせずにひたすら待ちます。待つことが可能になるのは，その前提として，クライエントの心の底にある可能性や成長の力をカウンセラーが深く信頼しているからです。「クライエント中心療法」を創始したロジャーズの理論をはじめ，この，「クライエントの自己治癒力・自己成長力を信じる」ということがカウンセリングの基本原理であるといえます。

(3) 「語り」と「傾聴」

　カウンセリングや，特に言語的なやりとりを中心とする心理療法では，クライエントが「語る」というところに重きを置きます。ここには「沈黙」という「語らない／語れないという無言の語り」も含めます。そしてカウンセラーは，ひたすらその語りに心を傾けて聴きます。これを「傾聴」といいます。

　「聴く」ことは単なる情報として「聞く」こととは異なり，また，情報収集のための「訊く」とも違います。語られた言葉だけでなく，語られなかった言葉も含め，クライエントの全存在を，カウンセラーの全身全霊を傾けて聴きます。たとえばクライエントの「悲しい」というたった一言の裏にも，「怒り」や「憎しみ」「罪悪感」，言葉にもまだならない混沌とした思いがあります。そしてそれは，クライエント自身気づいていないことも多いのですが，それこそが，クライエントの問題の中核であったり，問題解決の糸口であったりします。したがって，クライエントの語る言葉だけでなく，語られなかった言葉にも心を澄まし，また，語られた内容やことがらの一部分のみにとらわれるのでなく，「差別なく平等に漂わせる注意」(Freud, 1912)でクライエントの語りを聴き，その内に働いている感情や，語り方や身体などの非言語的表現，雰囲気，カウンセラーの心に起こってくる感じなど，さまざまなものに対してカウンセラーは広く開かれていなければなりません。それは，カウンセラーがあらかじめ想定した筋書きにクライエントの話をのせることでも，カウンセラー側の理解の枠組みや先入観から判断を下すことでもありません。クライエントの重層的な語りに心を傾けることが傾聴であり，それによってクライエントの語りはより深

い部分から生み出され，変容し，もつれた糸が解けるように新しい可能性が思いがけず立ち現われてくるのです。

いうまでもありませんが，クライエントが「語る」ことができるのは，それを「聴く」カウンセラーの存在があるからこそであり，カウンセリングにおいてカウンセラーとクライエントの「関係性」が重要になるゆえんです。カウンセラーの聴き方によってクライエントの語りも変わります。これは体験してみないとなかなかわかりにくいかもしれませんが，たとえば日常的な人間関係のレベルにおいても，この人には自分のことを話したくないなあ，とか，この人といればなぜか自分はくつろいで心の内を話せるなあ，といった体験を皆さんももったことがあるでしょう。また，家族に悩みを話すのと友人に相談するのとでは，相談する内容や，話し方も異なります。そして，自分のことを受け容れてもらえるような雰囲気の中では自然と話も深まり，これまで思いつかなかったようなことを発見したり，たとえ直接的な問題解決にはならなくても心が勇気づけられたりしたことがあるかもしれません。

(4)「クライエント中心療法」と「カウンセラーの3条件」

ここで，ロジャーズのカウンセリング理論について紹介しましょう。彼の考え方は，わが国のカウンセリング界の幕開けに非常に大きな影響を与え，ひところは「カウンセリングといえばロジャーズ」といわれたほどでした。現在でも，精神分析学的心理療法，行動療法と並んで，カウンセリングや心理療法の主流になっています。なお，ロジャーズは，カウンセリングと心理療法に基本的差異はないという立場をとった人でもあります。

さて，ロジャーズは，「人は誰でも自らの内部に自己を成長させ，実現させる力をもっている」と考え，「クライエント中心療法」を創始しました。このアプローチは，人は誰でも自分で選択し，決定し，責任をとることができる力を本来もっているということを基本仮説にしています。したがって，カウンセリングにおいては，クライエントに内在するその力にカウンセラーは信頼を置き，その力が最大限に発揮できるような「関係」をつくり上げていくことが何より重視されます。そしてそのためのカウンセラーの基本的態度として，ロジャーズは，「共感的理解」「無条件の肯定的配慮」「自己一致」という有名な3条件をあげました（Rogers, 1957）。これらはカウンセリングの中核的な条件として

学派を問わず広く認識されていますので，それを次に補足しながら説明していきましょう。

① **共感的理解**：これは，クライエントの内的な感情世界，体験世界を，正確かつ敏感に，カウンセラーがあたかも自分自身のものであるかのように感じ取ることです。客観的な外側からの理解ではなく，相手の内側から，相手とともに感じ，理解することといえるでしょう。しかしここで重要なのは，それが「あたかも as if」であることを見失わないことです。これは，もし自分だったらこう感じるけれども，クライエントはそうではないかもしれない，ということをしっかり認識していることを意味します。だから，クライエントの感じている感情に自分自身の類似の感情を絡ませてそれに巻き込まれたり，自分の感情と相手の感情を混同したりすることではありません。クライエントの心に限りなく寄り添おうとすると同時に，自分本来の気持ちと相手から伝わった感情とをしっかり区別できることによって，真に相手を受け止めることが可能となります。

そして，共感的理解とは，ただ頷いて聞いていればよいということではなく，クライエントがまさに表現しようとしていることや，カウンセラーが感じ取った理解を，的確に言葉で表わし，クライエントに伝えるよう努めることも求められます。そうすることで，カウンセラーによるクライエント理解はもちろん，クライエントによる自己理解が深められていくのです。

② **無条件の肯定的配慮**：クライエントの体験のすべての側面を，非難，批判，指示などせず，クライエント自身のものとして，ありのままに尊重し，受容してゆく態度のことです。また，クライエントがあることをした時には積極的に承認するというように条件づけて反応したり，カウンセラーの価値観や好みによって取捨選択したりすることなく，クライエントのどの側面にも偏りなく積極的かつ肯定的な関心を向けることをいいます。

日常の人間関係を考えてみると，私たちは，いわゆるポジティブな感情は共感しやすくても，「死にたい」「苦しい」などの一見ネガティブと思われる感情については，それをそのまま受け止めることが困難です。そういう場合，聞いている側がその感情に耐えられずに，安易に慰めたり，教え諭したり，否定したりしがちになります。しかしそうすると，クライエントは自分の気持ちを正

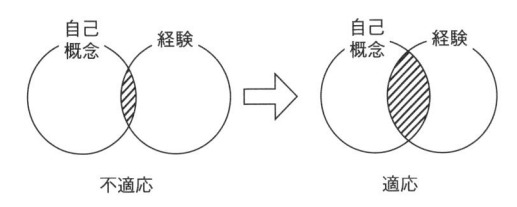

図 5-6 自己概念と経験の一致・不一致と治療的人格変化（諸富, 1997）

直に話すことができなくなるばかりか，そのように感じている自分は悪いのだという罪悪感を抱く場合さえあります。

どのような感情であっても，それはクライエントのありのままの気持ちです。カウンセラーがそれらを無条件で受容していくことで，クライエントは心理的安全感を感じ，その体験に支えられることで，クライエント自身，自分の内的体験に対して無条件の肯定的関心をもつことができるようになります。つまり，クライエントは，これまで見ないように気づかないようにしてきた，そして実際気づけなかった，自分の中のさまざまな感情や，矛盾，葛藤と向き合い，それらを自らのものとして受け止めていけるようになります。

③ **自己一致**：「純粋性」ともいわれます。カウンセラーが，うわべを飾ったり，見せかけの態度をとったりすることなく，ひたすらありのままの自分になり，純粋であろうとすることです。そのためにカウンセラーは，自分の内的体験や感情にも開かれていなければならず，自分の中で起こったどんな感情も自らの内で見つめ，受け止めていることが求められます。

ロジャーズによれば，心理的な問題や不適応は，自分が経験していることが十分に自己に組み込まれていないために起こります（図5-6）。したがって，「経験と自己を一致させること」がカウンセリングの目標となります。そのためにも，この「カウンセラーの自己一致」は他の2条件より効果的なもので，最も基本的な態度条件だと考えられています。

以上，ロジャーズは，治療的パーソナリティ変容の必要十分条件としてこれら3条件を考えました。ただしこれらを完全に実現するのは容易ではありません。しかし，カウンセラーが自らの態度を常にふりかえり反省するためにこれらを心に留めておくことは，非常に有用なものだろうと考えます。

3. 今後の学習に向けて

　以上，カウンセリングや心理療法を，ロジャーズの考えを中心に説明してきました。このほかにも重要な理論や療法は数多くあります。学ぶべき必須のものにフロイトの精神分析学がありますし，その流れからは，ユングの分析心理学やアドラー（Adler, A.）の個人心理学が生まれました。また，それらが個人の内界を重視した心理療法を行うのに対して，外に現われた行動や症状への理解やアプローチを行う行動療法もあります。その他，集団療法，家族療法，遊戯療法，描画療法，箱庭療法，ダンス療法，ゲシュタルト療法，認知療法など，対象や方法，媒介にするものなどによって，その種類は非常に多岐にわたります。わが国独自のものとして森田療法や内観療法，動作療法もあります。

　カウンセリングや心理療法を学ぶには，これら多くの理論や技法はもちろん，人間の発達・成長にかかわる諸理論や，心理検査などに代表される心理アセスメント技法などを学ぶことが必要です。人間を広く理解することにおいては，宗教学や文化人類学といった諸学問も役に立つでしょう。実践において一番の教師はクライエントですが，自分の心にも真摯に向きあいながら，一生をかけての学びと研鑽が求められる奥深い領域です。興味をもった方が今後より深く理解を進めてくださることを期待しています。

〈要約〉
　カウンセリングと心理療法の違いを歴史的背景から検討したうえで，心理的援助の方法としてのそれらの基本を説明しました。その際，クライエントの主体性や自己実現・成長の力に重きを置くロジャーズの「クライエント中心療法」や，「カウンセラーの3条件」についても説明しました。

〈キーワード〉
　カウンセリング，心理療法，語り，傾聴，クライエント中心療法，カウンセラーの3条件

第6節 カウンセリングと心理療法　151

―〈知識チェック〉―
・カウンセリングと心理療法の出自の違いを説明しなさい。
・ロジャーズによるカウンセラーの基本的態度の3条件とは何か説明しなさい。

〈レポート・討論課題〉
①「クライエント中心療法」以外にはどのようなカウンセリングや心理療法があるか調べてみましょう。

〈ブックガイド〉
　平木典子・袰岩秀章（編）1997　カウンセリングの基礎　北樹出版
　河合隼雄　1970　カウンセリングの実際問題　誠信書房
　氏原　寛・成田善弘（編）1999　カウンセリングと精神療法　培風館

【引用文献】
Ellenberger, H. 1970 *The discovery of the unconscious.* Basic Books.（木村　敏・中井久夫監訳　1980　無意識の発見・上下　弘文堂）
Freud, S. 1912 *Recommendations to physicians practicing psycho-analysis: The standard edition of the complete psychological works.* Vol. XII. Norton. pp.109-120.（小此木啓吾訳　1983　分析医に対する分析治療上の注意　フロイト著作集9　人文書院　pp.78-86.）
伊東　博　1995　カウンセリング　誠信書房
河合隼雄　1970　カウンセリングの実際問題　誠信書房
諸富祥彦　1997　人間性心理学・来談者中心療法・ゲシュタルト療法　平木典子・袰岩秀章（編）カウンセリングの基礎　北樹出版　p.161.
野島一彦　1999　カウンセリングと心理療法　氏原　寛・小川捷之・近藤邦夫・鑪　幹八郎・東山紘久・村山正治・山中康裕（編）カウンセリング辞典　ミネルヴァ書房　pp.85-86.
Rogers, C. R. 1957 The necessary and sufficient conditions of therapeutic personality change. *Journal of Consulting Psychology,* **21**, 95-103.（伊東　博訳　1996　パーソナリティ変化の必要にして十分な条件　伊東　博編訳　サイコセラピィの過程（ロジャーズ全集第4巻）　岩崎学術出版　pp.117-140.）

第Ⅲ部

他者や社会とのかかわりについて考えよう

6

人間関係について心理学しよう

　大学入学式に引き続き，オリエンテーションが始まります。教室を見渡しても知人はほとんどいません。全国各地から入学してきた新入生ですからそれは当然のことです。彼ら／彼女らとこれからうまくやっていけるだろうかちょっと不安になります。でも大学生活をうまく送るためにはいろいろな意味で友達づくりが先決です。周囲を見渡したら何となく気の合いそうな人が目について，ちょっと安心。またクラブ・サークルに入れば，もっと友達ができるかもと考えて入会してみる。さらに大学生活に少し慣れてくるとアルバイトの時間もとれるようになり，職場の一員として働くことにもなるでしょう。ここでは友達づくりから友人関係について，さらに所属したクラブ・サークル，アルバイト先など集団の一員としての集団と個人の関係について考えてみましょう。

第1節　出会いから友人関係が深まるまで

【学習目標】
- 大学生にとって友人はどのような存在かを，友人関係の機能から理解しよう。
- 「人はなぜ，他者に心ひかれるのか」—対人魅力の規定因には，どのような要因があるのかを理解しよう。
- 対人魅力の規定因は，友人関係の進行にともないどのように影響するのかをその段階ごとに学習しよう。

　大学生活をスタートさせるにあたり，学業，クラブ・サークル活動，友人関係，異性関係，アルバイトなどさまざまな領域で一から構築する必要がありま

す。なぜなら，高校までの成績や人気，評判といった社会的評価は，大学という新しい環境にそのままもち込むことができないからです。つまり，大学での居場所を得るためには，過去の名声はあまり役に立たないということです。ところで，皆さんは大学に入学して真っ先に何を考えますか。たいていは，友達づくりではないでしょうか。この節では，対人関係，特に友人関係の構築について，出会いから友人関係が深まるまでを考えていくことにします。

1. 大学生にとって友人とはどのような存在か

まず，大学生にとって友人とはどのような存在なのでしょうか。大学生活において最も重要なつながりをもつのは，ゼミやクラブ・サークルでの友人関係と思われます。ノートの貸し借り，平常課題や試験の情報交換，遊びの誘い，異性の紹介，アルバイト先の紹介，個人的悩みの相談，卒業が近づけば進路の相談や就活の相互報告，その他学生生活における情報交換など，友人とのつながりは大学生活を充実させるために必要不可欠です。また，大学4年間は社会に出る直前の段階であり，この時期に特定の友人との間の友情を深めていくことは，自己を確立するうえでも重要であると思われます。

松井（1990）は，青年にとっての友人関係の機能を「安定化の機能」「社会的スキルの学習機能」「モデル機能」の三つに整理していますが，大学生にとっても同様のことがいえます。たとえば，大学生活において，自分の悩みを友人に打ち明けたり，周囲の仲間から自分を支えてもらったりすることで，精神的安定を保つことができます。また，友人は親や先生などの大人とはちがい対等な関係にあるため，友人関係を構築する過程で同世代の仲間とのつきあい方や相互作用の技術を学んでいきます。さらに，「仲間を鏡にして己を知る」といわれるように，友人とのかかわりのなかで新たな自分を発見したりもします。同時に，自分も友人のようにありたいと願い，モデルにするケースも存在します。このように友人関係を構築するなかで新しい生き方や考え方を取り入れ，自分の価値観や人生観を広げていくとともに，未知の世界を創造していくことができるわけです。つまり，親密な友人関係を形成していくことが，お互いの成長につながるといえるのです。

2. 対人魅力の規定因

 親密な友人関係の構築は，大学生活を充実させていくうえで必要不可欠な要素です。では，友情を深めていくためには，友人関係の進行過程でどのような点に配慮すればよいのでしょうか。このことに何らかの示唆を与えてくれるのが，対人魅力（interpersonal attraction）に関する研究成果です。「人はなぜ，他者に心ひかれるのか」という対人魅力を規定する要因については，

① 環境要因としての「近接性」「単純接触の効果」
② 他者要因としての「社会的評価」「第一印象」「身体的魅力」「性格の好ましさ」
③ 相互関係要因としての「態度の類似性」「欲求の相補性」「好意の返報性」「自己開示の返報性」「役割の相補性」

などが指摘されています。これらの要因を友人関係の進行に沿って，順にみていくことにしましょう。

3. 友人関係の進行にともなう対人魅力の規定因の影響力の変化

ワークショップ6-1

対人魅力の規定因は友人関係のどの時期に影響力をもつか？

 対人魅力の規定因は，出会いから友人関係が深まるまでの過程において，どのように影響するのでしょうか。ここでは，友人関係を，Ⓐ 出会い以前，Ⓑ 出会いの段階，Ⓒ 進展段階，Ⓓ 親密化の段階の四つに区分します。以下の対人魅力の規定因を，この4段階の中で特に影響力をもつと思われる時期に振り分けてみてください。

1. 近接性：近くにいるというだけで好意を抱く傾向 ……… （　　）
2. 単純接触の効果：単に会えば会うほど好意を抱く傾向 …… （　　）
3. 社会的評価：うわさや評判などの社会的評価が高い人に好意を抱く傾向 ……………………………………… （　　）
4. 第一印象：初めて出会った時に形成される印象 ………… （　　）
5. 身体的魅力：身体的に魅力があればあるほど好意を抱く傾向 …………………………………………………………… （　　）

6. 性格の好ましさ：性格の好ましい人に好意を抱く傾向 ……（　）
7. 態度の類似性：態度が似ているほど好意を抱く傾向 ………（　）
8. 欲求の相補性：互いに相補うような欲求をもつ人に好意を抱く傾向 …………………………………………………（　）
9. 好意の返報性：好意を示せば好意が返ってくるという傾向 （　）
10. 自己開示の返報性：自分のことを打ち明ければ相手も同様に打ち明けてくれるという傾向 ……………………（　）
11. 役割の相補性：互いに相補うような役割を遂行する人に好意を抱く傾向 ……………………………………………（　）

　ワークショップ6-1は，どのような結果になりましたか。図6-1は，友人関係の進行を出会い以前から親密化に至るまで6段階に分け，各段階において影響を及ぼすと思われる対人魅力の要因を配置したものです。友人関係の進行段階が4から6に少し細かくなっていますが，あなたの結果と比べてみてくださ

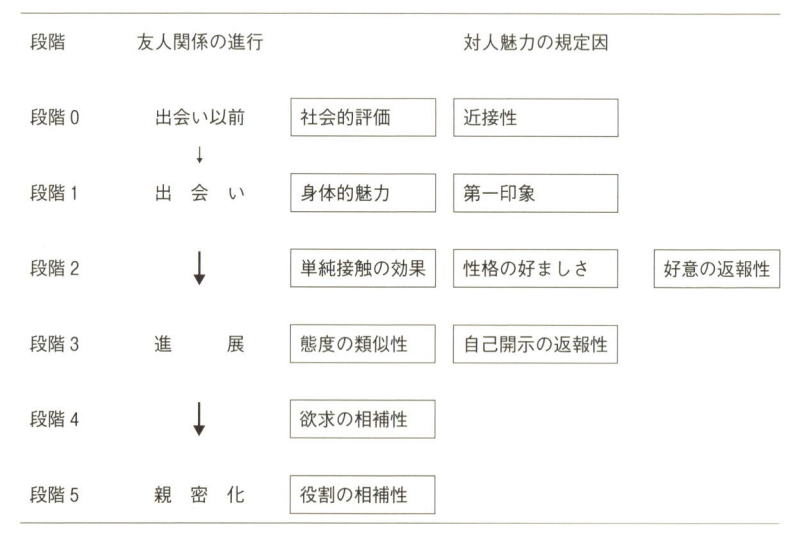

段階	友人関係の進行		対人魅力の規定因	
段階0	出会い以前	社会的評価	近接性	
	↓			
段階1	出　会　い	身体的魅力	第一印象	
段階2	↓	単純接触の効果	性格の好ましさ	好意の返報性
段階3	進　　展	態度の類似性	自己開示の返報性	
段階4	↓	欲求の相補性		
段階5	親　密　化	役割の相補性		

松井（2003）は，SVR理論（Murstein, 1987）をもとに，異性交際に影響する要因を整理し，模式図を提出している。これは，その模式図をもとに友人関係に置き換えて筆者が改変したものである。

図6-1　友人関係の進行と対人魅力の規定因に関するモデル

い。それでは，つきあいの期間を示す時間軸に沿って，影響を及ぼす規定因を一つひとつみていくことにしましょう。

(1) 出会い以前の段階（段階0）

① **社会的評価**：出会う前に入ってくるうわさや評判などの社会的評価は，出会いの段階での第一印象に影響を及ぼすものといえます。これらは，その時点で形成されている友人関係のネットワーク上での口コミによるものが大半です。もし，この社会的評価がよければ第一印象にもプラスになるため，友人関係の形成において重要な要因といえます。ところで，周囲の人から高い評価を得るためには，高校時代も含めふだんからいろいろなことに前向きに取り組む姿勢が大事です。友人を得たいならば，友人を求める前にむしろ，自分を磨くための何か（学習，資格取得，クラブ・サークル活動，学生会活動，趣味・特技，ボランティア活動，アルバイトなど）に打ち込むことがポイントのようです。

② **近接性**：「家が近い」「席が近い」「学籍番号が近い」といったように，近くにいるということがきっかけで話すようになり，しだいに親しくなって友人関係が形成されるということがあります。このように，近くにいるというだけで他者に好意を抱く傾向のことを近接性（proximity）とよんでいます。二者間の物理的距離は，人と人とが親密になる過程において重要な要因であるということです。フェスティンガーら（Festinger et al., 1950）は，既婚学生が住むアパートにおいて未知の学生同士が親しくなる過程を調べ，この傾向を検証しています。この要因は出会いのきっかけになるということで，出会い以前に配置していますが，もちろん，出会いの段階でも効果を発揮します。一方，好意の非言語的表現の中に，「行動をともにする」「なるべく一緒にいようとする」という行動パターンがよくあげられます。したがって，友人になりたいと思う人がいれば，なるべくその人の近くにいることがポイントのようです。ただし，あくまで自然にお願いします。ところで，近接性の要因は，出会いの段階でも効きますが，友人関係が進展していくと効力は弱まります。

(2) 出会いの段階（段階1）

③ **身体的魅力**：私たちは，美人やイケメンを見るとつい心ひかれてしまう，ということがあります。広沢（1994）は，女子学生に初対面の異性の写真を提示し，そこから受ける印象と好意度との関連を明らかにしています。その結果，

好意度は「かっこよさ」に最も強く規定され，外見的魅力が高いほど好意をもたれることがわかりました。こうした外見の美しさは身体的魅力（physical attractiveness）とよばれ，一般的に容貌や容姿の美しさを指しますが，服装やヘアスタイル，化粧なども含めてとらえることができます。したがって，自分に合ったファッション，自分に合った髪型，自分の長所を引き出す化粧法など，いろいろ研究してみてはいかがでしょうか。この身体的魅力は，次に述べる「第一印象」形成の大きな要因となっていますが，特に影響力が強いため，個別に取り上げました。確かに人間は，日常生活において視覚刺激の影響を強く受けており，外見に左右されるのもやむをえないことかもしれません。ただし，つきあいが進むと，この効果は薄れるようです。

④ 第一印象：私たちは，初めて出会った人に対する印象を短時間のうちに形成することができ，これを第一印象（first impression）とよんでいます。出会いの段階では，視覚情報しか手掛かりがありませんので，「どのような顔かたちをしているか」「体型はどうか」「髪型はどうか」「服装はどうか」「メガネをかけているか」など種々の外見的情報をもとに相手の印象を形成していくわけです。このように第一印象形成の情報源は視覚刺激に偏っており，また，時にはハロー効果（Halo effect：ある特徴的な面に影響を受け，他の側面に対しても同じように評価してしまう傾向）も加わるため，必ずしも正しいとは限りません。このことを十分認識したうえで，相手を判断する必要があります。ただし，学生の皆さんはまだまだ他者から評価される場合が多いはずです。たとえば，科目担当やゼミの先生，事務職員の人，あるいは企業の面接担当者といった人たちです。したがって，第一印象をよくすることは非常に大切です。「元気のよい挨拶」「明るい印象」「清潔感」「ハキハキした受け答え」などを心がけてはいかがでしょうか。

(3) 初期段階（段階2）

⑤ 単純接触の効果：友人とのつきあいが始まると当然，接触する機会も多くなります。ザイアンス（Zajonc, 1968）は，単に何度も会っただけでその人に好意を抱くという単純接触仮説（mere-exposure hypothesis）を提唱し，大学生を対象に未知の人の顔写真を用いてこれを検証しました。つまり，顔写真の内容に関係なく，その提示回数が多くなるにつれて好意度が高くなるというこ

とです。したがって，大学生活の中で友人と親しくなるためには，まず，授業にきちんと出席することです。なぜなら，授業に出てみんなと会えば会うほど，互いに好感度が高まるからです。特にゼミは重要です。病気などでやむをえず欠席する場合は，事前にゼミの先生にメールを入れるようにしてください。また，クラブ・サークルに所属したならば，積極的に活動に参加すべきです。キャンパス内でのさまざまな対人接触があなたの友達の輪を広げるはずです。

コラム 6-1

集団になじむためには

　学内で友人をつくる手段として，クラブ・サークルへの加入があげられます。このような集団への所属は，大学生活において友人関係を広げる効果的な方法の一つといえます。また，大学では必ず基礎ゼミや専門ゼミなどのゼミに所属することが一般的です。ただし，いくらある集団に所属したとしてもその集団になじめなければ，かえって辛いものです。では，集団になじむためにはどのようにすればよいのでしょうか。

　国分（1985）は，『チームワークの心理学』の中で社会的スキルが未熟なために集団になじめないケースを分析し，八つの項目にまとめています。これを逆にみると，集団になじむためのノウハウが導き出されます。それを順にみていくことにします。

① **遅刻をしない**：そもそも遅刻をするというのは，傍観者的態度の表われであり，集団への帰属意識も低いということです。もちろん，授業の遅刻も厳禁です。
② **筆まめ**：手紙やメールをもらったら，すぐに気の利いた返事を出してください。「あとで」と思っているとついそのままになってしまいます。
③ **迅速なあいさつ**：人と出会ったら，メリハリを利かせて自分から素早くあいさつをしましょう。あいさつは自己主張訓練にもつながります。
④ **質問をする**：友人のゼミ発表を聞いたり，外部講師を招いて特別講義を受けたりしたなら，進んで質問してください。質問は他者の話題に対する関心の表われであり，相手から好意的に受け取られるものです。
⑤ **電話の要領が良い**：電話の応対は，的確な自己表現と相手への気配りがないとなかなかうまくいかないものです。
⑥ **TPO に応じた服装**：服装は非言語コミュニケーションの一部です。時・場所・状況を考えたファッションが大切です。
⑦ **「われわれ意識」の尊重**：グループ活動に参加し，ともに喜びや悲しみを分かち合うことは大切です。もし，事情でやむをえず欠席する場合はきちんとリーダーに断る必要があります。そして，リーダーがメンバーにそのこ

とをきちんと伝達することによって「われわれ意識」が保たれるわけです。いかなる場合も，グループを無視するような行為は禁物です。
⑧ **物理的に存在すること**：グループ活動に休まず参加することはとても重要です。逆に，いつもいない（物理的不在の）人はグループから取り残され，だんだんグループになじめなくなるわけです。なぜなら，物理的距離は心理的距離を意味するからです。

皆さんは，このような社会的スキルをどの程度身につけていますか。これらを十分に磨いて集団になじみ，友人関係を広げていってください。

⑥ **性格の好ましさ**：つきあいが始まり一緒に行動するようになると，お互いの性格も重要な要因になってきます。では，一般に他者から好かれる性格というものはあるのでしょうか。松井ら（1983）は，魅力を感じる異性の人柄や印象について，大学生・社会人を対象に調査しています。表6-1は，その結果をもとに上位五つの特性を示したものです。男女で若干ちがいはあるものの，明るく（明朗で），思いやりがあり，やさしい人が異性に好かれるようです。また，増田（1993）は，魅力を感じる異性像と同性像について調査し，両者にあまり差のないこと，魅力を感じる性格特性が松井らの結果とほぼ一致していることを報告しています。以上より，同性・異性を問わず，人から好かれる性格というのはほぼ共通しており，社会的に望ましい性格と言い換えることができるようです。

⑦ **好意の返報性**：私たちは人と接するとき，相手から好意を示されると自分もその相手に好意を抱く傾向があります。また，自分の方が相手に好意を抱く

表6-1 魅力を感じる異性の人柄や印象

	女 性 像		男 性 像	
1	明朗な	63.6	思いやりのある	61.5
2	清潔な	60.1	やさしい	60.2
3	素直な	54.4	誠実な	59.1
4	やさしい	53.9	生き生きとしている	58.4
5	思いやりのある	52.6	明朗な	51.5

注）数値は，多重回答形式で「あてはまる」と回答した比率(%)を示し，松井ら(1983)より，上位5位までを掲載。

とその人にも好意をもってもらいたいと願うものです。このような傾向を好意の返報性（reciprocity）とよんでいます。もし、あなたがある人と親密になりたいと思うならば、その人に好意を示し、相手のことを高く評価していることを理解してもらうことが大切です。なぜなら、あなたのそのような心情が相手に伝われば、相手もあなたに好意を示してくれる可能性が高まるからです。また、その逆も真なりです。つまり、「何や、この人」という気持ちで相手に接すると、相手も「何や、この人」となるわけです。したがって、好意にせよ非好意にせよ、その感情が何らかの形（たいていは非言語コミュニケーション）で相手に伝わった結果、同様の感情が返ってくると考えられます。つまり、人に好意をもってもらいたければ、まず、その相手に好意を示せということです。そのためには、相手の長所に目を向けることがポイントです。人間誰しも長所・短所はありますが、人の欠点ばかり探していると決して好意に結びつかないからです。つきあうなかで是非、相手の良いところを探し、評価してあげるよう心がけてください。

(4) 進展段階（段階3）

⑧ 態度の類似性：友人関係がある程度進み、さらに親密な関係へと進展するかどうかのバロメーターの一つに、態度の類似性（similarity）があげられます。ニューカム（Newcomb, 1961）は、大学における寮生の態度と対人関係の変化を長期にわたって調査し、態度の類似性から友人関係の形成が予測できると結論づけています。実際、長年つきあっている友人をあらためてみてみると、クラスやゼミ、あるいはクラブ・サークルが一緒で何らかの共有体験をもった仲間であることがほとんどです。その中でも、特に親密な関係が続いている相手は、自分と考え方や価値観が似ていたり、行動パターンが類似していたりすることが多いようです。したがって、友人関係をさらに深める一つの方法は、相手の好むものを自分も好きになったり、相手の趣味に自分も合わせたりすることです。また、相手の価値観や人生観が理解でき共有できるようであれば、親密化の可能性はかなり濃厚です。一方、どうしても好みが合わなかったり考え方や価値観が異なったりする場合は、無理をしない方が得策です。お互いにそれらを尊重できれば問題ないからです。もし、それも難しいならば、程よい距離で友人関係を維持するという方法を考えてみてはいかがでしょうか。

⑨ **自己開示の返報性**：友人関係を深めていくためには，お互いに自分自身のことを相手に話すことも必要です。他者に自分のことを打ち明け，ありのままの姿をさらけ出すことを自己開示（self-disclosure）といいます。また，対人関係の形成過程において，相手に自分のことを打ち明けると，相手も心を許し自分のことを打ち明ける傾向があります。しかも，浅い開示には相手の浅い開示を，また，深い開示にはそのお返しとして深い開示を招くことが指摘されています（Cozby, 1973）。このような傾向は，自己開示の返報性とよばれており，つきあいの初期から中期にかけて必要であると指摘されています（Taylor, 1979）。たとえば，ある程度つきあいが深まり，思い切って自分の悩みを打ち明けると，相手も同じような悩みを打ち明け返してくれたという場合です。互いに類似した悩みをもっていることがわかり安心するとともに，二人の関係は今まで以上に親密なものになるはずです。逆に，こちらがいくら深い開示をしても，相手が自分のことをほとんど話さないならば，二人の関係はむしろよそよそしいものになるでしょう。心を開いて話せる友人関係にしていくためにも，まず，自分のことを打ち明けてみてはいかがでしょうか。

コラム 6-2

話題に困ったら─対人コミュニケーションにおける話のネタ─

友人との会話で，もし，話題に困ったらどうすればよいのでしょうか。扇谷（1979）は，『聞き上手・話し上手』の中でその答えを書いています。それには2説あるようですが，『話し方のマナー』（塩月，1971）にも紹介されている「キドニタチカケセシ衣食住」を採用しておきます。キ＝気候，季節。ド＝道楽，趣味。ニ＝ニュース，事件。タ＝旅。チ＝（共通の）知人。カ＝家庭生活。ケ＝健康。セ＝セックス，男女関係。シ＝仕事，試験。衣＝ファッション。食＝グルメ。住＝家ですが，学生の場合は住んでいる所の方が適しているでしょう。若干，筆者なりに変えている所もありますが，要は，話のネタ，話の引き出しをたくさんもっているとよいということです。なぜなら，雑談こそが友人関係を深めていくための貴重な武器となるからです。是非，参考にしてください。

(5) 中長期段階（段階4）

⑩ **欲求の相補性**：お互いが類似した態度をもち，相互に打ち明けあうようなコミュニケーションがとれるようになると，次に，欲求の相補性（need complement）が重要になります。これは，学生結婚したカップルを面接調査し，夫と妻それぞれの欲求の強さを測定することによって検証されており（Winch, 1958），両者が相手の欲求を満たすことにより，ともに満足し魅力を感じるというわけです。これを徐々に常態化していければ，次の親密化段階に進むことができるわけです。

(6) 親密化段階（段階5）

⑪ **役割の相補性**：欲求の相補性を恒常化したものが，役割の相補性（role complement）といえます。つまり，二人関係の中で，常に互いが相手の期待に応える役割行動をとることによって，親密性が高まるということです。もし，異性関係ならば，この役割行動を相互に遂行できれば結婚しても大丈夫ということになるわけです。したがって，役割の相補性は，親密な友人関係の継続を検証するリトマス試験紙の役割を果たすといえます。そして，どんなに親密になっても，ギブ・アンド・テイクの精神が大切です。自分も相手のために尽くしますが，相手にも自分のために尽くしてもらうという関係です。そのうえで，いつまでも，互いに感謝する気持ちを忘れてはいけません。そして，感謝の気持ちをきちんと言葉で表わすことが大切です。

〰〰〰〰〰〰〰〰〰〰〰〰〰〰〰〰〰〰〰〰〰〰〰〰〰〰〰〰〰〰〰〰〰〰〰〰

〈要約〉

　大学生にとって友人は，最も重要なつながりをもつものです。そして，友人関係の機能には，「安定化の機能」「社会的スキルの学習機能」「モデル機能」の三つがあります。このことから，大学生活の中で友情を深めていくことは，自己を確立し互いに成長していくうえで非常に重要であるといえます。

　友人関係はどのようにして構築すればよいかを，関係の進展段階の，出会い以前から親密化にいたるまでの6段階に分け，各段階で特に影響力をもつ対人魅力の規定因についてみていきました。出会い以前の段階（段階0）では，「社会的評

価」や「近接性」が重要となります。次に，出会いの段階（段階1）では，「身体的魅力」や「第一印象」が，初期段階（段階2）に入ると，「単純接触の効果」「性格の好ましさ」「好意の返報性」などが影響するようになります。そして，進展段階（段階3）では，「態度の類似性」や「自己開示の返報性」がポイントとなり，この段階で破綻するケースも多いようです。さらに，中長期段階（段階4）では「欲求の相補性」が，親密化段階（段階5）では「役割の相補性」が重要であり，互いの欲求や役割を相補うことが関係の安定化には必要不可欠であることをそれぞれ説明しました。

〈キーワード〉
　友人関係の機能，安定化の機能，社会的スキルの学習機能，モデル機能，対人魅力，社会的評価，近接性，身体的魅力，第一印象，ハロー効果，単純接触の効果，性格の好ましさ，好意の返報性，態度の類似性，自己開示の返報性，欲求の相補性，役割の相補性

〈知識チェック〉

以下の対人魅力の規定因を，Ⓐ 環境要因，Ⓑ 他者要因，Ⓒ 相互関係要因に分類しなさい。

①社会的評価　　（　）②自己開示の返報性（　）③身体的魅力　　（　）
④第一印象　　　（　）⑤単純接触の効果　（　）⑥性格の好ましさ（　）
⑦好意の返報性　（　）⑧態度の類似性　　（　）⑨近接性　　　　（　）
⑩欲求の相補性　（　）⑪役割の相補性　　（　）

〈レポート・討論課題〉
①集団になじむための八つの社会的スキルについて自己分析し，論じなさい。
②もっとも親しい友人をひとり思い浮かべ，その友人との関係が進行する過程でどのような対人魅力の要因が決め手になっていたかを，段階ごとに分析しなさい。

〈ブックガイド〉
　相川　充　2000　人づきあいの技術―社会的スキルの心理学―　サイエンス社
　大坊郁夫　1997　魅力の心理学　ポーラ文化研究所

大坊郁夫・奥田秀宇（編）　1996　親密な対人関係の科学―対人行動学研究シリーズ3―　誠信書房

藤本忠明・東　正訓（編）　2004　ワークショップ 人間関係の心理学　ナカニシヤ出版

松井　豊　1993　恋ごころの科学　サイエンス社

奥田秀宇　1997　人をひきつける心―対人魅力の社会心理学―　サイエンス社

【引用文献】

Cozby, P. C.　1973　Self-disclosure: A literature review. *Psychological Bulletin*, **79**, 71-93.

Festinger, L., Schachter, S. & Back, K.　1950　*Social pressures is informal groups : A study of human factors in housing community*. Harper.

広沢俊宗　1994　異性交際の対象選択に及ぼす外見的印象と自尊心の影響　関西女学院短期大学紀要, **7**, 143-152.

国分康孝　1985　チームワークの心理学　講談社

増田淑子　1993　魅力を感じる異性像と同性像―実際と推測のズレ―　関西女学院短期大学コミュニケーション学科　卒業論文要約集―コミュニケーション特殊演習の成果―　93.

松井　豊　1990　友人関係の機能　斎藤耕二・菊池章夫（編著）　社会化の心理学／ハンドブック　川島書店

松井　豊　2003　人間関係と性格　詫摩武俊・瀧本孝雄・鈴木乙史・松井　豊　新心理学ライブラリ9　性格心理学への招待［改訂版］―自分を知り他者を理解するために―　サイエンス社　pp.132-148.

松井　豊・江崎　修・山本真理子　1983　魅力を感じる異性像―同性の推測と実際とのズレ―　日本社会心理学会第24回大会発表論文集, 44-45.

Murstein, B. I.　1987　A clarification and extension for the SVR theory of dyadic pairing. *Journal of Marriage and the Family*, **49**, 929-933.

Newcomb, T. M.　1961　*The acquaintance process*. Holt Reinehart & Winston.

扇谷正造　1979　聞き上手・話し上手　講談社

塩月弥栄子　1971　話し方のマナー―人の心を傷つけないために―　光文社

Taylor, D. A.　1979　Motivational bases. In G. J. Chelune, & Associates, *Self-disclosure*. Jossey-Bass. pp.110-150.

Winch, R. F.　1958　*Mate selection: A study of complementary needs*. Harper & Row.

Zajonc, R. B.　1968　Attitudinal effects of mere exposure. *Journal of Personality and Social Psychology, Monograph Supplement*, **9**(2) Part2, 1-27.

第2節　集団と個人の関係

【学習目標】
・集団の性質（集団の定義や集団凝集性）を理解しよう。
・リーダーシップの機能やリーダーシップの型を理解しよう。
・PM論を理解しよう。

1. 集団の性質

(1) 集団とは

社会心理学用語辞典（小川, 1987）によると，集団の定義は，現実の集団が多種多様であることもあって，研究アプローチによって違いがありますが，外部との境界があり，その成員間に積極的な心理的あるいは機能的な相互関係や相互行為のある集まりを集団とよぶのが一般的です。

レヴィン（Lewin, 1951）は成員の相互依存関係を重視し，集団成員は相互作用を行うだけでなく，集団という一つの力学的な全体場の中で，成員Aの行動は成員Bに依存し，成員Bの行動も成員Aに依存して，相互に影響を与え合うものでなければならないとしています。この相互依存関係が，集団の特質である成員相互の同一視，一体感，目標や規範の共有，集団への忠誠心などを生むことになります。

> **ワークショップ 6-2**
>
> **集団の凝集性を考えてみよう**
> あなたは所属していたクラブや同好会などを中途で退部したことがありますか。あればその理由を箇条書にしてください。
> また退部を思い止まったことがあれば，その理由をノートに箇条書にしてください。

(2) 集団の凝集性

私たちが集団に参加したり，あるいは集団にとどまったりするのはなぜで

しょうか。カートライトとザンダー（Cartwright & Zander, 1953a）によれば，集団内に成員をとどまらせるように働く力の総体が集団凝集性（group cohesiveness）で，集団凝集性は集団の魅力（group attractiveness：集団誘引性）と強く関係しています。集団の魅力の源泉は次の二つです。

① **集団それ自体が要求の対象であること**：たとえば，ゴルフクラブ，テニスクラブ，コーラスクラブのように，集団の活動そのものに魅力を感じる場合や，それらの活動を通じて形成される友好的な人間関係に魅力を感じる場合などです。

② **集団の外部にある諸要求の充足手段としての集団**：成員であるということが，集団の外部に存在するある目標の達成の助けとなるという理由から，集団に価値を認めている場合です。たとえば，社会的に高い評価を得たいために上流社交クラブに加入するような場合です。

したがって，集団によって充足させられていた要求が弱くなるか，集団がある要求を充足させる手段としてふさわしくないものになるか，あるいはいや

コラム 6-3

集団の凝集性の規定要因

1. **目標の明瞭度**：集団の目標が明瞭であり，その目標を達成するための道筋がはっきりしていると凝集性は高まる。
2. **目標の困難度**：その集団がいくら努力しても，集団目標を達成できない時は凝集性は低下する。しかし，目標達成失敗の原因が集団外の条件にあるとメンバーたちに認知された時は，凝集性はかえって高まることもあり得る。
3. **競争と協同**：集団内のメンバー間の関係が競争的な時より，協同的な時に凝集性は高まる。
4. **活動への満足度**：集団で行われる活動（仕事とか勉強）にメンバーたちが満足しているほど凝集性は大であるし，逆に，要求水準以下の活動しかできなくて失敗感をメンバーたちが体験すると凝集性は低下する。
5. **メンバー間の相互交渉の頻度**：集団内でコミュニケーションが特定のメンバー中心に進められる時より，多くのメンバー間に相互にかわされる時のほうが凝集性は大である。
6. **集団加入の困難度**：加入条件がきびしいほうが，加入後にその集団にひきつけられる程度が強い。

（中村, 1972）

面白くない性質をもつようになれば，その人にとって集団の誘意価は減少することになります。集団の正味の誘引性がゼロ以下になると，人は集団から離れようとすることになります。

2. リーダーシップ
(1) リーダーシップの機能

　リーダーシップ（leadership）は，カートライトとザンダー（1953b）によれば，集団が目標達成や集団活動について望ましい結果を達成するよう援助する行為——このような行為を集団機能（group function）とよびます——すなわち，集団目標の設定，目標への集団移行，成員間の相互作用の質の改善，集団凝集性の向上，集団資源の利用などを援助するために，集団成員によってなされる活動から構成されています。そして原則として，リーダーシップは集団の一人または多数の成員によって遂行されます。

> **ワークショップ 6-3**
>
> **あなたのリーダーシップを考えよう**
>
> 　1. あなた（男性の場合）は甲子園出場を目指す野球部の，あなた（女性の場合）は全国大会出場を目指すソフトボール部の，それぞれキャプテンとします。あなたはキャプテンとしてどのように部を統括しますか？　部員に対して，こう言う，こうする，ということをノートに箇条書きにしてください。
>
> 　2. あなたは生物部の部長とします。あなたは部長としてどのように部を統括しますか？　部員に対して，こう言う，こうする，ということをノートに箇条書きにしてください。

　リーダーシップの基本形態は，特定の集団目標の達成（目標達成機能；performance function）と集団それ自体の維持と強化（集団維持機能；maintenance function）です。目標達成機能を果たしている成員行動は，たとえば，行為を開始する，成員の注意を目標に向けておく，問題をはっきりさせる，手続き・計画をすすめる，なされた仕事の質を評価する，専門的情報を入手できるようにする，などです。また，集団維持機能を果たしている行動は，たと

えば，対人関係を快適なものに保つ，紛争を仲裁する，激励する，少数者に発言の機会を与える，自主性を助長する，成員間の相互依存性を高める，などです（Cartwright & Zander, 1953b）。

なお，ワークショップ6-3から，部の目標，部の性質によって，リーダーシップの有りようが異なることを指摘しておく必要があります。

(2) リーダーシップの型

どのようなリーダーシップが集団の生産性，志気，凝集性を高めるかについて，レヴィンの指導の下に行われた，リピットとホワイト（Lippitt & White, 1943）の研究があります。彼らは，表6-2に示す専制型，民主型，放任型の3種類のリーダーシップが10歳の少年集団（1集団5人からなる4集団：6週間ごとに3種類のリーダーシップの型を経験する）の集団活動（お面づくりのよ

表6-2 専制型・民主型・放任型リーダーシップ
(Lippitt & White, 1943, 三隅・佐々木（訳編），1959)

専制型	民主型	放任型
1. 方針のいっさいは指導者が決定した。	1. あらゆる方策は集団によって討議され決定された。指導者はこれに激励と援助を与えた。	1. 集団としての決定も個人的決定もまったく放任されて成員まかせであり，指導者は最小限にしか参加しなかった。
2. 作業の要領と作業の手順は，そのつどひとつずつ権威的に命令する。そのため，それから先の作業の見通しの多くはいつも不明瞭であった。	2. 作業の見通しは討議の間に得られた。集団の目標に達するための全般的な手順の予定が立てられた。技術上の助言が必要なときには，指導者は二つ以上の方法を提示して，その中から選択させるようにした。	2. いろいろな材料は指導者が提供した。また，求められれば情報を与えることを言明しておいた。仕事上の討議においてもこれ以外の役割はしなかった。
3. 指導者は通常個々の作業課題を指令し，各成員の作業の相手方も指導者が決めた。	3. 成員は仕事の相手として誰を選んでも自由であり，仕事の分担は集団にまかされた。	3. 作業には，指導者はまったく参加しなかった。
4. 指導者は，各成員の仕事を賞賛したり批判する際に，「個人的主観的」にする傾向があった。実演してみせる場合以外は，集団の仕事に実際に参加することはなかった。	4. 指導者は，賞賛や批判をするにあたって，「客観的」で，「即事的」であった。指導者は気持のうえでは正規の集団成員の立場にあるようにつとめたが，差出がましくならぬように気をつけた。	4. 質問されないかぎり，指導者は，成員の作業上のことについて自発的に意見を述べることはまれであった。そして，作業のやり方を評価したり調整したりすることはまったくしなかった。

うな工作遊び）に与える影響を研究し，次のようなことを明らかにしています。
① 放任型は仕事の量も少なく，仕事の出来ばえもまずく，活動中に遊びが多かった。
② 専制型の仕事の量は，民主型より幾分大であったが，仕事への動機づけ，独創性は民主型の方が大であった。
③ 専制型は敵対的・攻撃的行動（犠牲者を作って攻撃する行動を含む）を作り出すことがありうる。
④ 専制型は表面に表われない不平不満を作り出すことがありうる。
⑤ 専制型では依存性が大で，個性の発現が少なかった。
⑥ 民主型では他と比べて集団意識性の度合いが大で，また友好性の度合いも大であった。

この研究は，その後のリーダーシップ観に大きな影響を与え，リーダーは民主的でなければならないという哲学を生み出しさえしました。しかしその後の多くの研究は，たしかに民主的リーダーシップが多くの場合，集団内のメンバーの自発性を高め，集団志気を高揚する効果を認めはするが，状況によっては専制的リーダーシップの方がよい効果をもつことを見出しています（中村，1972）。たとえば，三隅と中野（1960a, b）は小学校 5 年男子 30 名を 6 集団に編成し，2 週間にわたって模型地図を作製させたところ，作業の進行度は民主的集団が第 1 位，専制的集団は第 2 位，放任的集団が第 3 位でしたが，質的側面の評価では専制的集団の方が民主的集団に優っていました。また 5 年生の男女 36 名を男女それぞれ 6 集団に編成し，比較的平易なこいのぼりを主題とした風景画作製と，比較的困難な学校の立体模型作製をさせました。その結果，容易な課題では，民主・専制・放任の順で，民主的集団の絵は生き生きとしていましたが，専制的集団のそれは生彩を欠いていました。しかしこれに対し，困難な課題では，1 位は専制的集団で，民主的集団は 2 位でした。このことは，同一被験者，同一リーダーによる同一のリーダーシップの型のもとで，なお課題状況の相違により，その効果に差異が生じることを示しています。

(3) PM 論

三隅（1966）は，集団目標達成機能（P 機能）と集団維持機能（M 機能）の二つの集団機能に基づいた，PM リーダーシップ論を立てています（図 6-2）。三

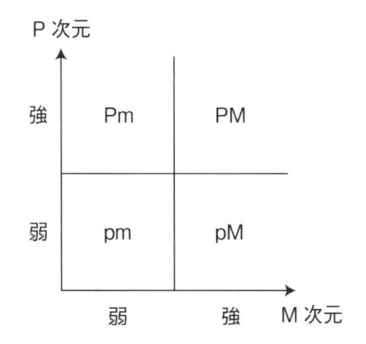

```
        P次元
         ↑
    強 | Pm   PM
        |
    ────┼──────── 
    弱 | pm   pM
        |
        └──────→ M次元
          弱   強
```

図6-2 PM式リーダーシップ類型（三隅, 1966）

隅ら（1974）によれば，P機能は組織体や集団の課題解決を促進し，仕事の効率や生産性の向上を遂行する機能で，M機能は集団や組織体それ自体を維持し強化する機能です。この二つの集団機能に基づいて次のような4種のリーダーシップタイプが設定されています。

① PM型：P機能もM機能もともに強く果たすタイプ。仕事を急がせたり，正確に仕事をするように圧力をかけるばかりでなく，集団や組織体の成員を激励したり，彼らに同情を示したりして，集団内対人関係の調整をも同時に行うタイプ。

② P型（Pm型）：P機能を強く果たすが，M機能はあまり強くないタイプ。もっぱら仕事の実行，課題の完成を強く求めるタイプ。

③ M型（pM型）：M機能は強く果たすが，P機能はあまり強くないタイプ。もっぱら集団や組織体の成員に同情を示し，彼らの悩みの相談に応じ，また冗談や笑い，その他の言動によって集団内の緊張を解きほぐすタイプ。

④ pm型：P機能もM機能もともに弱いタイプ。言い換えれば，きわめて消極的なリーダーシップタイプ。

三隅（1970）は，4種のリーダーシップタイプと集団や組織体の集団生産性，作業に対する興味，監督者への満足度などの関係を分析する一連の研究をもとに，PM型が最も望ましいリーダーシップタイプであることを指摘しています。

コラム 6-4

P行動・M行動の測定項目の例

リーダーシップP行動の測定項目
1. あなたの上役は規則に決められた事柄にあなたが従うことをきびしくいいますか。
2. あなたの上役はあなたの仕事に関してどの程度指示命令を与えますか。
3. あなたの上役は仕事の量や質のことをきびしくいいますか。
4. あなたの上役は所定の時間までに仕事を完了するように要求しますか。
5. あなたの上役はあなた方を最大限に働かせようとすることがありますか。
6. あなたの上役はあなたがまずい仕事をやったとき,あなた自身を責めるのではなく仕事ぶりのまずさを責めますか。
7. あなたの上役は仕事の進みぐあいについての報告を求めますか。
8. あなたの上役は毎月の目標達成のための計画をどの程度めんみつにたてていますか。

リーダーシップM行動の測定項目
1. あなたは仕事のことであなたの上役と気軽に話し合うことができますか。
2. 全般的にみてあなたの上役はあなたを支持してくれますか。
3. あなたの上役は個人的な問題に気を配ってくれますか。
4. あなたの上役はあなたを信頼していると思いますか。
5. あなたの上役はあなたがすぐれた仕事をしたときに,それを認めてくれますか。
6. あなたの職場で問題が起こったとき,あなたの上役はあなたの意見を求めますか。
7. あなたの上役は昇進や昇給など,あなたの将来について気を配ってくれますか。
8. あなたの上役はあなた方を公平にとりあつかってくれますか。

(三隅ら,1974)

〈要約〉
　集団の定義を説明し,特に成員間の相互依存関係の重要性を示しました。次いで集団の凝集性と集団魅力の二つの源泉と六つの規定要因を述べました。リーダーシップに関しては,リーダーシップの二つの機能(目標達成機能と集団維持機

能）を説明しました。またリーダーシップの三つの型（専制型・民主型・放任型）の影響を示しました。さらに，集団の目標達成機能と集団維持機能の二つの集団機能に基づくPM論を取り上げ，PM型が最も望ましいリーダーのタイプであることを示しました。

〈キーワード〉

　集団，相互依存関係，集団の凝集性，集団の魅力，リーダーシップの機能，集団機能，目標達成機能，集団維持機能，リーダーシップの型，専制型リーダーシップ，民主型リーダーシップ，放任型リーダーシップ，PM論

　　　　　〈知識チェック〉
・集団の定義を述べなさい。
・集団の魅力の源泉を述べなさい。
・集団の凝集性を規定する要因を述べなさい。
・リーダーシップの型についてのリピットとホワイトの研究を簡明に説明しなさい。
・PM論を簡明に説明しなさい。

〈レポート・討論課題〉

① あなたが所属するいろいろな集団のリーダーのリーダーシップについて，それぞれの特徴や差異について考察しなさい。

〈ブックガイド〉

　三隅二不二（編著）　1994　リーダーシップの行動科学―「働く日本人」の変貌―　朝倉書店

　カートライト, D.・ザンダー, A.　1960　三隅二不二・佐々木　薫（訳編）1970　グループ・ダイナミックス（Ⅰ），（Ⅱ）第2版　誠信書房

【引用文献】

Cartwright, D., & Zander, A.　1953a　Group cohesiveness: Introduction. In Cartwright, D., & Zander, A. (Eds.), *Group dynamics*. Harper & Row. pp.69-94.（カートライト, D.・ザンダー, A.　1953　集団凝集性：序　三隅二不二・佐々木　薫訳編　グループ・ダイナミックス〈Ⅰ〉誠信書房　pp.83-116.）

Cartwright, D., & Zander, A.　1953b　Leadership and group performance: Introduction. In

Cartwright, D., & Zander, A.（Eds.）, *Group dynamics*. Harper & Row. pp.487-510.（カートライト, D.・ザンダー, A. 1959 リーダーシップと集団機能：序 三隅二不二・佐々木 薫訳編 グループ・ダイナミックス〈Ⅱ〉 誠信書房 pp.581-608.）

Lewin, K. 1951 *Field theory in social science*. Harper & Brothers.（猪俣佐登留訳 1956 社会科学における場の理論 誠信書房）

Lippitt, R., & White, R. 1943 The "social climate" of children's groups. In R. G., Barker, J. Kounin, & H. Wright（Eds.）, *Children Behavior and development*. New York: McGraw-Hill. pp.485-508.（リピット, R.・ホワイト, R. 1959 三種の「社会的風土」におけるリーダーの行動と成員の反応 三隅二不二・佐々木 薫訳編 グループ・ダイナミックス〈Ⅱ〉誠信書房 pp.629-661.）

三隅二不二 1966 新しいリーダーシップ ダイヤモンド社

三隅二不二・中野繁喜 1960a 学級雰囲気に関するグループ・ダイナミックスの研究（第2報告） 教育社会心理学研究, **1**（1）, 10-22.

三隅二不二・中野繁喜 1960b 学級雰囲気に関するグループ・ダイナミックスの研究（第3報告） 教育社会心理学研究, **1**（2）, 119-135.

三隅二不二・関 文恭・篠原弘章 1974 PM評定尺度の再分析 実験社会心理学研究, **14**-1, 21-30.

三隅二不二・白樫三四郎・武田忠輔・篠原弘章・関 文恭 1970 組織におけるリーダーシップの研究 年報社会心理学, **11**, 63-90.

中村陽吉 1972 心理学的社会心理学 光生館

小川一夫（監修） 1987 社会心理学用語辞典 北大路書房

7 大学生活におけるリスクを管理しよう

　大学生活を送っていると，さまざまなリスク（危険）に出くわしたり，リスクを被ることがしばしばあります。そのようなリスクに遭わないための手だてを前もって考えておく必要があります。恋人商法やホームパーティ商法などの悪徳商法やカルト集団の誘いに引っかからないために，交通事故を起こさない・遭わないために，近年大学生にも多くなってきた不登校・引きこもり，さらに留年しないために，それぞれの問題について考えてみましょう。

　日常生活の中には，さまざまなリスクがひそんでいます。この章では，どんなリスクがあるのか，どのようにリスクをコントロールすればよいのか，勉強します。

第1節　悪徳商法とカルト教団に引っかからないために

【学習目標】
・説得される心理的メカニズムの六つの法則を理解しよう。
・身近なところにある悪徳商法や破壊的カルトの手口を知ろう。
・批判的思考を培おう。

　高校生までは，家庭や学校がさまざまな危険から守ってくれましたが，大学生活の始まりとともに，自己責任で行動することが求められるようになります。20歳を越えれば，法律的にも判断能力のある大人として扱われ，「知らなかった」「わからなかった」ではすまされません。知らないうちに破壊的カルトには

まり込んでいたり，犯罪に加担したり，悪徳商法に引っかかったりしないよう，物事をクリティカル（批判的）に分析する力を培いましょう。

1. 説得される心理

　人の態度や意見を変えようとすることを説得といいます。授業のノートの貸し借りから，部活やサークルの勧誘，セールスパーソンの営業，デパ地下の販売促進まで，さまざまな場面で説得が行われていて，ごく日常的なコミュニケーションといえます。

　しかし，私たちは自分で判断しているつもりでも，いつのまにか破壊的カルトや悪徳商法の説得に応じてしまう危険性があります。破壊的カルトとは，表向きは宗教団体や政治団体を装って勧誘し，社会常識や判断力を奪って集団の信念に強制的に服従させ，自己利益のために，人々の生命や財産，社会に脅威をもたらすような集団のことです。特に，大学新入生は，新生活への不安を抱えていたり，これまで守ってくれていたネットワークから離れて，判断基準や価値観が揺らいだりするため，狙われやすいことをよく覚えておきましょう。さらに，就職活動が早期化・長期化している昨今では，資格やスキルアップに関する悪徳商法も横行していますので，上位年次生になっても，気を抜かないことが大事です。

　こうした説得に応じてしまうのは，私たちの心のメカニズムを巧みに利用しているからです。説得される心理には，「返報性」「コミットメントと一貫性」「社会的証明」「好意」「権威への服従」「希少性」の六つの法則があります（Cialdini, 1988）。

(1) 返報性

　誰かから恩を受ければ，恩返ししなければならないという義務感に駆られます。授業や先生の情報を教えてもらった，カフェでコーヒーをおごってもらった，というように小さな恩を受けただけで返報性の心理が働き，相手の説得に応じるべきだ，応じてあげようという気持ちになります。

(2) コミットメントと一貫性

　「コミットメント」とは，自分の態度や意見を公に示すことで，いったんコミットすると，一貫した態度を保とうとする心理が働き，後から状況や考えが変

コラム 7-1

学生のみなさんへ

カルト団体の勧誘に関する注意

　秋学期開始以降，学内においてカルト宗教団体による勧誘活動が活発化していることから，改めて学生諸君に注意を喚起します。

　こうした団体は，初めは宗教とはまったく関係ない音楽やスポーツ，ボランティアなどサークルのように振る舞いながら，だんだん親しくなり，最終的にはその宗教団体のセミナーや合宿に参加させるという手口で近づいてきます。

　このようなグループに声をかけられた場合は，きっぱりと断り，絶対に個人情報（名前，電話番号，メールアドレスなど）を教えないこと！！
　また，被害に遭ったり，そのような状況を見かけたときは，至急，学生センターに連絡して下さい。

（上智大学学生掲示板より，2008）

ワークショップ 7-1

巧妙な手口

　悪徳商法は，巧妙に大学の中にも入り込んでいます。気づかずに借金を背負わされたり，詐欺に加担させられていたりする事件が，相次いで発覚しています。
　多くの大学で，悪徳商法や破壊的カルトに対する注意を呼びかけたり（コラム 7-1），身を守るためのスキルを培う講習会などが開かれたりしています。
　どのような悪徳商法の手口や破壊的カルト勧誘の手口があるか，インターネットなどで調べ，分類してみましょう。

わっても，なかなか変えられなくなります。

(3) 社会的証明

　私たちは，多数派に従おうとする心理があります。たくさんの人に支持されているのなら，きっと信頼できるものなのだろうと判断するからです。

(4) 好　　意

　俗に「惚れた弱み」といいますが，好きな人を喜ばせたい，または友人の輪から外れたくないという思いが利用されることもよくあります。恋愛関係を装って陥れる「恋人商法」や，友人関係や近所づきあいなどのネットワークを利用した「ホームパーティ商法」などがあります。

(5) 権威への服従

　私たちは，特定分野の専門家と認めると，盲目的に服従する傾向を指します。広告でも，「○○博士も推奨」「○○研究所で効果が実証されました」といったキャッチコピーが使われることがよくあります。しかし，相手が本当に専門家であるかを確認する必要があります。制服や肩書を装っただけでも，権威は演出できるからです。「○○大学教授」というだけで専攻までは紹介されなかったり，「○○博士」「○○研究家」というように，大学などの具体的な機関の裏づけを確認できない肩書きが用いられていたり，「世界一の○○」などの経歴やプロフィールがあくまでも本人の自称にすぎないなど，有名無実の肩書きも多いのです（小城ら，2007）。

(6) 希少性

　自由や権利を奪われると，反動的にそれを取り戻そうとする心の働きがあります。これを心理的リアクタンス（psychological reactance）といいます。「今日がキャンペーンの最終日」「時間限定サービス」といった限定は，それを手に入れる自由を制限されたことになり，反動的に商品が魅力的に思えて，「何が何でも入手したい」という欲求を駆り立てられることになります。

2. 不思議現象に魅かれる心

　心霊現象や占い，UFO，超能力など，現在の科学ではその存在や効果が立証されていないものの，人々に信じられていることのある現象は，総括して「不思議現象」とよばれます。不思議現象に魅かれる心理を考える前に，あなた自身が不思議現象をどう思っているか，測定してみましょう。ワークショップ7-2に回答して，自分の得点を算出したら，図7-1の大学生の平均値と比較してみましょう。

第1節 悪徳商法とカルト教団に引っかからないために

ワークショップ 7-2

不思議現象に対する態度

以下の不思議現象について、あなたはどのように考えていますか。あてはまる数字一つに○をつけてください。

	よくあてはまる	どちらかといえばあてはまる	どちらともいえない	どちらかといえばあてはまらない	まったくあてはまらない
1（恐）．おまじないは怖い。	5	4	3	2	1
2（娯）．超能力は楽しい。	5	4	3	2	1
3（ス）．悪いことをすると、報復を受けると思う。	5	4	3	2	1
4（占）．占いが当たると考えると安心する。	5	4	3	2	1
5（恐）．UFOに恐怖を感じる。	5	4	3	2	1
6（霊）．自分は霊感がある方だ。	5	4	3	2	1
7（占）．占いを見ても、あまり気にしない（★）。	5	4	3	2	1
8（霊）．家族や知り合いの中に、たたりに襲われた人がいる。	5	4	3	2	1
9（ス）．神仏に無礼を働くと、罰が下ると思う。	5	4	3	2	1
10（占）．おまじないが効くと考えると安心する。	5	4	3	2	1
11（懐）．不思議現象にはトリックがあると思う。	5	4	3	2	1
12（ス）．死後の世界に行けば、祖父母や、かわいがっていたペットなど、死者に再び会えると思う。	5	4	3	2	1
13（娯）．地球以外にも、生命体は存在していると思う。	5	4	3	2	1
14（占）．占いは当たると思う。	5	4	3	2	1
15（娯）．超能力はおもしろい。	5	4	3	2	1
16（霊）．たたりに襲われたことがある。	5	4	3	2	1
17（占）．占いで悪い結果が出ると、気分が沈む。	5	4	3	2	1
18（娯）．UFOの話題は楽しい。	5	4	3	2	1
19（占）．夢を分析すれば、未来が占える。	5	4	3	2	1
20（ス）．神仏が存在すると考えると安心する。	5	4	3	2	1
21（ス）．神社などのお守りを粗末にすると、罰が当たると思う。	5	4	3	2	1
22（娯）．超能力の存在を信じている。	5	4	3	2	1
23（占）．手相を信じている。	5	4	3	2	1
24（ス）．神仏の存在を信じている。	5	4	3	2	1
25（占）．家族や知り合いの中に、占いが当たった人がいる。	5	4	3	2	1
26（恐）．UFOが存在すると考えると不安になる。	5	4	3	2	1
27（占）．血液型性格判断を信じている。	5	4	3	2	1
28（ス）．輪廻転生を信じている。	5	4	3	2	1

29 (占)	占いは楽しい。	5 4 3 2 1
30 (恐)	占いは怖い。	5 4 3 2 1
31 (懐)	心霊写真にはトリックがあると思う。	5 4 3 2 1
32 (占)	占いが当たったことがある。	5 4 3 2 1
33 (懐)	不思議現象はすべて科学で説明できる。	5 4 3 2 1
34 (占)	手相を活用すれば，うまく生きることができると思う。	5 4 3 2 1
35 (ス)	神社などのお守りのご利益を信じている。	5 4 3 2 1
36 (占)	おまじないを活用すれば，うまく生きることができると思う。	5 4 3 2 1
37 (ス)	前世の存在を信じている。	5 4 3 2 1
38 (恐)	超能力は怖い。	5 4 3 2 1
39 (占)	おまじないを信じている。	5 4 3 2 1
40 (娯)	たたりの話題は，会話を盛り上げる。	5 4 3 2 1
41 (占)	占いを活用すれば，うまく生きることができると思う。	5 4 3 2 1
42 (ス)	先祖の霊はあると思う。	5 4 3 2 1
43 (懐)	心霊写真は本物だと思う（★）。	5 4 3 2 1
44 (娯)	UFOの存在を信じている。	5 4 3 2 1
45 (占)	おまじないは楽しい。	5 4 3 2 1
46 (ス)	死後の世界はあると思う。	5 4 3 2 1
47 (占)	血液型性格判断を活用すれば，うまく生きることができると思う。	5 4 3 2 1
48 (ス)	縁起を担ぐ方だ。	5 4 3 2 1
49 (娯)	心霊写真や心霊現象の話題は会話を盛り上げる。	5 4 3 2 1
50 (霊)	予知夢を見たことがある。	5 4 3 2 1
51 (ス)	守護霊の存在を信じている。	5 4 3 2 1
52 (懐)	心霊写真は，単なる思い込みにすぎない。	5 4 3 2 1
53 (占)	おまじないが効いたことがある。	5 4 3 2 1
54 (霊)	霊を見たことがある。	5 4 3 2 1
55 (ス)	受験など，人生の転機には，神仏に頼りたくなる。	5 4 3 2 1

(小城ら，2008)

ワークショップの計算方法

1) ★のついている項目（「占いを見ても，あまり気にしない」「心霊写真は本物だと思う」）は，5を1点に，4を2点というように，得点を逆転する。
2) 次の表に沿ってそれぞれの因子の得点を合計し，項目数で割って，個人得点を求める。
3) 中点3点よりも高ければ，その傾向が強く，3点よりも低ければ，その傾向が弱いことを示す。

因子名	内容	項目数	個人得点
占＝占い呪術嗜好性	占いやおまじないを活用し，信奉する傾向	18	
ス＝スピリチュアリティ信奉	神仏や心霊や前世を信奉する傾向	14	
娯＝娯楽的享受	超能力やUFOなどをエンターテイメントとして楽しむ傾向	8	
懐＝懐疑	不思議現象に懐疑の目を向け，神秘性を否定しようとする傾向	5	
恐＝恐怖	UFOや超能力や占いに恐怖を感じる傾向	5	
霊＝霊体験	心霊現象の体験	5	

占い・呪術嗜好性: 2.75
スピリチュアリティ信奉: 3.46
娯楽的享受: 3.14
懐疑: 2.81
恐怖: 2.14
霊体験: 1.79

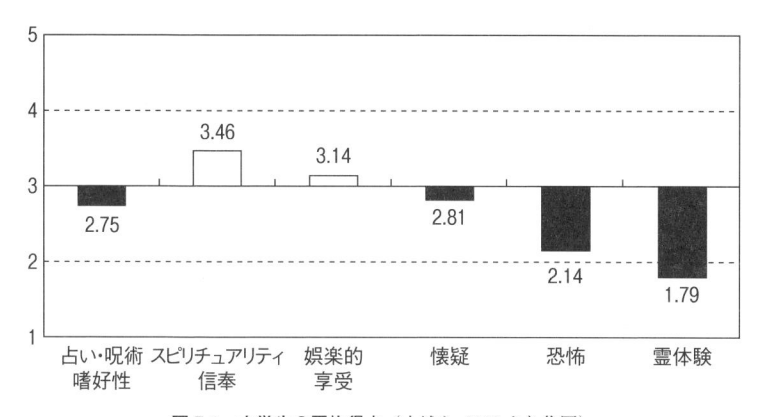

図7-1 大学生の平均得点（小城ら，2008 より作図）

(1) 日本人は宗教意識が低い？

　日本人は，仏教やキリスト教などの特定宗教に帰依する割合は少ないために，宗教意識が希薄であると思われがちですが，特定宗教の形をとらない超越的な存在を信奉し，漠然とした霊的なものを信仰する傾向は強いといわれています（堀江，2007）。先祖供養，受験のときの神頼み，初詣，縁起担ぎ，占いやおまじないなどを考えてみると，私たちの生活に広い意味での宗教意識が根づいていることがわかります。UFO（unidentified flying object）や超能力も，人為を超えた存在や力を前提としている点で，広くは宗教の範疇といえます。

日本で不思議現象がブームとなったのは1970年代，ユリ・ゲラーによるスプーン曲げがテレビで取り上げられたころが最初といわれています。以降，超能力や心霊写真などが盛んにメディアで取り上げられるようになりました。しかし，1990年代半ば，オウム真理教教団による松本サリン事件・地下鉄サリン事件（1994～1995年）を機に，破壊的カルトに対する警戒心が一気に高まり，宗教的なもの，霊的なものを否定する風潮が強くなり，テレビで高視聴率を誇っていた心霊現象や超能力の番組も一掃されました（小城ら，2007a）。

雑誌記事件数の推移から不思議現象のブームを分析した研究では，オウム事件の衝撃は，それ以前のオカルトや心霊のブームを鎮静化させ，科学信仰や，エンターテイメント性の強調につながり，健康ブームや手品ブームを巻き起こしたと考察されています（図7-2）。一方，2000年ごろから，「癒し」や「スピリチュアル」など，破壊的カルトを連想させない形で，再び心霊術や易占がブームとなっていることも注目されます。不思議現象のブームは時代とともにさ

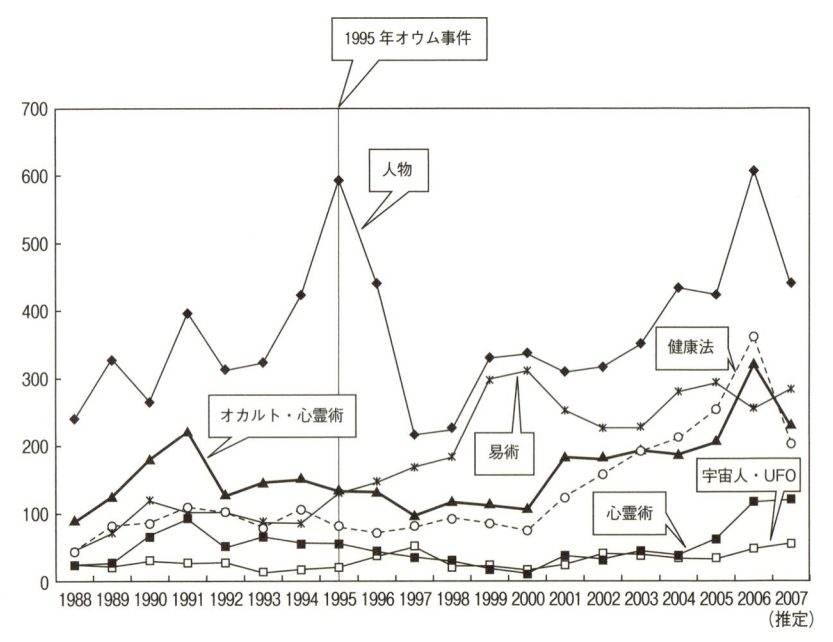

大宅壮一文庫の雑誌記事検索を用いて，各分類を年ごとにカウントした。
図7-2　不思議現象ブームの分析（小城ら，2006）

まざまに移り変わってきたように見えますが、根底には日本人の根強い霊信仰があり、対象を替えながら常に超越的なもの、霊的なものを求めてきたといえるのではないでしょうか（小城ら,2007b）。

　特に不思議現象に対して肯定的で、人為を超えたものを強く信奉している人は、不安や恐怖に駆られて、あるいは不安や恐怖を解消するために、占いやスピリチュアリティのように、いかようにも解釈可能で自分が傷つかずにすむ情報を積極的に求めて、「自分探し」をしていることがわかっています（小城ら,2008）。ワークショップ7-2で「占い・呪術嗜好性」「スピリチュアリティ信奉」「恐怖」の得点が平均よりも高かった人は、霊感商法や自己啓発商法にだまされないよう、不安や自信のなさの原因をふりかえってみましょう。

(2) 科学信仰の罠

　オウム事件によって、超能力や心霊現象を否定する風潮が強まり、その反動として、科学的な裏付けが重視されるようになりました。しかし、素人にはわからない専門用語を並べられて、本当に理解しているわけでもないのに、「科学」といわれれば、何も考えずに受け入れるようになってきたことを危惧する声もあります。たとえば、「〇〇成分」「〇〇酸」といった用語だけが独り歩きして、特定の食品やグッズが爆発的に売れる現象を巻き起こした健康ブームなどが典型的な例でしょう（野村ら,2003）。消費者は、「〇〇成分」や「〇〇酸」が一体何か、本当に理解していたわけではありません。自分で客観的に判断せず、「科学」という「権威」に服従して、与えられた情報を鵜呑みにする心理的メカニズムは、実は、超能力や心霊現象を一方的に信奉することと同じなのです。

　ワークショップ7-2で、「懐疑」の得点だけが突出して高かった人は、一見するとクリティカルなようにみえますが、「不思議現象はあり得ない」と決めつけてしまい、自分で情報をよく吟味して判断することをやめてしまっているとも考えられます。こうした極端な態度もまた、破壊的カルトにつけ込まれやすく、提示の仕方を変えて科学の衣をまとえば、簡単にだまされてしまう危険性が高いのです。

3. 批判的思考

さて、ここまでで、「自分は大丈夫」と自信をもっている人でも、意外にもろいことがおわかりいただけたことと思います。私たちは、自覚していないところで、さまざまなバイアス（歪み）の影響を受けていて、実はあまり客観的・論理的ではありません。では、どのようなバイアスがあるのでしょうか。

(1) 信念のバイアス

私たちは、もともとの自分の態度や関心と一致する情報しか受け入れないことが多く、ここが客観的な判断の大きな妨げになっているようです。UFO を例に考えてみると、UFO を信じている人は、UFO を否定するような情報には「認知的不協和」（Festinger, 1957）を覚えます。不協和を解消するには、自分の信念（UFO は存在する）を変えるか、否定的な情報（UFO は存在しない）を無視するしかありません。信念が強いほど、前者はストレスが大きいため、後者が選ばれることが多くなります。反対意見に耳をふさいでいないか、頑（かたく）なな態度になっていないか、自分をふりかえってみてください。

(2) 情報判断のバイアス

ワークショップ 7-3 をやってみましょう。クラスを半分に分け、片方のグループを A、もう片方のグループを B とします。お互いに相手の課題を見ないようにして、A はワークショップ 7-3-A に、B はワークショップ 7-3-B に答えてください（Tversky & Kahneman, 1981 を一部改変）。

ワークショップ 7-3-A

どちらの薬が有効か？（1）

ある原因不明の奇病が流行すると、日本で 600 人が死亡すると推測されている。その病気の治療のために二つの薬（X と Y）が開発されており、それぞれの効果は以下のとおりである。

　薬 X：200 人が救われる
　薬 Y：1/3 の確率で 600 人が救われるのに対して、2/3 の確率で誰も救われない

さて、あなたは X と Y のどちらの薬を採用しますか？

> **ワークショップ7-3-B**
>
> **どちらの薬が有効か？（2）**
>   ある原因不明の奇病が流行すると，日本で600人が死亡すると推測されている。その病気の治療のために二つの薬（XとY）が開発されており，それぞれの効果は以下のとおりである。
>
>   薬X：400人が死亡する
>   薬Y：1/3の確率で誰も死亡しないのに対して，2/3の確率で600人が死亡する
>
> さて，あなたはXとYのどちらの薬を採用しますか？

　回答が終わったら，それぞれ二つの選択肢について，Aの回答人数と，Bの回答人数を比べてください。お互いのワークショップをよく読めばわかりますが，X同士とY同士は，同じ情報の裏返しにすぎません。確率はどちらも同じであるにもかかわらず，ワークショップ7-3-AではXが，ワークショップ7-3-BではYが多く選ばれたことと思います。このように，同じ情報であっても，提示される枠組みによって，私たちの判断が変わってしまうことをフレーミング効果といいます。二つの情報が同時に提示されていれば違いもわかるのですが，たいていは一方の情報しか提示されていないので，情報を鵜呑みにする前に，それが意味するところをじっくり考える必要があります。

(3) 確率判断のバイアス

　自動車と飛行機は，どちらの方が危険だと思いますか。筆者の知り合いは，大阪から熊本の学会に出席するのに，「飛行機は落ちるから嫌だ」と渋り，結局，船で熊本入りしていたことがあります。「飛行機が落ちる」のだとすれば，「船も沈む」と思うのですが……。

　表7-1は，平成18年度の自動車事故と航空事故のデータです（警察白書，2007）。自動車事故の発生件数は，航空事故の6万倍以上，死者・行方不明者数は3千倍以上，負傷者は9万倍以上に上ります。実は，自動車事故の危険の方がはるかに高いのです。しかし，自動車事故は不幸なことに発生件数が多すぎ

表 7-1 平成 18 年度の事故（警察白書, 2007）

	発生件数	死亡者・行方不明者（数）	負傷者（数）
自動車事故	866,864	6,352	1,098,199
航空事故	14	2	12
船舶事故	225	116	233

るために，あまり報道されませんし，私たちも認知しにくくなっています。一方，航空事故は，めったに発生しないために，発生した時には大々的に報道され，また，過去の大規模事故の記憶が鮮明であるために，危険なイメージがつきまといます（岡本, 1992）。ちなみに，船舶事故の発生件数は航空事故の 16 倍で，前述の筆者の知り合いは，確率論でいえば，飛行機より危険な手段をわざわざ選んだことになります。

ワークショップ 7-4 をやってみましょう。

> **ワークショップ 7-4**
>
> **あなたは超能力者？**
> 　コインを 1 枚用意してください。このコインを 2 回続けて投げた時，「表表」が出る確率と，「表裏」が出る確率は，どちらが高いでしょうか。「表表」が出るように念じながら投げて下さい。
> 　コインを 2 回ずつ投げて，表が出たか，裏が出たかを記録していきます。これを 20 試行繰り返してください。20 試行が終わったら，1) 表表，2) 表裏，3) 裏表，4) 裏裏，がそれぞれ何回あったかを集計します。データが多い方がわかりやすいので，グループやクラスで，全員のデータを合計しても構いません。

「表表」よりも，「表裏」が出る確率の方が高いような気がしますが，データを分析すると大差ないことがわかります。コインの表と裏が出る確率は半々で，それは 1 回目も 2 回目も同じですから，「表表」も「表裏」も，統計上は 25% の確率になります。私たちは，「表裏」を，勝手に「裏表」が出る場合も含めた「表裏が混在」に読み替えて，確率を誤って判断してしまっているのです。

次にワークショップ 7-5 をやってみましょう。

ワークショップ 7-5

事故を起こしたのはどっち？

あるタクシーが，夜，ひき逃げ事故を起こした。この町ではグリーン社とブルー社の二つのタクシー会社が営業している。
1) 町のタクシーの 85% がグリーン社で，15% がブルー社である。
2) 事故の目撃者は，タクシーをブルーと証言した。
3) 目撃者の信頼性を確認するために，夜間のその事故と同じ状況でテストしたところ，その目撃者は，80% はグリーンとブルーを正しく判断できるが，20% は見誤ることがわかった。

事故を起こしたタクシーが，グリーン社ではなく，ブルー社である確率はいくらか？

(Kahneman & Tversky, 1973)

目撃者がブルーというなら，80% は正しく判別できるのだから，ほぼブルー社で間違いないように思われます。しかし，よく考えてみてください。もともと，この町にはブルー社が 15% しか走っていないのです。見誤る確率が 20% と低くても，事故を起こした車がグリーン社であった確率の方がはるかに高く，それをブルーと見誤った可能性を計算すると，ブルー社が事故を起こした確率の方が，実は低いことがわかります。もともとの比率を無視して，短絡的に判断してしまうために起こるバイアスです。

ワークショップ 7-5 の考え方

【ブルー社の目撃証言が出る確率】
- ブルー社が事故を起こしていて，目撃者が正しく判別できた → 15% × 80% = 12%
- グリーン社が事故を起こしていて，目撃者が見誤った → 85% × 20% = 17%

したがって，目撃者がブルーの証言をした時（12%+17% = 29%）に，本当にブルー社が事故を起こしている確率は，12% / 29% = 41.4% である。

(4) 批判的思考を培う

批判的思考とは，悪い面や欠点をあげつらうことではなく，適切な規準や根拠に基づいた，論理的に偏りのない思考を指していて，① 論理的に物事を考える，② さまざまな情報を幅広く集める，③ 客観的に情報を判断する，④ 根拠を重視する，の4点があげられます（平山・楠見，2004）。これまでに見てきたように，自分でも気づかないうちにさまざまなバイアスがあるわけですから，批判的思考を身につけるのは簡単ではありませんが，ニュースを見た時，店頭で品物を薦められた時，広告を目にした時，何かのアンケート結果を見た時，日常生活のさまざまな場面で少しずつトレーニングを積むことができます。目にした情報や事実には，信頼できる根拠があるのか，一部だけを誇張していないか，他の解釈はないのか，自分は気分や雰囲気に流されていないか，一つひとつ立ち止まってよく考えてみましょう。

(5) 心理学は科学である

「心理学を学んでいる」というと，学問としての心理学をよく知らない人々から「人の心が読める」と思われ，困った経験がある人は多いことでしょう。テレビや雑誌などで，安易な心理ゲームが横行していることも，心理学の誤解を招いているのかもしれません。

心理学は，研究の対象が主として人間行動であるというだけで，考え方や方法論は物理学や化学に近く，地道な実験・調査データの積み重ねと，論理的な解釈が必要とされます。データについて統計的検定も行いますが，これも帰無仮説（検定において立てる仮説）のもとでの5%の誤りの可能性を残していて，「100%絶対にそうだ」とは断定できないのです。

また，実験や調査では，一般的な傾向を把握するために，大量のサンプル（実験参加者や回答者）を対象として個人差の影響を消した状態で分析を行うことが多く，反面，個人差は扱われないことになります（個人を対象とした研究もありますが，その場合は，ケーススタディにとどまり，当然ながら一般的な傾向とはいえなくなります）。

たとえば，恋愛の研究では，魅力を高める要因として，「外見的魅力」「態度の類似性」「好意の返報性」などがあげられています（第6章参照）。これらの要因は，どの研究でも一貫して認められていますので，対人魅力の主軸である

と考えられます。しかし,「蓼食う虫も好き好き」ということわざがあるように,恋愛関係には個人差も大きく,中には,「外見的魅力」も「態度の類似性」も満たしているのに,うまくいかないケースや,またはその逆のケースがあっても不思議ではありません。一般的な傾向を分析した恋愛研究の知見が,あなた自身の恋愛に直接役に立つかどうかは,必ずしも保証はないのです。あなた自身の個人的な要因については,考慮されていないからです。

こう考えると,「相手の心が読める」「未来を予測できる」といった短絡的な考え方は,科学としての心理学とは相反することがわかります。真に科学的,批判的であるということは,実はとても柔軟で,一見あいまいな態度となるのかもしれません。

〈要約〉

説得される心理には,「返報性」「コミットメントと一貫性」「社会的証明」「好意」「権威への服従」「希少性」の六つの法則があります。対象が不思議現象であれ,科学であれ,自分で情報を判断することを放棄して盲目的に服従する心理に,悪徳商法や破壊的カルトに陥る危険性があります。

また,私たちが情報を判断するときにも,さまざまなバイアスが生じます。情報の意味や確率を正確に読み取ることが重要です。

〈キーワード〉

悪徳商法,破壊的カルト,説得的コミュニケーション,返報性,コミットメントと一貫性,社会的証明,好意,権威への服従,希少性,態度,信念,バイアス,フレーミング効果,批判的思考

---- 〈知識チェック〉 ----
・説得される心理的メカニズムの六つの法則を説明しなさい。
・信念/情報判断/確率判断のバイアスが起こる理由を説明しなさい。
・批判的思考の4点を説明しなさい。

〈レポート・討論課題〉
① 認知的バイアスについて調べてみましょう。
② 批判的思考の観点から，TV番組の内容分析をしてみましょう。
③ ウェブ上で紹介されているアンケート結果をいくつかあげ，批判的思考の観点から議論してみましょう。
④ 最近，買った高額のものを一つあげ，買うまでに何を考え，どんな行動をとったか，なるべく正確に思い出して書き出してください。それをペアまたはグループで交換して，お互いに批判的思考の観点から分析しましょう。

〈ブックガイド〉
広田すみれ・増田真也・坂上貴之　2002　心理学が描くリスクの世界―行動的意思決定入門―　慶応義塾大学出版会
今井芳昭　2006　依頼と説得の心理学―人は他者にどう影響を与えるか―　サイエンス社
菊池　聡・谷口高士・宮元博章　1995　不思議現象　なぜ信じるのか―こころの科学入門―　北大路書房
西田公昭　1998　「信じるこころ」の科学―マインド・コントロールとビリーフ・システムの社会心理学―　サイエンス社
シックJr., T.・ヴォーン, L.（著）菊池　聡・新田玲子（訳）　2004　クリティカルシンキング《不思議現象編》　北大路書房

【引用文献】
野村一夫・北澤一利・田中　聡・高岡裕之・柄本三代子　2003　現代社会の健康と科学―健康ブームを読み解く―　青弓社
Cialdini, R. B.　1988　*Influence: Science and practice*（2nd ed）. Scott Foresman and Company.（社会行動研究会訳　1991　影響力の武器―なぜ，人は動かされるのか―　誠信書房）
Festinger, L.　1957　*A theory of cognitive dissonance*. Row, Peterson.（末永俊郎監訳　1965　認知的不協和の理論―社会心理学序説―　誠信書房）
堀江宗正　2007　日本のスピリチュアリティ言説の状況　日本トランスパーソナル心理学・精神医学会（編）　スピリチュアリティの心理学　せせらぎ出版　pp.35-54.
平山るみ・楠見　孝　2004　批判的思考態度が結論導出プロセスに及ぼす影響―証拠評価と結論生成課題を用いての検討―　教育心理学研究, **52**, 186-198.
上智大学学生部　2008　カルト団体の勧誘に関する注意（掲示板）
Kahneman, D., & Tversky, A.　1973　On the psychology of prediction. *Psychological Review*, **80**, 237-251.
警察白書　2007　http://www.npa.go.jp/hakusyo/h19/index.html
小城英子・坂田浩之・川上正浩　2007a　ブームとしての不思議現象　聖心女子大学論叢, **109**,

33-74.
小城英子・坂田浩之・川上正浩　2007b　不思議現象とマス・コミュニケーション―レビューと問題提起―　聖心女子大学論叢, **108**, 35-69.
小城英子・坂田浩之・川上正浩　2008　不思議現象に対する態度―態度構造の分析および類型化―　社会心理学研究, **23**, 246-258.
岡本浩一　1992　リスク心理学入門　サイエンス社
Tversky, A., & Kahneman, D.　1981　The framing of decisions and the rationality of choice. *Science*, **211**, 453-458.

第2節　交通事故に遭わないために

【学習目標】
・大学生の交通事故の実態と事故原因を理解しよう。
・安全運転自己診断テストで自分の安全度を確認しよう。
・望まれる安全運転とはどうあるべきかを理解しよう。
・安全運転のための「認知」「予測・判断」「操作」のスキルを理解しよう。
・コメンタリー・ドライビング法を理解しよう。

　本書の編者の藤本は交通心理学の概論をはじめ，交通心理学関連科目を講義していますが，受講生に対しては絶えず講義内容をドライバー，自転車利用者，歩行者として生かしていただき，受講生が不幸な交通事故の加害者や被害者にならないようにとお願いしてきました。しかし何度か受講生が交通事故で命を失うという事実にこころの痛む思いを経験してきました。数年前です。前回の授業時に着席していた受講生のI君の姿が見えませんでした。その翌日I君はバイク事故で亡くなったと聞きました。故郷から家族が来阪し，家族やゼミの友人たちの悲しみのもと，I君は故郷へ無言の帰宅をしました。このような悲しい思いを受講生の皆さん，家族，友人にしていただきたくないとの思いで，この節を企画しました。
　コラム7-2に示したように，大学生の関係する交通事故が絶えませんので，大学としても学生に注意を喚起しています。この節では，交通事故の発生状況，発生原因などをまとめ，交通事故に遭わないための心得を考えてみたいと思います。

> **コラム 7-2**
>
> ## 交通事故 10 件に 1 件は大学生が関係！
>
> 　2006 年中，京都府内で発生した交通事故 18,346 件のうち大学生が関係する事故は 1,744 件と全体の 9.5%を占めています（内 56 件は大学生相互の事故）。また，交通事故で亡くなった大学生は 4 人で，大学生が加害者となる死亡事故が 1 件発生しています。
>
> 　大学生同士の衝突例：原付自転車運転の大学生と自転車運転の大学生が住宅街の見通しの悪い交差点で出会い頭に衝突。大学生はそれぞれ軽傷と重傷を負った。2 人とも大学からの帰宅途中だった。
>
> 　被害者の約 6 割がバイク事故：バイク 804 人（61.3%）で，その内原付 440 人（33.5%），自動二輪 364 人（27.8%），その他が 508 人（38.7%）となっている。
>
> 　バイクに安全に乗るためのポイント：① 体に合った大きさのバイクを選ぶ，② 乗車用ヘルメットを正しく着用する，③ 四輪車の特性を知り，相手を意識した運転をする，④ カーブの手前で減速し，急ブレーキを避ける。
>
> 　交通社会人としての自覚の欠如？！：① 免停中の無免許運転！：免停中の無免許運転で検挙された大学生は全体の 14.8%を占めています（2006 年中）。② 自転車の交通違反で赤切符！：酒酔い運転，右側通行，無灯火，通行禁止等の違反で検挙された場合，いわゆる赤切符の交付を受け，裁判所で罰金刑等の判決を受けることになります。
>
> 　当たり前のことですが……：交通事故を起こしたとき「学生だから」という甘い考えは通用しません。学生といえども業務上過失致傷罪等の「刑事責任」，運転免許の取り消しや停止等の「行政処分」，損害賠償等の「民事責任」に加えて，被害者に対する誠意ある対応等，形に表れない道義的な責任も伴います。
>
> 　　　　　　　　　　　　　　　　　　　　　　　　　　（龍谷大学学生部，2008）

1. 大学生の交通事故

　2006 年中の交通事故（以下の統計は交通事故総合分析センターから資料提供を受けた）は，発生件数が 886,864 件，死者数は 6,352 人，負傷者数は 1,098,199 人で，その内大学生の第一当事者（事故責任の大きい方，あるいは同等の場合は車両の大きい方）事故件数は 22,304 件（2.5%），第二当事者（第一当事者の相手方）事故件数は 23,539 件（2.7%），合計 45,843 件（5.2%）で，死者数は 101 人（1.6%；男性 82 人，女性 19 人），負傷者数は 31,822 人（2.9%；男性 21,163 人，女性 10,659 人）でした。また，大学生がかかわった事故の状態（第一当事

表 7-2　四輪・二輪運転者の事故原因となった第一当事者法令違反（件数および%）

		大学生（男）	大学生（女）	全国
		16,714	5,590	886,864
1	安全不確認	4,281（25.6）	1,350（24.2）	268,496（30.3）
2	脇見運転	3,193（19.1）	1,087（19.4）	141,891（16.0）
3	動静不注視	1,941（11.6）	653（11.7）	94,348（10.6）
4	運転操作不適	1,831（11.0）	526（9.4）	64,842（7.3）
5	漫然運転	1,215（7.3）	452（8.1）	56,785（6.4）
6	一時不停止	729（4.4）	347（6.2）	43,753（4.9）
7	交差点安全進行違反	664（4.0）	214（3.8）	45,335（5.1）
8	信号無視	565（3.4）	215（3.8）	29,255（3.3）

者と第二当事者の合計）は，乗用・貨物車運転中が 22,773 件（2.6%），二輪車運転中が 15,265 件（1.7%），自転車乗用中が 6,842 件（0.7%），歩行中が 952 件（0.1%）で，四輪・二輪車の運転中の事故が最も問題となっています。四輪・二輪車運転中の事故の原因となった法令違反を表 7-2 に示しました。

上位 8 位までの法令違反で，大学生（男）は 86.3%，大学生（女）は 86.7%，全国で 84.0% を占めています。これら上位の違反は毎年ほとんど変わりません。見るべきものをしっかり見ていないこと，止まるべきところで確実に止まっていないことが，交通事故の大きな原因となっています。これらの背景には「相手が……してくれるだろう」「なんとかなるだろう」の甘い自己中心的な考え方があります。また運転操作を含む車のもって行き方の不適切さも事故原因となっています。

2. 運転態度の測定

二輪車を運転する大学生は多く，したがって二輪車が関連する事故も多く発生しています。そこでまず二輪運転者の運転態度をワークショップ 7-6 で自己診断してみましょう。この二輪運転者の安全運転自己診断テストは，1970 年代後半からいわゆるファミリーバイク・ミニバイクとよばれる原付 1 種の車両台数が年間約 100 万台のペースで増加し，それに伴って原付 1 種の事故が急増したことに対応するために作成されました。四輪用の安全運転自己診断テストは

すでに警察庁によって開発され，運転免許更新時に活用されていましたが，二輪用がありませんでしたので，筆者らが京都府警の協力を得て開発し，警察庁承認のもとしばらくの間京都での運転免許更新に活用されていました。

ワークショップ 7-6

二輪運転者の安全運転自己診断テスト

　二輪車を運転する人は日頃の考え方や二輪運転についての考え方を「はい」または「いいえ」を○で囲んで回答してください。

1. 私はどんな小さなことでも，まず初めにゆっくり考えて，それから行動する。 ………………………………………………………… はい　いいえ
2. 他人からくらべると，こわいもの知らずである。 ………………… はい　いいえ
3. 平凡に暮らすよりも，何か変わったことがしてみたい。 ………… はい　いいえ
4. たいていの人は，得になることがわかっていれば，多少の不正をするものである。 ……………………………………………………… はい　いいえ
5. 危険をおかしてまでも，スリルを求めたいと思ったことがある。 はい　いいえ
6. 規則をやぶったり，してはならないことをやりたいと思うことがある。 ……………………………………………………………………… はい　いいえ
7. 広い道路では，思いきりスピードを出してみたい。 ……………… はい　いいえ
8. 走り出したら，できるだけブレーキは使いたくない。 …………… はい　いいえ
9. 二輪車はファッションの一つであり，乗るときはかっこよく乗りたい。 ……………………………………………………………………… はい　いいえ
10. 二輪車は何といっても，スピードの出るナナハンが最高である。 はい　いいえ
11. 二輪車に乗るとすれば，今後 1 年以内に転倒すると思う。 ……… はい　いいえ
12. 前の車がゆっくり走っていると追い越したくなる。 ……………… はい　いいえ
13. 交通規則を守るよりも，車の流れに従って走る方が大切である。 はい　いいえ
14. 後ろの車に警音器をならされると腹が立つ。 ……………………… はい　いいえ
15. 二輪車はスピード感が何ともいえず爽快である。 ………………… はい　いいえ
16. 二輪車の運転では，交通量の多い道路はできるだけ避けるのがよい。 ……………………………………………………………………… はい　いいえ
17. 誰も見ていないところでも違反すると良心がとがめる。 ………… はい　いいえ
18. 二輪車は渋滞時でも車の間をぬって進める利点がある。 ………… はい　いいえ
19. 違反でつかまるのは運が悪い。 ……………………………………… はい　いいえ

20. 道路事情は常に変わるので,出発する前にいちいち走る道路を考えても仕方がない。…………………………………………… はい いいえ
21. ちょっと車をとめるのに,いちいち細かい神経を使ってはいられない。……………………………………………………………… はい いいえ
22. 本当に法律をやぶるのでなければ,法律違反すれすれ位のことはしてもかまわない。……………………………………………… はい いいえ
23. 二輪車は自転車と同じように気軽に駐車できるのがよい。… はい いいえ
24. ミニバイクに子どもを同乗させてもやむを得ない場合もある。… はい いいえ
25. 悪気がなく信号や標識を見落とした者まで,厳しく罰することはない。………………………………………………………………… はい いいえ
26. 二輪車は小まわりがきくので,なるべくハンドル操作で危険を避けるのがよい。…………………………………………………… はい いいえ
27. ミニバイクなら一方通行を逆行しても大目にみてもよい。……… はい いいえ
28. 混雑する道路は四輪車よりも二輪車にかぎる。……………… はい いいえ
29. 交通量の多くなった現在では,どんなに注意をはらってもはらいきれるものではない。………………………………………… はい いいえ
30. 自分には二輪車のヘルメット姿は似合わないと思う。……… はい いいえ
31. 安全運転など固苦しいことを考えていたら運転はできない。…… はい いいえ

(藤本・木崎,1983)

　質問1から17までの合計得点Ⅰ,質問18から31までの合計得点Ⅱをそれぞれ求めてください。ただし,質問1,11,16,17には「はい」に1点,これら以外の質問には「いいえ」に1点を与えてください。

　合計得点Ⅰは衝動的・感性的・ルール軽視的態度得点(得点が低いほどこの態度の傾向が強い)で,変わったことをしたい,スリルを求めたいなど冒険心が旺盛で,スピードや追い越しによる一瞬の快感,かっこ良さなど感性的な欲求を求めたり,社会的ルールを軽くみる態度です。合計得点Ⅱは二輪車を自転車感覚的気楽さでみる態度得点(得点が低いほどこの態度の傾向が強い)で,ミニバイクの一方通行路の逆行や歩道通行を大目に考え,短い距離しか走らない,スピードをあまり出さないといってヘルメットの着用を面倒がり,二輪車を自転車的感覚で気軽な乗物ととらえ,細かい心遣いに欠ける態度です。

　表7-3,図7-3,図7-4に示すように,両態度とも得点が高いほど二輪運転の

表 7-3 二輪運転者の運転態度（藤本・木崎, 1983）

	無事故無違反者講習受講者 (453人)	処分者講習受講者 (237人)	t値
衝動的・感性的ルール軽視的態度	12.96 (2.81)	7.66 (4.05)	19.984***
二輪車を自転車感覚的気軽さでみる態度	8.60 (2.66)	7.19 (2.89)	6.407***

数値は平均値，（ ）内は標準偏差。得点が低いほど左記の態度が強い。
***$p<.001$

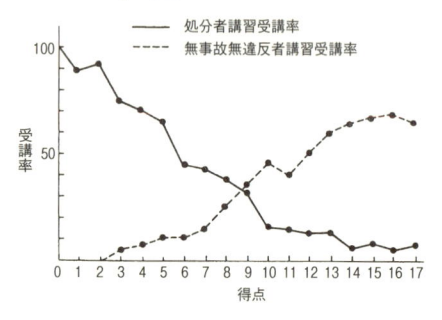

図 7-3 衝動的・感性的・ルール軽視的態度の得点別各講習受講者率（藤本・木崎, 1983）

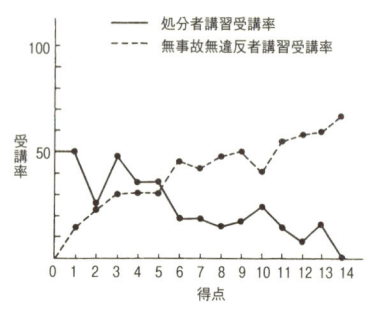

図 7-4 二輪車を自転車感覚的気軽さでみる態度の得点別各講習受講者率（藤本・木崎, 1983）

安全度は高くなっています。二輪車を運転するあなたの態度得点はいかがでしたか？　安全度の低かった人は二輪運転に対する考え方を改めていただくことを願います。

次に，四輪車を運転する皆さんの運転態度をワークショップ 7-7 で自己診断してみましょう。

ワークショップ 7-7

四輪運転者の安全運転自己診断テスト

　四輪車を運転する人は日頃の考え方や運転についての考え方を「5. 全くそのとおり」から「1. 決してそんなことはない」のいずれかの数字を○で囲んで回答してください。

		全くそのとおり	どちらともいえない	決してそんなことはない
1.	カッとして他の車を攻撃することがある（Ⅰ）。	5 4	3	2 1
2.	運転は楽しくてしかたがない（Ⅱ）。	5 4	3	2 1
3.	ロータリー（環状交差点）に近づくと少し不安を感じる（Ⅲ）。	5 4	3	2 1
4.	駐車禁止の標識，標示には絶えず気をつけている（Ⅳ）。	5 4	3	2 1
5.	他のドライバーと喧嘩することがある（Ⅰ）。	5 4	3	2 1
6.	車を発進させるときの加速感が好きだ（Ⅱ）。	5 4	3	2 1
7.	事故を起こしそうで不安である（Ⅲ）。	5 4	3	2 1
8.	カッとさせたドライバーを追いかけることがある（Ⅰ）。	5 4	3	2 1
9.	用もなく運転することがある（Ⅱ）。	5 4	3	2 1
10.	車線変更をするときいつも不安を感じる（Ⅲ）。	5 4	3	2 1
11.	速度標識，標示には絶えず気をつけている（Ⅳ）。	5 4	3	2 1
12.	カッとして他の車にライトをチカチカ点滅させることがある（Ⅰ）。	5 4	3	2 1
13.	スピードを出すことに生きがいを感じる（Ⅱ）。	5 4	3	2 1
14.	天気の悪い日の運転には自信がない（Ⅲ）。	5 4	3	2 1
15.	クラックションをよく鳴らす（Ⅰ）。	5 4	3	2 1
16.	オートマ車よりミッション車のほうが楽しい（Ⅱ）。	5 4	3	2 1
17.	ブレーキを失敗するのではないかと心配である（Ⅲ）。	5 4	3	2 1
18.	交通ルールはどんな小さなことでも守るべきである（Ⅳ）。	5 4	3	2 1
19.	自分は攻撃的なドライバーである（Ⅰ）。	5 4	3	2 1
20.	運転することに生きがいを感じる（Ⅱ）。	5 4	3	2 1
21.	運転中とても緊張している（Ⅲ）。	5 4	3	2 1
22.	追い越されると追い越しかえす（Ⅰ）。	5 4	3	2 1
23.	仕事や勉強でイライラしたとき運転したくなる（Ⅱ）。	5 4	3	2 1
24.	運転中大きな車に不安を感じる（Ⅲ）。	5 4	3	2 1
25.	取り締まりを受けないようにパトカーや交通標識，標示に気をつけている（Ⅳ）。	5 4	3	2 1
26.	無茶な割り込みに対してはときどき妨害する（Ⅰ）。	5 4	3	2 1
27.	広い道路では思いきりスピードを出してみたい（Ⅱ）。	5 4	3	2 1
28.	運転中話しかけられると気が散る（Ⅲ）。	5 4	3	2 1
29.	他の車に幅寄せをすることがある（Ⅰ）。	5 4	3	2 1
30.	運転の限界に挑戦してみたいと思うことがある（Ⅱ）。	5 4	3	2 1
31.	夜の運転はこわい（Ⅲ）。	5 4	3	2 1
32.	交通ルールを無視すると良心がとがめる（Ⅳ）。	5 4	3	2 1
33.	割り込まれないように車間距離をつめて走る（Ⅰ）。	5 4	3	2 1
34.	車を買うなら人に自慢できるものを買う（Ⅱ）。	5 4	3	2 1
35.	運転中道に迷うのではないかと心配になる（Ⅲ）。	5 4	3	2 1

（藤本・東, 1997）

質問項目末尾の数字（ⅠからⅣ）ごとに合計得点をそれぞれ求めてください。合計得点Ⅰは運転における攻撃性，Ⅱは享楽的運転志向，Ⅲは運転における不安と集中欠如，Ⅳは遵法的態度の得点で，得点が高いほどその傾向が強いです。

表7-4にそれぞれの運転態度の年代別平均値を示していますので，四輪車を運転するあなたの態度得点と比較してみてください。

表7-4　運転態度尺度の年代別平均値（藤本・東, 1997）

	～19歳 (50名)	20歳～ (466名)	25歳～ (324名)	30歳～ (495名)	40歳～ (523名)	50歳～ (338名)	60歳～ (50名)
Ⅰ	22.240	22.208	21.139	20.295	19.210	16.843	14.260
Ⅱ	29.820	26.852	24.059	21.580	20.107	18.485	17.620
Ⅲ	27.040	26.189	25.148	24.352	24.488	24.725	26.340
Ⅳ	17.380	16.811	17.549	17.549	17.929	18.654	21.340

3. 望まれる安全運転とは

　安全運転を確保するためには，ドライバーはまず，交通状況の中から，運転に必要な情報を的確に取り入れなければなりません。道路状況，規制状況はいうまでもなく，多数の車，自転車，歩行者の作り出す，時々刻々と変化する交通状況を適切にとらえておかなければなりません。相手に気づいたとき，時すでに遅くば，どんな操作も無駄となり，事故は避けられません。交差道路からは車や人の出現を常に考え，駐車車両の陰の部分には，人，自転車などの飛び出しの可能性を読む……というように，この状況で起こりうるあらゆる可能性を読み，その可能性が現実化するか否かを確認しにいかなければなりません。この可能性が読めるためには，どういう状況で，どういうことが起これば危険であるかをあらかじめ知っていなければなりませんし，危険源に鋭く気づく高い危険感受性が不可欠です。

　的確に情報が取り入れられたとしても，その情報をもとに次に行われる予測や判断が不適切であれば無事故運転者の仲間入りはできません。「危険でないと思った」「相手がルールを守る（譲る，止まる）と思った」などは判断の誤りの典型例です。無事故運転を確保するためには，決して相手に期待しないことです。相手が「見ていてくれるだろう」「止まってくれるだろう」「避けてくれ

るだろう」の独りよがりの判断は，実は自分だけでなく，相手も行っています。安全は自分で確保すべきで，できるだけ安全性の高い，むしろ臆病と思われるぐらいの予測や判断が望まれます。

　さらに，安全運転の図式である，認知→予測→判断→操作の安全度の高い循環を支えるものが安全であろうとする運転態度やパーソナリティなどです。事故多発ドライバーに共通する運転態度の特徴は，スピード志向性が強く，ルール意識が希薄で，攻撃的な運転態度，事故や違反を軽くみる態度，自己中心的な運転態度がいずれも強く（藤本, 1991～1993），なかでも攻撃的な運転態度（藤本, 1991; 1993; 2000）が最も危険で，路上の激怒（road rage）の原因となっています（Deffenbacher et al., 1994; Miles & Johnson, 2003）。また事故多発ドライバーに共通するパーソナリティ特性は，情緒が不安定で，自己中心的で，協調性がなく，共感性が低く，外罰的で，攻撃的で，注意散漫で，堅実ではありません（藤本, 1991～1993）。したがって，安全な運転態度やパーソナリティの形成やそれらへの変容も重要となります。

4. 適切な認知のために

　アメリカでは古くからSmithシステム（Aaron & Strasser, 1977；コラム7-3）が適切な認知のための方法として運転者教育に取り入れられてきました。私たちもこれを活用しましょう。

コラム 7-3

Smith システムの活用

Smithシステムは以下の五つからなります。
　① **前方遠く見ること**
　・走行道路の前方をよく見る。
　・潜在的危険ポイントに達する前に交通状況を分析する。
　② **全体的に見ること**
　・見えるものや車の周辺の音に注意する。
　・視界に入ってくるすべての人やものを見るようにする。
　③ **目配りを頻繁に行うこと**
　・近く，遠く，両サイド，後方，サイドミラーを見るために目玉を頻繁に動か

す。特に高速道路催眠（expressway hypnosis）に陥らないために一つのものに目玉を固定しない。
・近づいてくる交通の危険を発見し，安全に対応する時間を多くもつために目配りを頻繁に行う。
④ ポジションを適切にとること
・いざというときに事故を避けるための回避余地を取っておく。
・車間距離を十分とる。
⑤ 見られていることを考慮すること
・他のドライバーや歩行者とアイコンタクトする。
・他のドライバーや歩行者があなたの車を見落とさないために，ホーン，ヘッドライト，方向指示器，緊急フラッシュなどの装置を使う。

(Aaron & Strasser, 1977)

また，二輪車を運転するときと四輪車を運転するときとで，注視範囲が大きく変わります。長山（1989）はアイカメラを用いて，運転車種によって注視範囲（情報収集行動）が図7-5，図7-6のように変化することを明らかにしています。空と道路の境界線で線を引くと，普通乗用車運転時には71対29に対し，二輪運転時には31対69と逆転し，二輪運転時の視野構成は路面に大きく偏ります。つまり普通乗用運転者の視線は遠くにあるのに対し，二輪運転者の視線は近くにあり，前方遠くや左右の情報収集が不十分になりやすいといえます。このことを二輪を運転する皆さんは認識し，Smithシステムを運転に生かしてください。

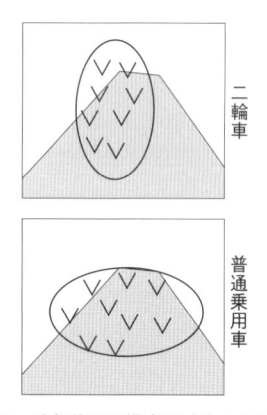

図7-5　注視範囲の模式図（長山, 1989） 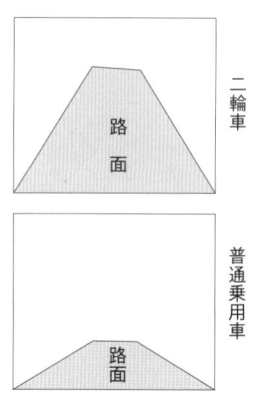　　図7-6　運転者の視野は（長山, 1989）

5. 適切な予測・判断のために
(1) 安全度の高い危険予知・予測
　理想的な安全ドライバーは「たとえ相手がルールを犯したり，間違った行動をしても，それをカバーして事故にならないように運転できる」（長山，2000）ドライバーです。そのためには，起こりうるあらゆる可能性が読めなければなりません。どのような状況に入り込むと危険であるか，どういう予測や判断が危険であるかをしっかりと認識しておかなければなりません。自身のヒヤリ・ハット体験，マスコミによる交通事故報道などをもとに事故がどのようにして起こるのかを皆さん自身の中にデータベースとしてできるだけ多くの情報を蓄積しておく必要があります。

(2) 甘いリスキーな判断をしない
　100％成功するとは思わないのに，ある行為を行おうとするのがリスク・テイキング（risk taking）です。危険を承知のうえで，敢えて危険を冒してくるという意味で危険敢行度とよびます。リスク・テイキングの度合いには個人差があります。人は100％の安全が保証されるときにのみ決断し，行動するわけではなく，ときには危険を承知のうえで一か八かの決断をしなければならないこともあります。しかし，おおむねこのような決断のタイプは「虎穴に入らずんば虎児を得ず」型か「石橋をたたいて渡る」型に分けられます。前車はリスクをとりやすい人，後者はリスクをとらない慎重な人です。どちらのタイプかは，その人の人生観・価値観に基づくもので，前者が人生に成功し，後者が失敗することもあれば，その逆もあります。しかし，交通場面では危険をとりやすい人（リスク・テイカー；risk taker）は危険な存在であり，事故を起こしやすくなります。

6. 適切な操作のために
(1) サインは的確に
　本来一つのサインは一つの意味をもつものでなければなりません。一つのサインが2通りも3通りもの意味をもつとすれば，ある意思を伝えようとして出したサインが別の意味に取り違えられることがしばしば起こります。サインの取り違えが起こらないためには，以下の三つのコツを心がける必要があります。

①一つのサインだけで自分の意思を相手に伝えようとしないこと：二つあるいは三つ以上のサインを組み合わせるように心がける。たとえば右折しようとする場合，右のウインカーを点灯するだけでなく，クルマを少し右に寄せる，軽くブレーキペダルを踏んでブレーキランプを点灯させる，速度を落とすという風にすれば，四つのサインで後続車に右折の意思を伝えることができ，サインの取り違えは起こらないでしょう。

②自分の意思が正確に後続車に伝わっているかを確認すること：複数のサインを使えば，サインの取り違えを防ぐことができますが，念には念を入れて，後続ドライバーがそれらのサインを確認しているかどうかをルームミラーでチェックしておく必要があります。後続ドライバーがこちらを見ているか，速度を落としたか，左側に少し寄ったかなどを絶えずチェックし，自分の意思が正確に伝わっているかどうかを確認するのです。もし伝わっていないとしたら，新たなサイン，たとえばブレーキランプを数度点滅させて注意を喚起しなければなりません。

③突然に意思を変えないこと：複数のサインを使って自分の意思を相手に伝え，その意思が相手に伝わったことを確認できたとすれば，後続ドライバーはあなたが右折すると思い込むわけですから，突然に気持ちを変えて直進してはいけません。かりに右折する場所を間違えたとしても，何度も駄目押しをして後続車に右折の意思を伝えたのですから，その場所で伝えた意思どおりに右折しなければなりません。

(2) マヌーバーは一呼吸おいて，ゆっくりと

マヌーバー（maneuver）は本来軍隊用語で軍隊や軍艦などの作戦行動を意味しますが，この用語を交通行動に敷衍して，欧米では右折マヌーバー，左折マヌーバー，加速マヌーバー，減速マヌーバーなどのように一つひとつの運転行動をマヌーバーとよびます。筆者はこのマヌーバーを一呼吸おいてゆっくりとすることを推奨しています。たとえば車線変更をする場合，ウインカーを1〜2度点滅させるだけでサッと車線変更するドライバーがほとんどですが，筆者は7〜8回点滅させながらゆっくり車線変更します。その理由は左に車線変更する場合は左後方，右に車線変更する場合は右後方の死角に入っている後続車の見落としをできるだけ防ごうとするためです。ミラーや目視で確認したは

ずなのに，車線変更時に後続車からホーンで注意されることがときどきある筆者の体験から，車線変更マヌーバーを一呼吸おいてゆっくりとすることを心がけているのです。皆さんもいろいろな場面で，「一呼吸おいて，ゆっくりと」を心がけてください。

7. コメンタリー・ドライビング法の活用

　意識しないと行動を変えることはできません。運転行動の気づき・意識化の一つの方法として，筆者はコメンタリー・ドライビング法（藤本・東，2000a；2000b）を推奨しています。コメンタリー・ドライビング法（commentary driving method：言語報告運転法）はカーマイケルとヒューグニン（Carmichael & Hugunin, 1956）によってイギリス・ヘンドンのロンドン警察学校の選抜された警察官の上級訓練のために開発された方法で，運転者に，運転中に見たこと，考えたこと，予測・判断したこと，操作したことをすべて実況放送のように，口に出して語りながら運転させる方法です。

　コメンタリー・ドライビングの一例を記すと，道路右に少しカーブ→前方交差点→信号青→前車ブレーキランプ→左に自転車→信号青→信号にひっかからずに行けるかな→速度 40 km →ちょっとブレーキ踏んでおこう→ブレーキ→ハンドル少し右へ→信号青→これは行けそうだ→ルームミラー→後続車なし→信号青→交差点通過……という風に，です。

　コメンタリー・ドライビング法は，もともと指導員とドライバーのコミュニケーションを増大し，指導員がドライバーの誤りに簡単に気づいて，それらを指導に生かすために工夫されたものですが（コラム 7-4），簡易コメンタリー・ドライビングを活用して，自分の運転を第三者的に眺めることができるので，筆者は一人コメンタリー・ドライビングを推奨しています。助手席にでもテープ・レコーダーをセットして，通学時（コースが日替わりすることがあまりないと考えられ，コメンタリーの内容と走行地点とのマッチングが容易にできるであろう）などに，一度コメンタリー・ドライビングを体験してみてください。暇な時間などに再生し，自分の運転をふりかえってみると，たとえば速度メーターをあまり見ていないとか信号の変わり目に交差点に流入しているとか，意外に自分の運転の問題点がみえてくるので，運転の改善につながります。

コラム 7-4

[1] コメンタリー・ドライビング法の利点と留意点

コメンタリー・ドライビング法の利点
① ドライバーを，見たり，考えたり，予測・判断し，車を操作するといった一連の運転課題に集中させ，前方の交通場面により注意深くさせる。
② 運転課題への一つひとつへの気づきを増大させる。
③ ドライバーに誤りを気づかせ，それがドライバー自身の原因によるものであることをわからせる。

コメンタリー・ドライビング法の留意点
① 安全運転のための心の働かせ，車のもって行き方が，すべてコメンタリーされているとは限らない。現実の交通場面では，見て瞬時に予測や判断がなされてはいるが，それらがコメンタリーされる前に状況が変化し，新たな認知，予測や判断が必要となることがしばしば生じる。複数の対象にほとんど同時的に心を働かせなければならない事態では，経験の浅いドライバーは言葉が詰まってコメンタリーできないことが生じやすい。
② 経験の浅いドライバーではコメンタリーすることに意識が片寄り，運転そのものへの集中が阻害されることがある。

(Carmichael & Hugunin, 1956)

[2] 簡易コメンタリー・ドライビング法

コメンタリー・ドライビング法は，ロンドン警察学校の上級ドライバーを対象に工夫された方法のため，運転中に，見たり考えたり，予測・判断したり，操作したことを連続して口に出して語ることはそれほど容易なことではなく，疲労にもつながります。そこで，アンダーソン（Anderson, 1968）は簡易コメンタリー・ドライビング法を提唱しています。その特徴は次のとおりです。
① 障害物や潜在的障害物がない時には，障害物なしと言う。
② 前方に障害物か潜在的障害物があれば，一言二言（単純なキーワードで）声を出して確認する。
③ 見えるすべてを確認することは不可能であるから，最も重要な潜在的障害物に限定する。
④ コメントの数を一街区で最大 3～5 に制限する。
⑤ 簡単に確認し，それを説明することはしない。
⑥ 車が潜在的障害物に達する以前に，前もって確認する。

(Anderson, 1968)

〈要約〉
　大学生の交通事故は四輪運転中が最も多く，次いで二輪運転中でした。大学生ドライバーの事故原因は「安全不確認」「脇見運転」「動静不注視」が上位3位まででした。安全運転自己診断テストで，二輪車と四輪車を運転するドライバーの安全度を測定しました。望まれる安全運転として，認知→予測→判断→操作の安全度の高い循環について述べ，それぞれの要素について，適切な認知のために，適切な予測・判断のために，適切な操作のために，コメンタリー・ドライビング法の活用について説明した。

〈キーワード〉
　大学生ドライバー，安全運転自己診断テスト，Smithシステム，アイカメラ，リスク・テイキング，マヌーバー，コメンタリー・ドライビング法

―――〈知識チェック〉―――
・大学生ドライバーの事故原因となった法令違反を述べなさい。
・二輪運転者の運転態度二つを説明しなさい。
・望まれる運転について述べなさい。
・Smithシステムを説明しなさい。
・二輪運転者の注意範囲について述べなさい。
・コメンタリー・ドライビング法の効用と限界について述べなさい。

〈レポート・討論課題〉
　① 交通事故の加害者や被害者になったことがある人は，その原因について考察してください。
　② 大学生ドライバーの運転の問題性についてクラスの皆さんと話し合ってください。

〈ブックガイド〉
　日本交通心理学会（編）1993　人と車の心理学Q&A100　企業開発センター交通問題研究室
　大阪交通科学研究会（編）2000　交通安全学　企業開発センター

蓮花一己（編）2000　交通行動の社会心理学　北大路書房

【引用文献】
Aaron, J. E., & Strasser, M. K.　1977　*Driver and traffic safety education*. Macmillan.
Anderson, W. G.　1968　*In-car instruction: Methods and content*. Addison-Wesley.
Carmichael, G. V., & Hugunin, E.　1956　Experiment in "Commentary Driving". *Traffic Digest and Review*, **4**, 13-16.
Deffenbacher, J. L., Oetting, E. R., & Lynch, R. S.　1994　Development of a driving anger scale. *Psychological Reports*, **74**, 83-91.
藤本忠明　1991　運転における攻撃性・不安尺度の構成　追手門学院大学文学部紀要, **25**, 1-17.
藤本忠明　1991～1993　やさしい安全運転の科学（30回連載）　安全運転管理－しずおか, **3**(4)～**5**(9), 各16-17.
藤本忠明　1993　クルマはなぜドライバーを攻撃的にするのか　自動車管理, **20**(6), 18-19.
藤本忠明　2000　攻撃とモデリング　蓮花一己（編）交通行動の社会心理学　北大路書房　pp.100-110.
藤本忠明・東　正訓　1997　若年運転者の運転態度尺度構成に関する研究　平成6年度～8年度文部省科学研究費補助金研究成果報告書　追手門学院大学人間学部心理学科
藤本忠明・東　正訓　2000a　コメンタリー・ドライビング法による運転者の認知・予測・判断に関する実証的研究　平成9年度～11年度文部省科学研究費補助金研究成果報告書　追手門学院大学人間学部心理学科
藤本忠明・東　正訓　2000b　コメンタリー・ドライビング法の運転者教育効果に関する実験的研究　交通心理学研究, **16**-1, 1-10.
藤本忠明・木崎久和　1983　二輪運転者の安全運転自己診断の研究　京都府警察科学捜査研究所
Miles, D. E., & Johnson, G. L.　2003　Aggressive driving behaviors: Are there psychological and attitudinal predictors ? *Transportation Research Part F*, **6**, 147-161.
長山泰久　1989　人間と交通社会―運転の心理と文化的背景―　幻想社
長山泰久　2000　積極的防衛運転―高度な危険予知・予測―　平成12年度安全運転管理者等法定講習教本　大阪府交通安全協会　pp.44-61.
龍谷大学学生部　2008　学生部からの注意
　　http://www.ryukoku.ac.jp/campuslife/gakuseibu/tyuui.html/

第3節　「不登校・ひきこもり」や「留年」とどうつきあうか？

【学習目標】
・不登校・ひきこもり，留年についての理解を深めよう。
・身近に不登校・ひきこもりや留年が生じたときにどうすればよいかを考えてみよう。

ワークショップ 7-8

ひとりでいたい時とは？
　あなたが，誰とも会いたくないと思ったり，人に会わないでひとりでいたいと思ったりする時とは，どんな時でしょうか？　その時，どんな気持ちだったのでしょう。できるだけ具体的にたくさん思い浮かべてノートに書いてください。

　ワークショップ 7-8 では，どういうことを書いたでしょうか？　筆者は，人前で失敗したと思った時や恥ずかしい思いをした時にひとりでいたいと思いますし，好きな本や音楽 CD を買った時にも早くひとりで楽しみたいと思います。また，講義の内容や本の原稿，研究の新しい企画などを考えている時にも，ひとりの時間が必要です。こんな風に，ひとりになりたい時，ひきこもりたい時というのは，日常生活で案外多いのではないでしょうか？
　ところで，自宅にひきこもって人と接触をもたない「ひきこもり」が，近年社会的な問題として注目を浴びています。ひとりでいることには，ポジティブな面とネガティブな面があるようです。この節では，大学生活でしばしば生じる「不登校・ひきこもり」「留年」という現象について考えてみましょう。

1. 不登校の現状

　まず一般的にいわれる不登校についてまとめてみましょう。不登校とは，「疾病や経済的・物理的理由などの明確な理由がないにもかかわらず，学校に行かない，あるいは行けない現象」を指します。「不登校」は診断名ではなく，児童・思春期における不適応のひとつの状態と考えられます。文部科学省（2008）の報告によると，平成 18 年度の小中学校の不登校生徒（欠席 30 日以上を対象とする）の総数は，126,764 人であり，発生率から考えると，小学校で 302 人に 1 人，中学校で 35 人に 1 人の割合で不登校児が存在することになります（図 7-7）。
　さらに，「学校に行けない・行くのが嫌だ」という理由で 30 日以内の欠席や早退，遅刻をする生徒や，学校に行ってはいるけれど「行きたくない」とい

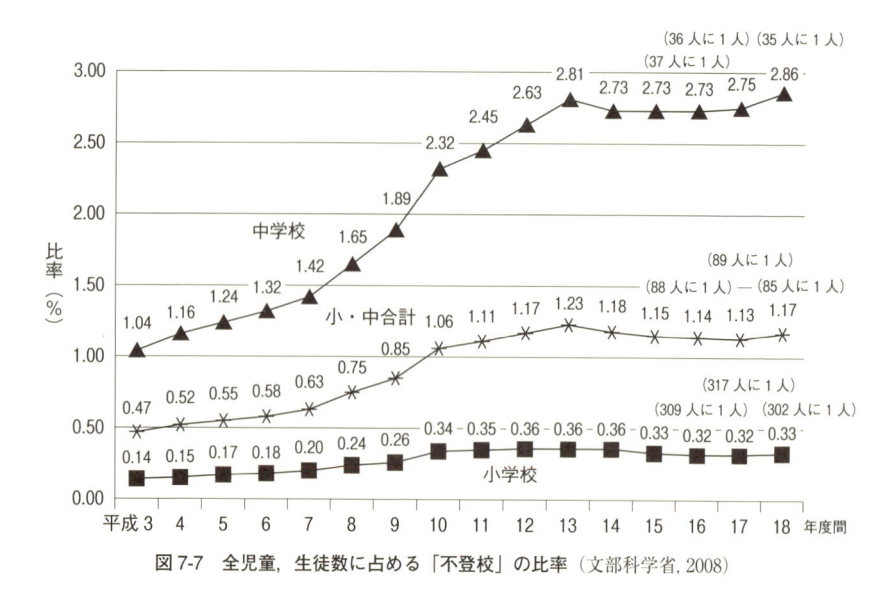

図7-7 全児童，生徒数に占める「不登校」の比率（文部科学省，2008）

う「登校回避感情」をもっている生徒もたくさんいます。不登校の統計には計算されない「グレイゾーン」とよばれる不登校の可能性がある生徒数の割合は，全体の67.0%にあたるという調査結果もあります（森田，2003）。こういう現状を受けて，1992年に文部省（当時）は，「登校拒否は特定の子どもにしか見られない現象であるといった固定的な観点で捉えるのではなく（略）どの子にも起こりうること」という認識を示しました。

ワークショップ 7-9

あなたの学校のイメージは？

皆さんは，学校についてどういうイメージをもっていますか？ 生まれてからこれまでの学校生活についてどう感じているのかを次の図を例に表現してみましょう。プラスのイメージがある時期はプラスの方へ線を描き，マイナスのイメージの時には下に線を引いてみましょう。あなたにとってプラスの（またはマイナスの）イメージをもたらしているものは何でしょうか？「学校」という場所があなたにとってどういう意味がある場所なのかをイメージ例をヒントにしていろいろと考えてみましょう。

第3節 「不登校・ひきこもり」や「留年」とどうつきあうか？　211

```
+  〈就学前〉  〈小学校〉  〈中学校〉  〈高校〉  〈大学〉
                                    何かよくわからないけど
                                    窮屈で楽しくなかった
                                    成績もガタ落ち
                                    自分らしく生きてなかった？
誕                                                              現
生                                                              在
   小さくてあまり      わりと成績が良かった
   よく覚えていない    クラブがきつかったが
              小4   楽しかった
              親友ができた  学校＝友達
              初恋（実らなかったが
                   仲が良かった）
−
            図　学校のイメージ例
```

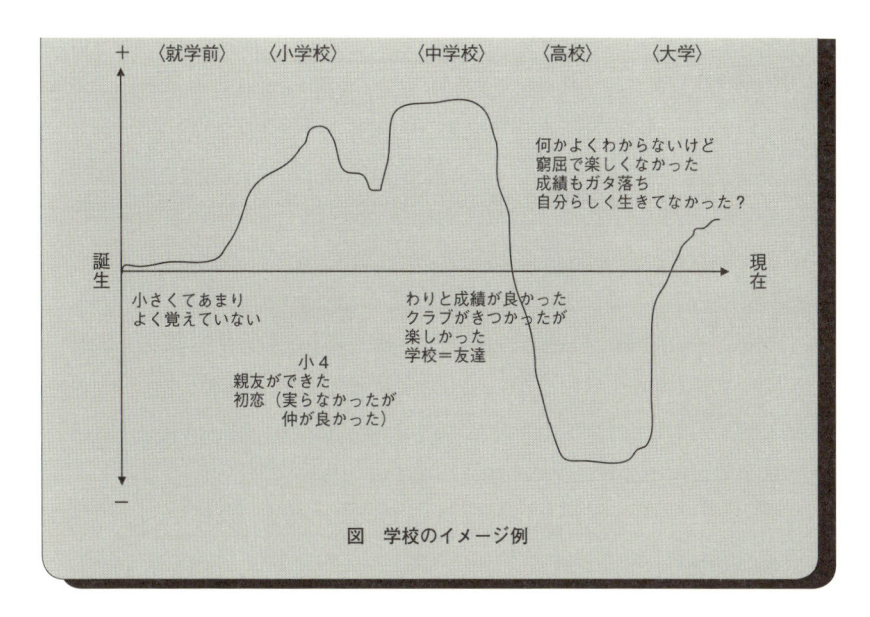

コラム 7-5

不登校の時代的変遷

　河原（2004）や滝川（2005）がまとめた不登校についての記述によると，日本における不登校への注目は，1950年代末から1960年代初頭にさかのぼります。当時，大都市の中産階層以上の裕福な家庭で育った小学校低学年の児童の不登校が注目を集めました。米国の研究者ジョンソンら（Johnson et al., 1941）の研究をもとに，初めはこの欠席現象を「学校恐怖症（school phobia）」とよびましたが，親子双方の「分離不安」に特徴があると考えられ，「登校拒否（school refusal）」と名づけられました。

　戦後の復興にともない就学率が上昇するなか，理由もわからず学校に行けない事態は異例で，これが本人や家族にもたらす心理的な混乱や社会的な圧力は大きなものがあり，それがさらに本人と家族の葛藤を強めました。葛藤が強まると混乱や消耗も強くなり，より長くひきこもるという悪循環が生じました。この悪循環を断つために「登校刺激」を避けて休ませ，その間に子ども自身の主体性を伸ばして不安を克服させてゆくかかわりが，心理臨床的な援助として選ばれ，このアプローチは，その後も不登校臨床の基本形をなすことになりました。

　たとえば，平井（1978）は，不登校児の本質は「自主性の遅れ」であると考え，自主性の発達を重視し，周囲の過保護・過干渉を避け，本人の決断力や自主

性を伸ばすことを目的として待つことに徹した援助法を提唱しました。また，山中（1978）は，不登校について「思春期内閉症」という考えを提唱しました。山中によると，不登校児は男子が多く，彼らは心優しく競争を嫌い，内心の緊張が強く，外に出ると周囲への配慮だけで疲労してしまうために必然的にひきこもることになり，女子の例では，むしろ男性原理優位で積極的に外界にかかわろうとしますが，大抵は失敗し傷つき，結局深く内閉することになります。山中は，不登校児の「内閉」を，「外的には社会的自我の未成熟とされる消極面を持ちつつも，内的には《退行》，しかもそれは次なる《新生》をもたらすための《蛹の時期》とでもいうべき積極面を」あわせもつ働きとして考えました。したがって，彼らの内閉を保障し，話に耳を傾けながら《内的な旅》の同行者となり，内的成熟を待つことが援助者の最大の仕事だと考え，多くの実践と報告を行いました。

1975年を境目に，まず中学生の，次いで小学生の長欠率が上昇し始めました。増加はとどまらず，やがて不登校の激増として社会問題化していきます。この1975年は，高校進学率が90％を超えて天井を打ち始めた時期でした。臨床的な経験の蓄積により，不登校の類型論がさまざまに論じられました。たとえば，小泉（1973, 1980）は，神経症的登校拒否，精神障害によるもの，怠学（無気力傾向と非行傾向），発達遅滞を伴うもの，積極的意図的登校拒否，一過性のものに分類し，さらに神経症的登校拒否を分離不安，Ａタイプ（優等生の息切れ型），Ｂタイプ（甘やかされたタイプ）に分けました。そして各タイプについて症状の現われ方，親子関係，治療等についての検討を重ねました。

ところで，不登校の増加は，諸類型群がそれぞれ増加してゆくというよりも，類型群の定型的な輪郭が崩れてゆくことで進行していきました。臨床像は多様化，あいまい化し，あらゆる理由，あらゆるきっかけ，あらゆるパーソナリティ特徴，あらゆる家庭状況，あらゆる学校状況において生じる現象として多発するようになったのです。その間，不登校を子どもの失調とみなす立場だけでなく，教育問題，すなわち学校の病理とみなす理解も現われました（たとえば奥地, 1989, 2005; 渡辺, 1983, 1996; なだ, 1993など）。さらに，こうした子どもへの理解は，実際に相談に来ることができている人のもので，ずっと家にひきこもり「自らは動けない」子どもには違う理解，対応が必要ではないかという考えも出てきました。分類は混沌とし，議論は多様化していきました。近年はスクールカウンセラー制度の発展にともない，待つ援助だけでなく，訪問面接という形の援助も盛んに行われるようになってきました（たとえば，長坂, 1997, 2005, 2006; 田嶌, 1998, 2001a, 2001b; 永野, 2005など）。後に述べるように，ひきこもりが注目される中，不登校へのアプローチも新たな展開を迎えつつあります。

2. ひきこもり

斎藤（1998）は，社会的ひきこもり（social withdrawal）を「20代後半までに問題化し，6ヶ月以上，自宅にひきこもって社会参加をしない状態が持続

しており，ほかの精神障害がその第一の原因とは考えにくいもの」と定義しました。ひきこもりも不登校同様，診断名ではなく，思春期・青年期における広義の不適応状態の一つを意味することばです。全国 673 ヶ所の保健所，精神保健福祉センターから回答を得た大がかりなひきこもりの実態調査では，ひきこもりの 40.7％に小中高での不登校経験があったと報告されました（倉本, 2002）。また，同様の調査で，ひきこもりのうち，高・短大・大学も含めると 61.4％に不登校経験があったと報告されています（伊藤ら, 2003）。以上のように，不登校とひきこもりの関連は高いと考えられ，文部科学省（2003）は，不登校問題について，卒業後のひきこもりも視野にいれた対応の必要性を指摘しました。

ところで，ひきこもりの原因やきっかけに注目しても，それ自体は誰にでも起こりうる出来事（たとえば，進路選択上の挫折，親との葛藤，友人との行き違い，いじめなど）ばかりであり，それを予防しようとすることは現実的には不可能といえます。そこで，斎藤（1998）は，いたずらに原因にこだわるのではなく，「長期化する過程」を重視し，「ひきこもりシステム」という概念を提唱しました（図 7-8）。

斎藤（1998, 2004）によると，「社会－家族－個人」という三つの独立したシステムの中で，個人のひきこもり状態は，それぞれの境界での葛藤と悪循環を引き起こすと考えられます。その結果，システム間の接点が失われてばらばらとなり，「ひきこもりシステム」にいたるというものです。そのため，接点の回復として相談機関とつながりやすい家族をまず支援し，「本人が安心してひきこもることができる環境」づくりから着手します。セラピストと協力して，家族による本人への対応が変わることで，本人と家族との信頼関係が回復します。そこから受診への誘い，訪問活動，治療関係の構築，デイケアや居場所などのグループ活動への導入や希望者への就労支援といった過程へと進みます。現在は公的な援助のもとで NPO 法人などの社会的な支援団体が活動しています。今後，官民一体となった良質の支援ネットワークがさらに必要と思われます。

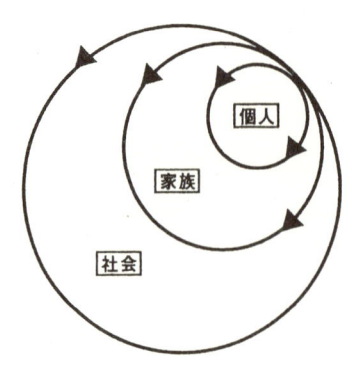

「健常」なシステム・モデル

円はシステムの境界であり，境界の接点においては，システムは交わっている。
つまり，3つのシステムは相互に接し合って連動しており，なおかつ，みずからの境界も保たれている。

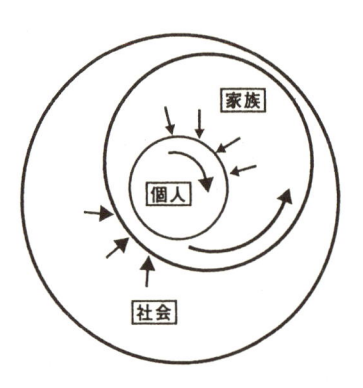

「ひきこもりシステム」

システムは相互に交わらず連動することもない。
システム間相互に力は働くが，力を加えられたシステムの内部で，力はストレスに変換されてしまいストレスは悪循環を助長する。

図7-8 ひきこもりシステム模式図（斎藤, 1998）

コラム7-6

ひきこもりへの注目とNEET問題

　不登校・ひきこもりの人のためのフリースペース，フリースクール活動は，1980年後半から行われていました。また学校に行かなくても不登校のフリースペース（適応指導教室やいくつかの民間機関）への通学を登校とみなす自治体も現れてきました。多くの子ども達がそこで自分の生き方を見つけていきましたが，一方，そこで仲間ができ，関係性の回復が進んだとしても次のステップに進むのに時間がかかる人たちもいました。修学期間を過ぎて，なお長く居場所に留まり続ける状態に関して，「自助グループ（フリースペース）へのひきこもり」という言葉も出始め，1990年代末には，この問題は一部の援助者によって指摘

そんななか，2000年になって，ひきこもりが社会問題として大きく注目されるようになりました。理由のひとつは，いくつかの不幸な事件（たとえば2000年2月に新潟県で起こった監禁事件，2000年5月佐賀のバスジャック事件など）の犯人が「ひきこもり」状態にあると報道されたためです。当時，実際に事件とひきこもりとの関連が明らかなわけではありませんでしたが，両者を関連づけるような表現をしている記事や報道もありました。一方，社会からひきこもるという状態ゆえにそれまで見過ごされがちであったひきこもりの実態について，注目が集まり，援助についての議論が盛んになりました。

ひきこもりへの注目のもうひとつの理由は，経済的な問題によるものでした。バブル崩壊後，日本経済は長く低迷期に入りました。大量のリストラや新規採用を控える企業が続出し，2004年に厚生労働省は，『労働経済白書』で「無業者52万人」という発表をし，社会的に大きな衝撃を与えました。さらに少子高齢化の問題も加わり，日本経済の将来についての不安が高まりました。そんななか，NEET（ニート）という言葉が注目を集めるようになりました。NEETとは英語の"Not in Education, Employment, or Training"の頭文字からきており，「無業者のうち求職活動をしていない者で，在学も通学もしておらず，かつ配偶者のいない者」（労働政策研究・研修機構, 2005）を指します。厚生労働省の発表以来，いっせいにNEETの報道が始まり，この言葉は瞬く間に普及していき，「ひきこもり」はNEETの一部として理解されるようになりました（石川, 2007）。一方，ひきこもりの当事者達は，自分達の高齢化，親の高齢化に伴う経済的な危機感を募らせ，ひきこもりの問題はNEETの問題（その最大の課題は就労）へと焦点が移っていきました。厚生労働省が2005年に開始した「若者自立塾」は，2007年7月の時点で30の民間団体が実施主体となっていますが，その中にはひきこもりの支援実績をもつ団体が複数含まれています。

ところで，就労や経済的問題を解決することは大事なことではありますが，問題を単純化してしまうことに対しては，支援団体自体からも問題視する声があります。たとえば二神（2005）は，NEETを単なる「労働意欲のない甘えた若者」と片づけて問題を見落としてはいけないと述べ，父親世代の物欲や金銭欲を中心とした働き方や生き方に対する「ひとつの答えとして，彼らニートが生まれてきた」と考え，新しい生き方，働き方への社会の発想転換が必要だと主張しています。また，石川（2007）は，「ひきこもり」のゴールを，「就労」や「対人関係の回復」に求めることは，ひきこもり当事者に「自分とは誰か？」「何をすべきか？」という実存的な問いを深める機会を奪うことになること，また，一般的なゴールのイメージ自体がひきこもり当事者を追い詰め悪循環に陥らせる危険性について述べています。

3. 大学生の留年，休学，退学問題

　留年とは，単位不足のため進級や卒業を延期して原級に留まることを意味します。大学生の留年についての全国的な調査が毎年行われています。内田（2008）は，「大学における休・退学，留年学生に関する調査第28報」で，全国の国立大学83校中74校，およそ39万人を調査対象とした大規模な調査の報告をしています。その結果によると，全体的には5.8％の国立大学学生が留年しています（図7-9）。

　留年率は，男子が7.34％，女子が3.06％であり，女子が少ないことが図7-9より読み取れます。平均すると男子は14人に1人は留年している計算になります。同年の調査では，留年率だけでなく，休学率，退学率も含めてすべて女子の方が男子よりも少ないという結果が出ています。なぜ女子の方が修学におい

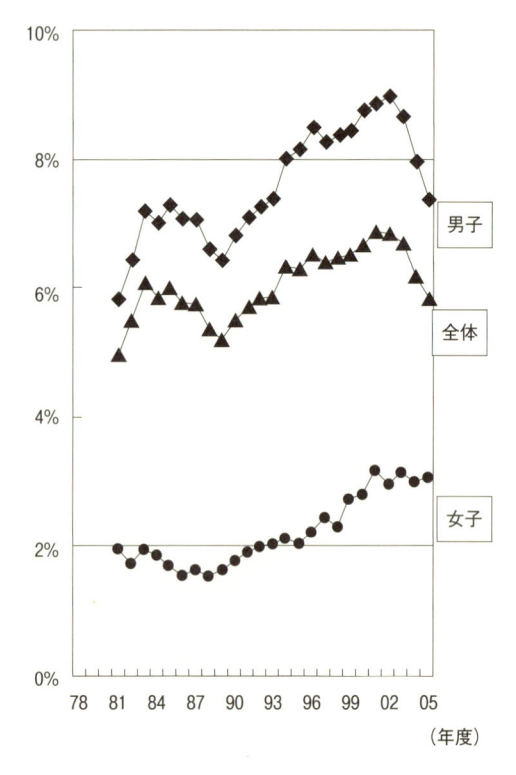

図7-9　大学生の留年率の推移（内田，2008）

て勤勉で無事に進学・卒業していくのでしょうか？ 内田（2003）は，女子と男子の進学率を比較し，「女性の進学率が依然として低くそれだけ選ばれた人が大学生になっていること，女性は就職において不利なため（略）努力していること，また，男性の方が勝負に敏感であるからこそ，勝てる自信がないと勝負を降りてひきこもり，スチューデント・アパシーにもなりやすい」という考察をしています。先の伊藤ら（2003）の研究でも，ひきこもりの男女比は，男性76.9％，女性23.1％と，男性が女性の3倍以上と報告されています。不登校は第一子に多いという報告もあり，社会的なプレッシャーが関係していると思われます。

学校によってずいぶん差があるのが特徴で，大学によっては，7人に1人の割合で留年している大学もありますが，一方で留年も退学もほぼ0％という大学もあります。

ところで，留年の理由については調査されていません。しかし，休学・退学の理由については調査されています。退学理由としては，昔から一貫して消極的理由が1位を占めていました。「消極的理由の多くがいわゆるスチューデント・アパシー状態であり，休・退学学生の中に，ひきこもりは多いといえる」と内田（2003）は報告しています。また，大学の大衆化や偏差値中心の進路指導にともない，不本意入学者の割合が増えました。そのため，進路変更希望による退学者は留学や公務員試験ならびに司法試験の勉強という積極的理由も含めて47％になります。

コラム7-7

スチューデント・アパシーと退却神経症

アメリカのウォルターズ（Walters, 1961）は，学業への意欲を失い，焦りや不安よりも無気力，無関心，怠惰などの印象を与える一群の学生がおり，彼らが示す情緒的ひきこもりや競争心の欠如，社会的参加の欠如，社会的活動の停止，空虚感などが，従来の神経症的抑うつ反応とも，精神病質とも異なるとして，アパシーという新たなカテゴリーを提唱しました。

笠原（1978）は，大学の学生相談の経験をもとに，大学生の長期留年者にしばしば見られるこの神経症性アパシーを「退却神経症」と名づけ，詳細な検討を行っています。その主な特徴をまとめると次のようになります。①無気力，無関

心，無快楽を主症状とし，主観的な苦痛が感じられにくいため自ら積極的に助けを求めない。②学生なら学業，サラリーマンなら仕事などの本業からの退却（本業への無気力）。ただし，この退却・無気力は部分的なもので，それ以外のアルバイトや趣味などには意外に熱心に取り組む。③無理矢理本業場面に参加させると耐え難い神経症的な不安を感じる。④ただし本業から退却さえしていればこの不安からは完全に開放されており，そういう時の彼（一般に男性が多い）に会うと，とてもノイローゼには見えず，本人もケロリとしている。この無関心は本業に関することに限られる（選択的無関心）。⑤心から楽しいという感情を感じにくくなる（無快楽，快体験の希薄化）。これらの特徴には，人格の軽い分割（splitting）が働いているのではないかと，笠原は考察しています。性格の特徴としては，①几帳面で強迫的であり，「黒か白」「全か無か」的な思考をしがち，②拒否されることへの過敏さと内向性をもち，特に優勝劣敗に対して過敏であり，あらかじめ劣敗が予想される事態（たとえば試験）への関与を避ける，③敏感そうに見えて意外に人のことを意に介さない自己愛傾向，④アイデンティティの混乱，等があげられています。

　これらアパシー青年，退却神経症とよばれる若者へのアプローチの最大の困難は，彼らが少なくとも外見上は積極的に困っておらず，相談場面に現れないことでした。そのため，彼らへの相談活動は，友人や教育に熱心な教職員，心配した保護者から始まることもまれではありません。勧められると相談に来る人もしばしばいるのですが，回復には一般に時間がかかります。

4. 不登校・ひきこもり，留年にどうつきあうか？

　では，私たちの友人や私たち自身に不登校や留年が起きた場合，私たちはどうしたらよいのでしょうか？

(1) 不登校・ひきこもりとのつきあい方

　田嶌（2005）は，不登校・ひきこもりの段階を表7-5のような状態像の移行として考えました。また，増井（2002）は，不登校児の回復の過程を表7-6のように考えました。

　表7-5，表7-6は，どちらも不登校・ひきこもりの本人の心が，どのくらい自由さを取り戻しているかの段階を表わしています。表7-5では，本人の中に，周囲から脅かされない安心感が増えるにつれ，閉じこもっていた自分の内側から自室の中でなら自由に動けるようになり，次第に自室から自宅の中へ行動が拡大し，さらに自宅外，学校へと自由に動ける範囲が広がっていく様子が記述されています。

表7-5　不登校・ひきこもり状態評定表（田嶌, 2005）

1. いつも自室で過ごす
2. 家族とほとんど顔を合わせない
3. ほとんど自宅で過ごす（食事などの時だけ自室から出る）
4. ほとんど自宅で過ごす（しばしば自室から出ている）
5. 学校以外の場所に時々外出する
6. 学校以外の場所にしばしば外出する
7. 時々登校するが，教室に入れない
8. 時々登校するが，教室に入る
9. 時々休むが，ほとんど登校

表7-6　不登校児の回復の過程の概要（増井, 2002 より筆者が作成）

1. 「心の逃げ場のない閉じこもり」から，徐々に「静かな閉じこもり」へ
2. 「静かな閉じこもり」から，徐々に「豊かな閉じこもり」へ
3. 少しずつ学校の話をしたり，友人や先生が来るのを喜ぶようになる
4. 自己決定めいた動きが出てくる～ある条件下で登校を始める
5. より着実なマイペース感覚の実践
6. より自己感覚が明確になり，周りに左右されることが少なくなる
7. 徐々に踏ん張りがきいたり，力の抜き入れが身についてくる

　田嶌（2005）は，「段階1～4の状態の不登校児が，いきなり登校できるのはまれであり（略），登校に誘うのは段階5, 6以上になってから」と述べています。また，かかわり方として，

① 登校や社会的自立というような本人に受け入れがたいものを目標とするのではなく，「元気になること」を目標とする
② 不毛な原因論にあまり立ち入らない
③ 「何とかなるもの」という希望を送り続ける（ただし非現実的な期待を膨らませすぎないように配慮する）
④ 逃げ場を作りつつかかわり続ける
⑤ 現状をポジティブに見る（不登校・ひきこもりの肯定的な面にも注目する）
⑥ 元気になることは遊べるようになることと考え，休み上手，遊び上手になる
⑦ 本人だけでなく，かかわる人もひとりで抱え込まない

などを提案しています（田嶌, 2005）。

表7-6で増井（2002）は，ゆとりのない混乱した「心の逃げ場のない閉じこもり」から，混乱が収まった「静かな閉じこもり」，さらに自分自身のことを少しずつ考えたり，外界に対して興味・関心をもてるようになる「豊かな閉じこもり」への変化を表現しています。増井（2002）は，「人は生まれてきた限り，最終的には自分の魂は自分でしか生きられない」が，不登校児は，「外的に適応」するために「自分を殺して」それまで良い子として生きてきた場合が多いことを指摘しています。そして，不登校という一見問題に見える行動は，より本来的な『私』に戻り，『私』を確立しようとする営みであるととらえました。本来の『私』の確立は，外的適応を一時犠牲にして，内的な適応（本来の自己の回復）を行う必要があり，そのための意味ある閉じこもりが不登校であると考えられます。

(2) 留年とのつきあい方

古橋（1988）は，「留年しそうになったとき，どのようなことをしましたか？」という質問紙調査を，留年生に2年間にわたって行いました。その結果，大部分（90％前後）の学生が担当教員はおろか親しい友人にも相談しておらず，まったく何もしなかった者が70％近くを占めていました。しかし，留年率は大学によって大きな差があるので，環境要因も大きいと考えるのが自然でしょう。中島（1987）は，「人間関係が大量留年を防ぐ要である」と述べ，学生数が少ない学科ほど留年率が低いこと，少人数のゼミが始まる学年からの学生の留年率が極端に小さくなることなどを，その理由としてあげています。

留年を防ぐことは難しいかもしれません。しかし，「"留年した結果"とどうつきあうか」「今後どうしていけばよいのか」ということに関しての知恵はあります。「留年したら，就職にすごく不利になる」「もうダメだ」「1年留年すると生涯生活所得が1千万違う」などの情報を信じている学生もあります。一部はそういう面もあるかもしれませんが，彼らは実際以上にもう取り返しがつかないものと思い込んでいる場合がしばしばあります。ひとりで考えていると，どんどん悪い方に考えてしまいがちです。したがって，まずは人に相談する必要があります。できれば早めがよいでしょうし，専門のカウンセラー（多くの大学に学生相談室があります）に相談するとなおよいと思われます。本人が行かない・行けない場合は，友人や家族が相談することもできます。本人や家族

が孤立しない方がよいのは，ひきこもりシステムのところですでに述べました。周囲の理解が本人の適応をしばしば助けます。

コラム 7-8

不登校・ひきこもりの事例

　Ａ君は大学3年生。2年生から少しずつ休むようになり，3回生はほとんど大学に来ておらず，心配したゼミの先生が学生相談室のカウンセラーであった筆者を紹介し，言われるままにやってきました。事前に話を聞いていた筆者は，どういう学生が来るのだろうかと思っていましたが，やって来たのは今風の割とおしゃれで感じのよい学生でした。話しかけると愛想よく答えてくれます。しかし，どこか生き生きした実感の乏しい感じの話し方が少しだけ気になりました。話を聞いていくと，中学や高校でも時々休んでおり，その理由は「自分でもよくわからない」と言います。友達は多く，どの友達とも仲がよく，話を聞いていると誰からも嫌われていない様子が伝わってきます。なにしろ感じがよいのです。（この学生がどうして大学に来れないのだろうか？）ゼミの先生が同じことを言っていたのをふと筆者は思い出しました。

　そのＡ君が面接の中で，一箇所だけ力を入れて語っていたことがありました。当時弱小だった地元のＪリーグのＧというチームの話をする時だけ，「あのままではよくない！ＧのＦ監督は采配を間違っている！Ｂ（選手の名前）をもっとボランチで使って，Ｃ（別の選手）は攻撃的ＭＦ（のポジション）にするともっと勝てるのに！」と生き生きと語ったのです。Ａ君の語り口の変化が新鮮で，この話題はＡ君の気持ちの何かを表現しているように感じられ，サッカーのことなど素人に毛の生えた程度の知識だった筆者でしたが，興味をもってその話を聞きました。時間になり，「こういう風に話をするのはどう？」とたずねると，何が気に入ったのか，「また来ます。何だか話してスッキリしました」と言い，以後，相談（というか，その大半はサッカーの話）をしに，Ａ君はしばしば筆者のいる相談室を訪ねて来るようになりました。

　面接の大半の時間を，Ａ君はＧチームへの苦言，監督への批判，選手への弱点強化の指摘を，試合の状況，これまでの成績などを縦横に盛り込みながら語りました。一方，Ａ君は話の合間に，自分には本当の友人がいない気がすること，仲がよい友達関係の陰で相手を不快にさせないために心を砕いており，家に帰った時にはくたくたに神経が消耗している時があることなどを，ぽつりぽつりと語るようになりました。次第に筆者には，「誰からも嫌われない」ということの不自然さと，皆に嫌われない（つまりは良くも悪くも特別の存在ではない）Ａ君のさみしさ，むなしさのようなものが伝わってくる気がしました。同時に，Ａ君にとっては，Ｇチームの弱さを批判し強くすることに，自分自身を強くしていくことを重ねている様子を感じました。特にＦ監督を「誰でもできるありふれた

採配」と強く批判し，他の人とは違う斬新な采配案を繰り返し語っており，それはA君の「自分独自のアイデアや行動を試してみたい！批判を恐れずに」という意欲を伝えてきている気がしました。

　面接が進むにつれて，A君の話は初めの頃と変わり，随分と生き生きしてきました。批判の口調は鋭く，友人関係について話すときにはさみしさや喜びを語るようになりました。また，これは随分たってからですが，自分が3代続いた会社の社長の息子として養子として引き取られたこと，そのことを中学くらいから何となく気づいてしまい，自分自身の家族への信頼が一気にわからなくなってしまったこと，その分，友達が大切になり，気づくと友達との間でわがままできなくなってしまったこと，同じように家でもどこか緊張し，社長の息子としてそつなく間違いのないように生きないといけないと思い，自分自身の感覚よりも周囲の求めていることを知らず知らずに考えていたことなどを，長い時間をかけて語るようになりました。

　その間，授業に出席しようとはするものの安定した出席には結びつかず，単位は思うように取れず留年を繰り返しました。内的な作業をしている時に，周囲に合わせることはなかなか難しいことです。卒業も心配していましたが，筆者には，これはA君にはどうしても必要な作業に思えました。一方で，A君は，面接場面で時に冗談を言い，筆者に皮肉を言ったりするなど，関係の中で上手に敵意を出せるようにもなってきました。また，アルバイト（家業とはむしろ正反対のもの）を始め，自分のやりたいことを模索するようになりました。Jリーグについての話ではなく現実生活での成長の話がしばしばなされるようになり，予定よりも2年遅れて，A君は無事卒業になりました。家業を継ぐかどうかについては，「前より覚悟はついてきました。でも，正直まだ迷っています。今はそれでいいんですよね？」と笑えるようになっていました。その笑顔には，初めて相談に来たときの感じの良さを残しつつも，自然な逞しさを感じました。

5. まとめ

　不登校・ひきこもりや留年には，社会的に不利になる面もあります。しかし，それらがきっかけとなり，主体性の回復や本来の自分の回復，自分らしい生き方への模索や新たな試みにつながる可能性にもなります。哲学者の吉本隆明（2002）は，「世の中の職業の大部分は，ひきこもって仕事をするものや，一度はひきこもって技術や知識を身につけないと一人前になれない種類のものです」と，その著書の中で述べています。ひきこもることは創造的行為のためにも必要な面があり，そこで本来の自分との対話を行う大切な契機にもなります。

　しかし，つまずいたと思った時点で本人だけでなく家族も一種の悪循環に陥り，自分自身との対話を避け，かえってひきもりが長期化し，非常に強い苦し

みを抱える場合がしばしばあります。その道のりは周囲が考えるより平坦なものではありません。複数のひきこもり当事者のコミュニティに参加し，多くの当事者にインタビューを行った石川（2007）は，「何をどうしてでも〈社会参加〉できないというこの"動けなさ"は，どんなに苦しみながらでも〈社会参加〉できている人には，そうそう理解できるものではないように思える」と自戒を込めて述べています。安易な共感は慎むべきでしょう。

> **ワークショップ 7-10**
> **ニートやひきこもりへの理解**
>   ニートやひきこもりに対する世の中の議論を調べ，そのさまざまな立場を整理して自分の考えをまとめよう。

〈要約〉
　不登校・ひきこもりは，誰にでも起こりうる問題です。また，大学生の留年も全国規模では20人に1人の割合で生じています。自分らしく生きていくための契機にすることもできますが，そのためには悪循環に陥らぬよう，周囲の協力や場合によっては専門のカウンセラーに相談しつつ，自分自身と向き合う時間をつくる必要があります。

〈キーワード〉
　不登校，分離不安（型不登校），思春期内閉症，退却神経症，スチューデント・アパシー，ひきこもり，NEET

───〈知識チェック〉───
・「不登校はどの子にも起こりうること」と言われるのは何故ですか？　簡単に説明しなさい。
・斉藤環の「ひきこもりシステム」について説明しなさい。
・NEETの正式名称とその定義を書きなさい。

- 大学生の留年が男性に多い理由について述べなさい。
- 不登校・ひきこもりの回復の目安について述べなさい。
- 留年を防ぐためには何が必要か？

〈レポート・討論課題〉

① あなたが，今より"豊かなひきこもり"を行うためには，どうしたらよいと思いますか？

〈ブックガイド〉

石川良子　2007　ひきこもりの〈ゴール〉―「就労」でもなく「対人関係」でもなく―　青弓社
増井武士　2002　不登校児から見た世界―共に歩む人のために―　有斐閣
吉本隆明　2002　ひきこもれ―ひとりの時間をもつということ―　大和書房

【引用文献】

古橋啓介　1988　留年学生の意識と学業成績　大学と学生，**269**，7-12．
二神能基　2005　希望のニート―現場からのメッセージ―　東洋経済
玄田有史・曲沼美恵　2004　ニート―フリーターでもなく失業者でもなく―　幻冬社
平井信義　1978　登校拒否児―学校ぎらいの理解と教育　新曜社
石川良子　2007　ひきこもりの〈ゴール〉―「就労」でもなく「対人関係」でもなく―　青弓社
伊藤順一郎・吉田光爾・小林清香・野口博文・堀内健太郎・田村理奈・金井麻子　2003　「社会的ひきこもり」に関する相談・援助状況実態調査報告（ガイドライン公開版）　こころの健康科学研究事業　地域精神保健活動における介入のあり方に関する研究
　　http://www.mhlw.go.jp/topics/2003/07/dl/tp0728-1a.doc（2008年7月18日取得）
Johnson, A. M., Falstein, E. I., Szurek, S. A., & Svendsen, M.　1941　School phobia. *American Journal of Orthopsychiatry*, **11**, 711-720.
笠原　嘉　1978　返却神経症という新しいカテゴリーの提唱　中井久夫・山中康裕（編）思春期の精神病理と治療　岩崎学術出版社
河原省吾　2004　不登校（登校拒否）　氏原　寛・成田善弘・東山紘久・亀口憲治・山中康裕（編）　心理臨床大事典　改訂版　培風館　pp.948-949．
小泉英二　1973　登校拒否―その心理と治療―　学事出版
小泉英二　1980　登校拒否　続―治療の再検討―　学事出版
倉本英彦　2002　ひきこもりの現状と展望―全国の保健所・精神保健福祉センターへの調査から―　斎藤　環（編）　こころのライブラリー（8）ひきこもる思春期　星和書店　pp.177-189．
増井武士　2002　不登校児から見た世界―共に歩む人のために―　有斐閣
文部科学省　2003　今後の不登校への対応の在り方について（報告）
　　http://www.mext.go.jp/b_menu/public/2003/03041134.htm（2008年6月30日取得）
文部科学省　2008　平成19年度学校基本調査
　　http://www.mext.go.jp/b_menu/toukei/001/index01.htm（2008年6月22日取得）

文部省初等中等教育局　1992　登校拒否（不登校）問題について—児童生徒の『心の居場所』づくりを目指して—　学校不適応対策調査研究協力者会議報告
森田洋司（編著）　2003　不登校—その後　不登校経験者が語る心理と行動の軌跡　教育開発研究所
なだいなだ　1993　登校拒否の背後の強迫通学　こころの科学, **51**, 88-91.
永野浩二　2005　不登校・ひきこもりの訪問カウンセリング—本人に会えない困難事例への関わり—　追手門学院大学地域支援心理研究センター附属心のクリニック紀要, **2**, 9-19.
長坂正文　1997　登校拒否への訪問面接—死と再生のテーマを生きた少女—　心理臨床学研究, **15**(3), 237-248.
長坂正文　2005　不登校生徒への訪問面接　臨床心理学, **5**(1), 34-38.
長坂正文　2006　不登校への訪問面接の構造に関する検討　心理臨床学研究, **23**(6), 660-670.
中島潤子　1987　留年生の実態とその対策　大学と学生, **256**, 19-26.
奥地圭子　1989　登校拒否は病気じゃない—私の体験的登校拒否論—　教育史料出版会
奥地圭子　2005　不登校という生き方—教育の多様化と子どもの権利—　日本放送出版協会
労働政策研究・研修機構　2005　若者就業支援の現状と課題—イギリスにおける支援の展開と日本の若者の実態分析から—　労働政策研究報告書, 35
http://www.jil.go.jp/institute/reports/2005/documents/035.pdf（2008年7月5日取得）
斎藤　環　1998　社会的ひきこもり—終わらない思春期—　PHP研究所
斎藤　環　2004　ひきこもり　氏原　寛・成田善弘・東山紘久・亀口憲治・山中康裕（編）　心理臨床大事典　改訂版　培風館　pp.943-945.
田嶌誠一　1998　カウンセラーと教師による家庭訪問の実際—不登校・引きこもりの場合—　生活指導とスクールカウンセリング（平成8・9年度スクールカウンセラー活用調査研究報告書）
田嶌誠一　2001a　不登校・引きこもり生徒への家庭訪問の実際と留意点　臨床心理学, **1**(2), 202-214.
田嶌誠一　2001b　相談意欲のない不登校・ひきこもりとの「つきあい方」　臨床心理学, **1**(3), 333-344.
田嶌誠一　2005　不登校の心理臨床の基本的視点　臨床心理学, **5**(1), 3-14.
滝川一廣　2005　不登校理解の基礎　臨床心理学, **5**(1), 15-21.
内田千代子　2003　大学における休・退学，留年学生について〜調査をもとに〜　大学と学生, **460**, 25-33.
内田千代子　2008　大学における休・退学，留年学生に関する調査　第28報　平成19年度学生支援合同フォーラム第29回全国大学メンタルヘルス研究会報告書
若者自立塾ポータルサイト　若者自立支援センター
http://www.jiritsu-juku.jp/modules/xoopsfaq/（2008年9月5日取得）
Walters, P. A. Jr.　1961　Student apathy. In G. B. Jr. Blaine & C. C. Marthur (Eds.), *Emotional problems of the student*. Appelton-Century-Cofts.（笠原　嘉訳　1975　学生のアパシー　石井完一郎・藤井　虔・岨中　達監訳　学生の情緒問題　文光堂）
渡辺　位　1983　登校拒否—学校に行かないで生きる—　太郎次郎社
渡辺　位　1996　子どもはなぜ学校に行くのか—子育ては「個育ち」—　教育史料出版会
山中康裕　1978　思春期内閉　Juvenile Seclusion—治療実践よりみた内閉神経症（いわゆる学校恐怖症）の精神病理—　中井久夫・山中康裕（編）思春期の精神病理と治療　岩崎学術出版社　pp.17-62.

8

卒業後の進路を考えよう

　皆さん，これまでの大学生活は充実していましたか。大学に入学する前に抱いていた期待は，少しずつ達成されてきたでしょうか。この章では，皆さんがどのような夢や希望をもって大学に入学してきたのかをふりかえり，これからの大学生活をどのように過ごしたいと考えているのか，大学を卒業した後，自立した社会人として，どのように働き，どのような人生を送るのかといったことをイメージしながら，有意義な大学生活を送ることができるようになることを目指します。この章での学びや気づきは，皆さんの夢や希望を実現するための大きな力になるはずです。

第1節　キャリアとキャリアデザインについて考える

【学習目標】
・自分の進路意識について考えよう。
・キャリアの意味について理解しよう。
・キャリア形成に必要な力とは何かについて学ぼう。

1. 大学生の進路意識

　卒業後の進路について考える前に，自分がこれからの人生や生き方，将来の職業や仕事についてどのような意識をもっているのかについて点検してみることからスタートしましょう。まず，ワークショップ8-1をやってください。

ワークショップ8-1

進路意識を点検しよう

問1, 問2の項目が自分にあてはまるかどうかを考えて,「5. 非常によくあてはまる」から「1. ほとんどあてはまらない」のうちから一つを選んでください。

	非常によくあてはまる	かなりあてはまる	ややあてはまる	あまりあてはまらない	ほとんどあてはまらない

問1

1. 私は, 生きがいのある生活を送りたいと思う …………… 5 4 3 2 1
2. 私は, 自分が本当に満足できる仕事につきたいと思う…… 5 4 3 2 1
3. 私は, 人間的に成長したいと思う ……………………… 5 4 3 2 1
4. 私は, 自分の人生をもっとすばらしいものにしたいと思う 5 4 3 2 1
5. 私は, 自分の得意なことをもっと伸ばしたいと思う …… 5 4 3 2 1

問2

6. 私は, 自分が本当にやってみたい仕事が何なのか, よくわかっている ……………………………………………… 5 4 3 2 1
7. 私は, 自分に合った生き方を見つけている …………… 5 4 3 2 1
8. 私は, 自分の将来の仕事や職業を決めることに, 不安を感じていない ………………………………………………… 5 4 3 2 1
9. 私は, 将来つきたいと思っている仕事の内容をよく理解している ……………………………………………………… 5 4 3 2 1
10. 私は, 将来の計画をしっかりと立てている …………… 5 4 3 2 1
11. 私は, 希望する職業につくために, 特別な勉強や準備をしている ……………………………………………………… 5 4 3 2 1

(財) 日本進路指導協会 (1996)「進路成熟尺度」より一部引用。

さて, 大学生はどのような進路意識をもっているでしょうか。表8-1は, 大学1年生を対象にした調査の結果です。問1の自己実現志向をたずねる5項目はいずれも肯定的な方向での回答が多いのに対して, 問2の進路計画・決定を

表8-1 大学生の進路意識（三川, 2008）

項目内容	項目選択率				
	5 非常によくあてはまる	4 かなりあてはまる	3 ややあてはまる	2 あまりあてはまらない	1 ほとんどあてはまらない
問1　自己実現志向					
1　私は，生きがいのある生活を送りたいと思う	66.8	22.1	9.1	1.0	1.0
2　私は，自分が本当に満足できる仕事につきたいと思う	58.4	26.9	11.2	3.3	0.3
3　私は，人間的に成長したいと思う	58.4	31.7	8.9	0.3	0.8
4　私は，自分の人生をもっとすばらしいものにしたいと思う	56.6	24.6	16.2	2.3	0.3
5　私は，自分の得意なことをもっと伸ばしたいと思う	47.7	31.7	17.3	3.0	0.3
問2　進路計画・決定					
6　私は，自分が本当にやってみたい仕事が何なのか，よくわかっている	8.6	16.0	26.4	34.5	14.5
7　私は，自分に合った生き方を見つけている	8.6	9.6	33.5	34.3	14.0
8　私は，自分の将来の仕事や職業を決めることに，不安を感じていない	4.8	8.9	17.5	36.0	32.7
9　私は，将来つきたいと思っている仕事の内容をよく理解している	3.8	10.9	33.2	36.0	16.0
10　私は，将来の計画をしっかりと立てている	3.6	9.9	29.7	38.8	18.0
11　私は，希望する職業につくために，特別な勉強や準備をしている	3.3	7.6	23.6	39.1	26.4

2005～2007年　大学1年生の「進路成熟尺度」の各項目の選択率（394名）

たずねる6項目はいずれも否定的な方向での回答が多くみられました。

　つまり，大学1年生の多くは，将来の目標として，生きがいや仕事での満足，人間的成長などのような自己実現を志向する一方で，自分の就きたい仕事の内容や自分に合った生き方についてはまだ明確でなく，将来の進路の計画もはっきりとしていないことがわかります。このようなギャップが，将来の進路につ

いての不安を生み出したり，進路の探求や選択における迷いにつながっているのかもしれません。

2. キャリアとは何か

キャリア（career）とは何でしょうか。キャリアという言葉からは，すぐに仕事や職業が連想されますが，キャリアには仕事や職業のほか，さまざまな役割や活動が含まれます。また，キャリアを「進路」あるいは「経歴」と訳すこともあったようですが，「進路」というと未来のこと，「経歴」というと過去のことを指しているようにイメージしてしまいがちです。しかし，キャリアには，過去も現在も未来も含まれています。もっともわかりやすい一言で表現すれば，キャリアとは「人生」あるいは「生き方」のことです。

3. キャリアデザインとキャリア形成に必要な力

キャリアが「人生」あるいは「生き方」のことであるとすれば，キャリアデザインとは，自分自身の将来の人生を積極的に設計し，その夢や希望を実現するための方法を探索しながら，そのために必要な知恵と力を身につけることだと考えることができます。

大学生の皆さんは，まず「大学生活をどのように過ごすのか？」「大学を卒業してどのような人生を送るのか？」「これからの人生で，どのようなことを学び，どのような仕事を選択し，どのような趣味をもち，どのような家庭生活を送りたいのか？」などという問いを自分に投げかけながら，自分の将来のキャリアをイメージしてみることです。そして，自分の将来のキャリアを実現するために，今・ここで，何をどうすればよいかを考え，基本的な知識とスキルを少しずつ身につけていくことを心がけるのです。

では，自分の将来のキャリアを形成していくために必要な力とは何でしょうか。この点については，2005年9月に提唱された「若者の人間力を高めるための国民会議」の国民宣言に，「社会の中で人と交流，協力し，自立した一人の人間として力強く生きるための総合的な力である人間力」という表現があります。また，2006年2月には経済産業省が「社会人基礎力」という指標を提唱し，「基礎学力」「専門知識」とともに，「組織や地域社会の中で多様な人びととともに

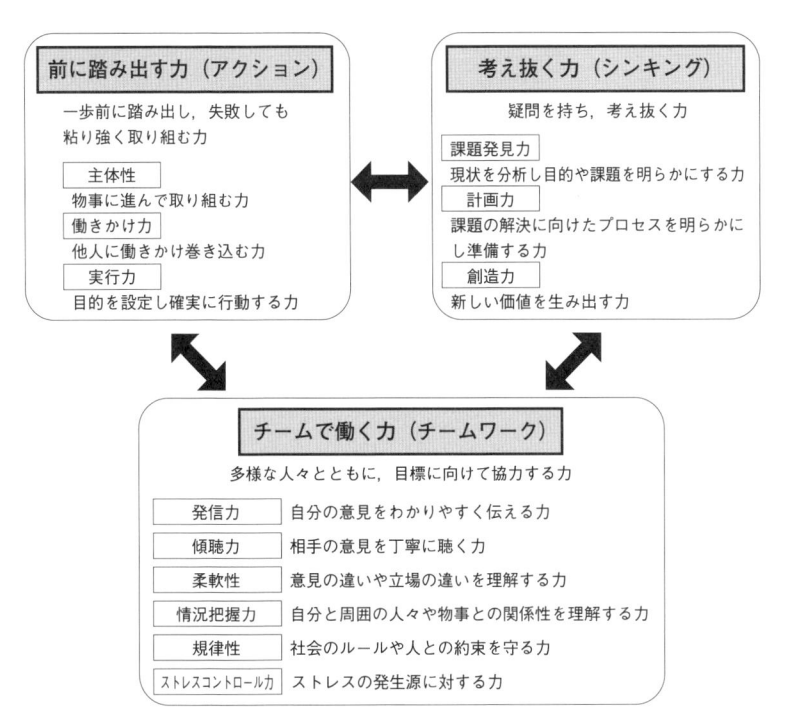

第1節 キャリアとキャリアデザインについて考える

前に踏み出す力（アクション）
一歩前に踏み出し，失敗しても粘り強く取り組む力
- 主体性：物事に進んで取り組む力
- 働きかけ力：他人に働きかけ巻き込む力
- 実行力：目的を設定し確実に行動する力

考え抜く力（シンキング）
疑問を持ち，考え抜く力
- 課題発見力：現状を分析し目的や課題を明らかにする力
- 計画力：課題の解決に向けたプロセスを明らかにし準備する力
- 創造力：新しい価値を生み出す力

チームで働く力（チームワーク）
多様な人々とともに，目標に向けて協力する力
- 発信力：自分の意見をわかりやすく伝える力
- 傾聴力：相手の意見を丁寧に聴く力
- 柔軟性：意見の違いや立場の違いを理解する力
- 情況把握力：自分と周囲の人々や物事との関係性を理解する力
- 規律性：社会のルールや人との約束を守る力
- ストレスコントロール力：ストレスの発生源に対する力

図 8-1　社会人基礎力の内容（3 能力／12 要素）（経済産業省，2006）

表 8-2　キャリアを形成していくために必要な意欲・態度・能力（4 領域・8 能力）（文部科学省，2004）

---
(1) 人間関係形成能力／自他の理解能力　コミュニケーション能力
　他者の個性を尊重し，自己の個性を発揮しながら，様々な人々とコミュニケーションを図り，協力・共同してものごとに取り組む。
(2) 情報活用能力／情報収集・探索能力　職業理解能力
　学ぶこと・働くことの意義や役割及びその多様性を理解し，幅広く情報を活用して，自己の進路や生き方の選択に生かす。
(3) 将来設計能力／役割把握・認識能力　計画実行能力
　夢や希望を持って将来の生き方や生活を考え，社会の現実を踏まえながら，前向きに自己の将来を設計する。
(4) 意思決定能力／選択能力　課題解決能力
　自らの意思と責任でよりよい選択・決定を行なうとともに，その過程での課題や葛藤に積極的に取り組み克服する。

に仕事を行っていくうえで必要な基礎的な能力」として，図 8-1 に示したように，「前に踏み出す力」「考え抜く力」「チームで働く力」の 3 能力 12 要素をあ

げています。

一方，小・中・高等学校で推進されているキャリア教育は，「それぞれにふさわしいキャリアを形成していくために必要な意欲・態度や能力」として，「人間関係形成能力」「情報活用能力」「将来設計能力」「意思決定能力」の4領域・8能力にまとめて提案しています（表8-2）。

4. 生涯にわたるキャリア―発達段階と発達課題，役割と価値

キャリアには仕事や職業のほか，さまざまな勉強や学習，趣味やレジャー，ボランティアなどの社会的活動，家庭や家族とのかかわりが含まれ，これらが生涯にわたって相互に関係しながら変化していきます。すなわち，キャリアとは生涯発達において変化するさまざまな役割の統合とその連鎖であり，スーパー（Super, D. E.）はこれをライフキャリア・レインボウというモデルで示しています（図8-2）。

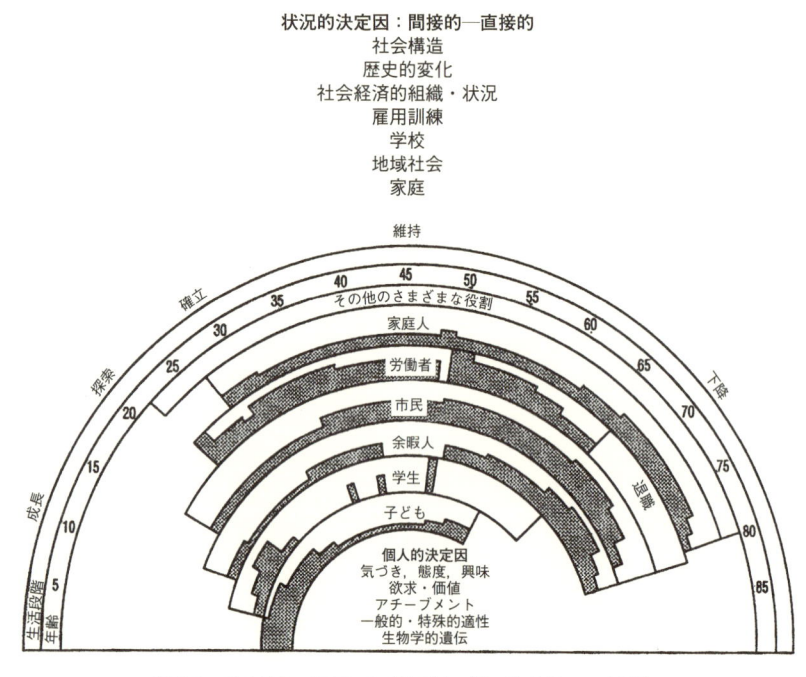

図8-2 ライフキャリア・レインボウ（Nevill & Super, 1986）

ワークショップ 8-2

人生の役割を考える

あなたは次の五つの役割活動にどの程度の時間をかけていますか？ 次の〈五つの活動の具体例〉を参考にして，五つの役割活動にかける時間をそれぞれ点数で表し，合計が 100 になるようにしましょう。

学習	
仕事	
社会的活動	
家庭や家族	
趣味やレジャー	
合計	100

〈五つの役割活動の具体例〉

1　「学習」　　　　講義・講習を受けること／学校に行くこと／授業の予習・復習／図書館や自宅での学習／独学で勉強すること
2　「仕事」　　　　給料をもらうために働くこと／利益をあげるために働くこと／役職や自分自身のために働くこと
3　「社会的活動」　ボーイスカウトやガールスカウト／ボランティア活動／社会福祉団体／町内会／政党／労働組合／地域社会団体での活動
4　「家庭や家族」　家の手伝いをすること／自宅や部屋の掃除／食事のあとかたづけ／買物をすること／子どもや親の世話をすること
5　「趣味やレジャー」スポーツをすること／テレビを見ること／趣味を楽しむこと／映画や演劇，コンサートに行くこと／読書／のんびりくつろぐこと／家族や友達と一緒に過ごすこと

スーパーは，キャリアを大きく二つの視点でとらえました。その一つが発達段階で，人生を五つの段階に分け，それぞれの段階には特有の発達課題があり，人はその発達課題に取り組むことを通じて成長していくと考えています。まず，成長段階（0～15歳）では，自分がどういう人間であるかということを知るとともに，職業的世界に対する積極的な態度を養い，働くことについての意味を深めます。次の探索段階（16～25歳）では，職業についての希望を形作り，その実践を通じて，現在の職業が自分の生涯にわたるものになるかどうかを考えます。さらに，確立段階（26～45歳）では，職業への方向づけを確定し，その職業での自己確立を図ることが課題となります。維持段階（46～65歳）では，達成した地位やその有利性を保持することに取り組みますが，下降段階（60歳

以降）では，諸活動の減退，退職，第二の人生を楽しむことに興味や関心が注がれるようになるというものです。

もう一つは，ワークショップ 8-2 で考えていただいた人生における役割です。人はさまざまな役割を担い，その役割に固有の活動を行いながら生きています。親との関係では「子ども」，何かを学ぶという「学習者」としての役割，仕事に従事する「労働者」としての役割，家庭における家族とのかかわり，趣味やレジャーを楽しむことなどに，限られた時間やエネルギーを配分し，うまくバランスをとりながら，自分らしいキャリアを形成しているのです。

また，スーパーは，人は自分にとって重要な価値をさまざまな役割において実現しようとしていると考えました。そして，人が重要であると考える価値を 20 のカテゴリーに整理しています。そのうちの 16 のカテゴリーを抽出したのがワークショップ 8-3 です。このワークショップに回答して，自分の重視する価値について考えてみてください。

ワークショップ 8-3

自分の人生で重要な価値を考える

次のことは，あなたのこれからの人生でどのくらい重要なことだと思いますか？「3. とても重要」「2. 重要」「1. やや重要」「0. 重要でない」の数字で答えてください。

		【回答】【回答】		【合計】	【カテゴリー】	【順位】
1	自分の能力を活かす	→（ ）（ ）←	自分の持つ知識や技術を活用する	（ ）	活力の活用	（ ）
2	自分の目標を達成する	→（ ）（ ）←	価値のあることをなしとげる	（ ）	達成	（ ）
3	自分に責任をもつ	→（ ）（ ）←	自分のことは自分でする	（ ）	責任法	（ ）
4	困っている人々を助ける	→（ ）（ ）←	他の人々に親切にする	（ ）	他者援助	（ ）

5	社会のために貢献する →( )( )←	他の人々のために奉仕する	( )	社会的貢献	( )
6	他の人々から信頼される →( )( )←	他の人々を指導する立場に立つ	( )	権威	( )
7	自分の意見を主張する →( )( )←	自分の力で問題を解決する	( )	自律性	( )
8	新しい工夫や発見をする →( )( )←	新しいアイディアや方法を試してみる	( )	創造性	( )
9	はっきりとした人生の目標をもつ →( )( )←	自分なりの生き方を大切にする	( )	ライフ・スタイル	( )
10	自分の心を豊かにする →( )( )←	自分の満足できる人生を送る	( )	人間的成長	( )
11	運動やスポーツをする →( )( )←	体力の必要な活動をする	( )	身体的活動	( )
12	他の人々から認められる →( )( )←	重要な人物として認められる	( )	社会的評価	( )
13	冒険的なことをやってみる →( )( )←	時には危険を冒してみる	( )	危険性	( )
14	さまざまなことを経験してみる →( )( )←	変化のある暮らしをする	( )	多様性	( )
15	他の人々と一緒に活動する →( )( )←	人づきあいを大切にする	( )	人間関係	( )
16	安定した収入を得る →( )( )←	生活に十分な経済力をもつ	( )	経済的安定性	( )

結果の処理：

1) 二つの【回答】欄の合計点を求めて，【合計】欄に書きます。
2) 合計点を参考に，16の価値のカテゴリーについて，重要な順に1～16の順位をつけてみましょう。
3) 重視する価値を上位から三つ選びなさい。
4) 重視しない価値を下位から三つ選びなさい。

第2節　自分を理解する

【学習目標】
・職業選択とは何かを考えよう。
・自己理解の重要性に気づこう。

1. 職業選択は会社選び？

　ずいぶん前のことですが，就職活動を目前に控えたある男子学生から，「先生，僕はどんな仕事に向いているでしょうか？」とたずねられたことがあります。そこで，「まず，自分にどんなことができるか，どんなことに向いているか，どういうことに興味や関心があるか，これからの人生で何を大切にして生きていきたいかという線に沿って，自分の考えをまとめてみては？」とアドバイスをして，1週間後に相談を受ける約束をしました。1週間後に，その学生はこう言いました。「僕はとにかく自由な時間が欲しいので，自分の就きたい仕事の条件は，9時から始まっても5時にはきちんと終わって，土・日は完全に休みで，給料が15万円くらいあればいいです。この条件さえクリアーできれば，どんな仕事でもかまいません」
　この学生のように，仕事の選択の際に，就業時間や給与などの雇用条件を考えることは大切なのですが，職業選択というのは，企業選択や会社選びではないのです。自分に何ができるかという能力，何に向いているかという適性，興味や関心，これからの人生で何を大切にしたいかという価値を考えてみることは，もっと大切なことなのです。

2. 自己理解の内容

　自己理解は，キャリア形成の出発点であり，体格や健康などの身体的側面，能力や適性，性格，行動，興味・関心，重視する価値などの心理的側面，社会とのかかわりや対人関係などの社会的側面を自らが理解するほか，キャリア教育や就職相談にかかわっているキャリア支援の担当者から適切なフィードバックを受けることによって，自己理解をさらに深めることができます。

表 8-3　VPI 職業興味検査の構成（労働政策研究・研修機構, 2002）

興味領域尺度	R（現実的）尺度	機械や物を対象とする具体的で実際的な仕事や活動に対する好みや関心の強さを示す。
	I（研究的）尺度	研究や調査などのような研究的，探索的な仕事や活動に対する好みや関心の強さを示す。
	A（芸術的）尺度	音楽，美術，文芸など芸術的領域での仕事や活動に対する好みや関心の強さを示す。
	S（社会的）尺度	人に接したり，奉仕したりする仕事や活動に対する好みや関心の強さを示す。
	E（企業的）尺度	企画や組織運営，経営などのような仕事や活動に対する好みや関心の強さを示す。
	C（慣習的）尺度	定まった方式や規則に従って行動するような仕事や活動に対する好みや関心の強さを示す。
傾向尺度	Co 尺度	個人が自己の衝動的行為や考えをどの程度統制しているかを示す（この得点が高い場合，自己を抑制する傾向が強く，低い場合には，弱いことを示す）。
	Mf 尺度	男女を問わず，一般に男性が好む職業にどの程度関心を持っているかを示す（男性で高い場合，社会一般で男性的と呼ばれている仕事にこだわる傾向が強いことを，低い場合には，こだわりがないことを示す。女性で高い場合，いわゆる男性的な仕事とか女性的な仕事にこだわらない傾向を，低い場合には，女性的な仕事にこだわる傾向を示す）。
	St 尺度	社会的威信や名声，地位や権力に対して，どの程度関心を持っているかを示す（高い場合，地位や権力への関心が強く，低い場合には，弱いことを示す）。
	Inf 尺度	職業に対する見方がどの程度，常識にとらわれず，ユニークであるかを示す（高い場合，職業に対する見方がユニークであり，低い場合には，常識的であることを示す）。
	Ac 尺度	どのくらい多くの職業を好んだかを示す（高い場合，多くの職業に関心があること，低い場合には，関心が限られていることを示す）。

　自分の能力が活かせる仕事，自分に適性があると思う職業，強い興味や関心がある仕事など，自己理解が進むにつれて，仕事や職業との適合性を考えてみることができます。また，自分の特性を客観的なデータで把握し，さまざまな職業に求められる条件と照らし合わせながら，適合性や補うべきところを考えることも重要です。

　また，キャリア支援においては，職業興味検査，職業適性検査，職業レディネス・テストなど，標準化された検査がよく用いられます。ホランド（Holland,

J. L.) の考案した VPI 職業興味検査（第3版：労働政策研究・研修機構, 2002）は，大学生のキャリア支援のツールとして比較的よく用いられる検査です。160項目の具体的な職業名を提示し，それぞれの職業に対する興味・関心の有無を回答することによって，六つの興味領域と五つの心理的傾向がプロフィールとして示されるように工夫されています（表8-3）。

ただし，これらの検査の結果は自分の特徴の一部を示すに過ぎませんから，その検査の結果を過信したり，決定的な事実として考えないようにしなければなりません。

第3節　職業を理解する

【学習目標】
・職業理解の重要性に気づこう。
・職業情報を入手する方法について知ろう。

1. 職業とは何か

職業とは，生計を維持するために，何らかの報酬を得ることを目的とする継続的な人間活動，あるいは一定の社会的負担のことです。また，職業は生計の維持だけでなく，社会的役割や地位，個性の発揮などとも結びついているほか，職務の遂行に必要な知識や能力，技能や資格，活動内容や活動場面，人間関係，社会的評価，規範や価値，将来展望などにも深く関係しています。

2. 職業情報とは

職業情報は，職業に関連するすべての情報を意味しますが，狭い意味では，個別の職業に関する情報を指しており，仕事の内容，就業者の特徴，入職の方法・要件，労働条件，教育訓練，昇進，関連職業などがその内容としてあげられます。

初めて職業に就く場合だけでなく，転職したり，再就職する場合においても，職業に関する情報や知識が乏しければ，選択の幅がかなり限定されることになりますから，職業情報は職業選択の可能性を広げるために重要な役割を果たし

ています。そのため，キャリア形成には職業情報を十分に活用することが必要となりますが，実際の就職活動を行う前から，職業情報を活用して，職業理解を深めていくことが大切です。

3. 職業分類と職業情報

　日本には，約3万種類の職業があります。皆さんは，そのうちいくつの職業を知っていますか？　ワークショップ8-4をやってください。

ワークショップ8-4

知っている職業名をあげてみよう

　あなたが知っている職業名を，3分間で，できるだけ多く書き出してください。

あなたはいくつ書き出すことができましたか？　　　　（　　）個

　大学1年生にこのワークショップを行った結果は，最も多い人で28個，平均では15.6個でした。ただし，職業名として挙げられたものに，サラリーマン，金融業，マスコミ，営業，セールスマン，証券マンといった職業名とはいえない項目が含まれていたため，これらを除外すると平均では13.6個となりました。

　約3万種ある職業の全体像をわかりやすくするために，職業を類似性や関係性で分類したものが職業分類です。国勢調査などの統計に使うJSCO「日本標準職業分類」（総務省統計局）の大分類は，A専門的・技術的職業，B管理的職業，C事務的職業，D販売の職業，Eサービスの職業，F保安の職業，G農林漁業の職業，H運輸・通信の職業，I生産工程・労務の職業，となっています。

　ESCO「厚生労働省・職業分類」は，ハローワークなどで職業紹介の際に使

われています。大分類，中分類はJSCO「日本標準職業分類」とほぼ同じですが，「細分類」が設けられているのが特徴で，現行のESCOには約2万8000の職業名が収録され，大分類（9），中分類（80），小分類（379），細分類（2167）に分類されています。

このような膨大な職業情報を体系的にまとめたのが，『職業ハンドブック』(CD-ROM：労働政策研究・研究機構, 1998）および『職業ハンドブック OHBY (Occupation Handbook for Youth)』（労働政策研究・研修機構, 2002）です。従来の『職業ハンドブック』は，職業を選択する際の心構えや基礎的知識を解説した「職業選択のガイド」，将来推計を解説した「職業展望情報」のほか，300の職業について，次のような情報が盛り込まれたものです。

① その職業の仕事の内容：その職業はどんなことをするのか。
② その職業に就いている人たち：年齢，性，就業上の地位，雇用形態の状況。
③ その職業に就くには：学歴，訓練，経験，資格など入職の条件。
④ その職業の歩みと展望：その職業は過去どのように推移してきて，これからどうなるのか
⑤ 労働条件の特徴：賃金，労働時間，休日，交代制や職場の環境など労働条件の特徴。
⑥ その職業についての問い合わせ先・関係団体

また，『職業ハンドブック OHBY』は中高生を中心に，小学校高学年から大学生まで利用可能であり，約430の職業がイラスト，写真などを使って紹介されているCD-ROMです。職業の分類，ジョブタウン（働く場所），興味や関心，能力などのさまざまな視点から職業を探索できるように工夫されています。さらに，興味と能力の「仕事発見テスト」から適職を探索できるほか，「職業について学ぶコーナー」，探索結果の自己チェック機能なども用意されていますので，大学生の皆さんは積極的に活用するとよいでしょう。

〈要約〉
　キャリア（career）とは「人生」あるいは「生き方」のことであり，仕事や職業

のほか，勉強や学習，趣味やレジャー，ボランティアなどの社会的活動，家庭や家族とのかかわりが含まれ，これらの役割やその役割にともなう活動が生涯にわたって相互に関係しながら変化していきます。

　キャリアデザインとは，自分自身の将来の人生を積極的に設計し，その夢や希望を実現するための方法を探索しながら，そのために必要な知恵と力を身につけることです。

　自分の将来のキャリアを形成していくために必要な力とは，経済産業省が提唱した「社会人基礎力」の「前に踏み出す力」「考え抜く力」「チームで働く力」の3能力12要素のほか，文部科学省が推進するキャリア教育の4領域（人間関係形成能力，情報活用能力，将来設計能力，意思決定能力）／8能力などがあげられます。

　また，職業選択というのは，企業選択や会社選びではなく，自分に何ができるかという能力，何に向いているかという適性，興味や関心，これからの人生で何を大切にしたいかという価値を考えてみるという自己理解が大切であり，キャリア形成の出発点です。

　さらに，職業情報は職業選択の可能性を広げるために重要な役割を果たしています。膨大な職業情報を体系的にまとめた「職業ハンドブックOHBY」などを活用して，実際に求職活動や就職活動を行う前から，職業理解を深めていくことが大切です。

〈キーワード〉

　キャリア，キャリアデザイン，社会人基礎力，職業選択，自己理解，職業理解

---〈知識チェック〉---

・キャリアとは何かを説明しなさい。
・社会人基礎力の三つの能力について説明しなさい。
・自己理解とは自分自身のどのような側面を理解することですか。

〈レポート・討論課題〉

① ワークショップ8-3の，自分の重視する三つの価値が実現できるようなキャリアを考えなさい。
② 自分が就きたいと思う職業を一つ（またはそれ以上）あげ，その職業に関する情報をや「職業ハンドブックOHBY」を活用してまとめなさい。

〈ブックガイド〉

宮城まり子　2007　心理学を学ぶ人のためのキャリアデザイン　東京書籍
（「大学で心理学を学びたい」「将来カウンセラー（臨床心理士）になりたい」「心理学を学び，社会で広く活かしたい」「心理学を学び，将来のキャリアデザインを考えたい」という人たちのために書かれています。これからの長い人生のライフキャリアを設計するために，さらに「自分を知り，他者を知り，そして相互に理解しあう」という信頼や愛情のネットワークを形成するために参考にしてください。）

トンプソン, N. E.・ポーネル, G. R.　川﨑智恵（監訳）2005　キャリア・パスウェイ―仕事・生き方の道しるべ―　ナカニシヤ出版
（カナダで先進的なキャリア教育の成果として開発されたプログラムを翻訳し，実践事例を付したもので，高校生や大学生にも利用できるキャリア・プランニングのワークブックとなっています。）

渡辺三枝子・東田晋三（監修）高梁学園／吉備国際大学・九州保健福祉大学キャリア教育推進委員会（編）2006　キャリアVIEW―高校から大学，大学から社会へのスムーズな移行を目指して―　学事出版
（「将来，社会の中で自信を持って生きていくためには，どのように大学生活をすごしたらいいか」という課題を大学生活を始める前から考え，大学での学びを社会とつなげながら，将来の進路を考え始めるのに役立ちます。高校から大学への架け橋，大学生活から社会人生活への架け橋となる本です。）

【引用文献】

経済産業省　2006　社会人基礎力に関する研究会―「中間取りまとめ」―
三川俊樹　2008　大学におけるキャリア教育―3年間のキャリアデザイン論（選択科目）を振り返って―　追手門学院大学教育研究所紀要，**26**, 43-63.
文部科学省　2004　キャリア教育の推進に関する総合的調査研究協力者会議報告調査書
Nevill, D. D., & Super, D. E.　1986　*The Salience Inventory: The theory, application, and research*（Manual）. Palo Alto: Consulting Psychologists Press.
日本進路指導協会　1996　中学校における進路指導の改善・充実に関する実証的研究―生涯学習の基礎を培う視点に立って―（科学研究費　報告書）
労働政策研究・研修機構　1998　職業ハンドブックCD-ROM
労働政策研究・研修機構　2002　職業ハンドブックOHBY
労働政策研究・研修機構　2002　VPI 職業興味検査〔第3版〕手引

事項索引

あ
アイカメラ　202
愛着　60, 73
アイデンティティ（ego identity：自我同一性）　110, 111
　　──地位　115
IとMe　95
赤ちゃんと養育者とのコミュニケーション　56
悪徳商法　178
アタッチメント（attachment）　73
アリストテレスの錯覚　49
暗記　7
安全運転自己診断テスト　195
安定化の機能　156
意図　60
意図の理解　62
意味記憶　17
意欲　10
インパルス　42
運転者の事故原因　195
NMDA受容体　20
エピソード記憶　17
エリクソンの人格発達論　138
遠隔目標　32
遠刺激　42
大きさの恒常性　42

か
海馬　18
外発的動機づけ　27
カウンセラーの3条件　147
カウンセリング　143
学習　4, 31
学習技術　5
学習性無力感　31
学習動機の2要因モデル　29
学習特性　9
学生　5
語り　146
価値　232, 234, 236
葛藤　126
感覚　40
　　──遮断実験　40
幾何学的錯視　43
危機　138
希少性　180
虐待　63
キャリア　227, 230
　　──教育　232, 236
　　──形成　227, 239
　　──支援　236
　　──デザイン　230
共感　72
共感性　71
共感的理解　148
共同注意　62
近刺激　42
近接性（proximity）　159
近接目標　32
クライエント中心療法　147
計画性　10
傾聴　146
権威への服従　180
好意　180
行為主体　61
好意の返報性　163
心に関する理解　62
心の理論　62
個人差（individual differences）　82
ことばの発達　60
コミットメントと一貫性　178
コメンタリー・ドライビング法　205
混沌とした世界　62

さ
作業記憶　17
錯視　41

錯覚　40
サッチャー錯視（Thatcher illusion）　46
シェパード錯視　44
自我防衛機制　128
刺激　40
自己意識（self-consciousness）　95
自己一致　149
自己隠蔽　124
自己開示（self-disclosure）　122, 164
　　──の返報性　124, 164
自己概念（self concept）　95
自己肯定感尺度　100
自己効力感　33
自己実現　229
自己成長　106
自己複雑性：self complexity　98
自己理解　236
思春期内閉症　212
辞書活用　7
自尊心（self esteem）　99
質問紙性格検査　92
シナプス　19
自発的微笑　58
縞柄錯視　46, 47
社会人基礎力　230
社会性　66
社会的参照　62
社会的証明　179
社会的スキルの学習機能　156
社会的ひきこもり　212
社会的微笑　58
社会的評価　159
集団　168
集団維持機能　170
集団機能　170
集団凝集性　169
縦断勾配錯視　48
集団の凝集性　168
集団の魅力　169
集中性　10
受講マナー　10
受容器　40
状態不安　80
情動的交流　61

職業　238
　　──情報　238
　　──選択　236
　　──ハンドブック　240
　　──ハンドブック OHBY　240
　　──分類　239
　　──理解　238
初語　60
自律的道徳　69
資料整理　7
新生児　54
　　──期　55
　　──の視覚　54
　　──の聴覚　55
　　──模倣　58
身体的魅力（physical attractiveness）　160
心理・社会的発達課題（危機）　112
心理的離乳　74
心理療法　143, 144
進路意識　227, 228
遂行性　10
スチューデント・アパシー　217
ストレス　129
　　──・コントロール　130
　　──・マネージメント　130
　　──対処行動　130
スパイン　23
Smith システム　201
性格（personality）　80
性格の好ましさ　162
精神的健康　118, 121
生徒　4
説得　178
セルフサーヴィングバイアス（self-serving bias）　106
宣言的記憶　17
専制型リーダーシップ　171
早期完了　114
相互依存関係　168
相互同期性　56

た
第一印象（first impression）　160
第一反抗期　67

索　引　245

大学生ドライバー　207
退却神経症　217
対人魅力（interpersonal attraction）　157
胎生期　56
態度の類似性（similarity）　163
第二反抗期　74
タイプ A　129
タイプ B　129
タイプ C　130
達成意欲的性格　10
タブラ・ラサ　62
他律的道徳　69
短期記憶　17
単純接触仮説（mere-exposure hypothesis）　160
知覚　40
　──的恒常性　42
知的関心　10
長期記憶　17
適応　126
適性　236
手続き的記憶　17, 18
同一性拡散　114
同一性達成　114
動機づけ　27
道徳性　69
読解　7
特性不安　80
特性論（trait theory）　82

な
内的作業モデル（internal working model）　73
内発的動機づけ　27
仲間関係　61
NEET　214, 215
20答法（別名"Who am I ? test"）　110
ニューロン　18
人間力　230
認知的不協和　186
能力　236
ノートテイキング　7

は
バイアス
　確率判断の──　187
　情報判断の──　186
　信念の──　186
バイアスト・スキャンニング　99
ハイレグ錯視　44
破壊的カルト　178
発達課題　232, 233
発達段階　232, 233
発達の遺伝的要因　63
発問積極性　10
ハロー効果（Halo effect）　160
PM論　172
低い自尊心と対人関係の悪循環　105
非言語的なコミュニケーション（nonverbal communication）　57
Big5（ビッグファイブ）　83
人に関しての理解　61
人見知り　60
批判的思考　186
VPI職業興味検査　238
不適応　129
不登校　209
フレーミング効果　187
分離・個体化　138
分離不安　211
ヘルムホルツの正方形　44
勉強　4
変則的運動錯視　46
返報性　178
放任型リーダーシップ　171

ま
マーラーの発達理論　137
マヌーバー　204
ミュラー・リヤー錯視　43
民主型リーダーシップ　171
無条件の肯定的配慮　148
メモ　7
網膜像　41, 42
目標達成機能　170
モデル機能　156
模倣　56

モラトリアム　114

や
役割　232, 234
　　——の相補性（role complement）　165
友人関係の機能　156
指さし　61
欲求　126
　　——階層説　127
　　——の相補性（need complement）　165
欲求不満　126
　　——耐性　128
4領域・8能力　232

ら
ライフキャリア・レインボウ　232
ライフサイクル論　138
リーダーシップの型　171
リーダーシップの機能　170
リサーチ　7
リスク・テイキング　203
留年　216
レジリエンス　121
労働条件　238, 240
論理構成　7

人名索引

A
アーロン（Aaron, J. E.）　201, 202
アドラー（Adler, A.）　150
相川　充　105
オルポート（Allport, G. W.）　80
アンダーソン（Anderson, W. G.）　206
安藤朗子　72
新井康允　19
荒木浩子　139
蘆田　宏（Ashida, H.）　45, 46

B
バンデューラ（Bandura, A.）　32, 33
バウマイスター（Baumeister, R. F.）　104
ブルーム（Bloom, F. E.）　20
ボウルビィ（Bowlby, J.）　60, 73
ブレッサン（Bressan P.）　48
ブロックナー（Brockner, J.）　103

C
キャンベル（Campbell, J. D.）　102
カーマイケル（Carmichael, G. V.）　205, 206
カートライト（Cartwright, D.）　169, 170, 171
キャッテル（Cattell, R. B.）　87

キャステイン（Chastain, R. L.）　124
チェルーン（Chelune, G. J.）　123
シアルディーニ（Cialdini, R. B.）　178
コッブ（Cobb, V.）　49
コリビン（Colvin, C. R.）　104
コンドン（Condon, W. S.）　56
コスビー（Cozby, P. C.）　164

D
デイヴィス（Davis, M. H.）　123
デキャスパー（DeCasper, A. J.）　56
デシ（Deci, E. L.）　27
デフェンバッカー（Deffenbacher, J. L.）　201

E
アイゼン（Eisen, M.）　110
アイゼンバーグ（Eisenberg, N.）　73
エレンバーガー（Ellenberger, H.）　144
榎本博明　123
エリクソン（Erikson, E. H.）　111, 112, 119, 138
アイゼンク（Eysenck, H. J.）　87

F
ファンツ（Fantz, R. L.）　54, 55

ファジオ（Fazio, R. H.）　99
フェッシュバック（Feshback, N. D.）　72
フェスティンガー（Festinger, L.）　159, 186
フィールド（Field, T. M.）　56, 57
ファイファー（Fifer, W. P.）　56
フィッチ（Fitch, G.）　106
フランクル（Frankl, V. E.）　119
フランゾイ（Franzoi, S. L.）　123
フロイト（Freud, S.）　119, 120, 144, 150
藤本忠明　197-201, 205
古橋啓介　220
古市裕一　118
古澤頼雄　74
二神能基　215

G
ガブリエル（Gabriel, M. T.）　103
ガザニガ（Gazzaniga, M. S.）　23, 24
ギリガン（Gilligan, C.）　71
ゴールドバーグ（Goldberg, D. P.）　131
グリーンバーグ（Greenberg, J.）　102
グレゴリー（Gregory, R. L.）　41

H
春木　豊　22
長谷川寿一　42
橋本尚子　128
ヘザートン（Heatherton, T. F.）　103
ヘルムホルツ（Helmholtz, H. von）　44
ヘロン（Heron, W.）　40
ヘスリング（Hessling, R. M.）　124
東　正訓　199, 200, 205
平林秀美　72
平井信義　211
平山るみ　190
広沢俊宗　7, 8, 9, 10, 11, 123, 159
ホフマン（Hoffman, M. L.）　72
ホランド（Holland, J. L.）　237
堀江宗正　183
堀毛一也　106
星野　命　130
ヒューニン（Hugunin, E.）　205, 206

I
市川伸一　28-30
Ichiyama, M. A.　124
池谷祐二　21
今井省吾　47
井上健治　74
石川良子　215, 223
石浦章一　23
伊東　博　143
伊藤順一郎　213, 217
伊藤忠弘　72

J
ジェームズ（James, W.）　62, 95
ジョンソン（Johnson, A. M.）　211
ジョンソン（Johnson, G. L.）　201
ジュラード（Jourard, S. M.）　122, 123
ユング（Jung, C. G.）　119, 144, 150

K
陰山英男　23
カーン（Kahn, L. A.）　124
カーネマン（Kahneman, D.）　186, 189
笠原　嘉　217
河原省吾　211
河合隼雄　145
川島隆太　23
北岡明佳（Kitaoka, A.）　45, 46
北山　修　141
木崎久和　197, 198
コールバーグ（Kohlberg, L.）　70, 71
小泉英二　212
国分康孝　161
高坂康雅　106
小城英子　180, 182-185
小高　恵　73-75
久保ゆかり　62
クーン（Kuhn, M. H.）　96, 110
倉本英彦　213
栗林克匡　105
楠見　孝　190

L
ラーソン（Larson, D. G.）　124

248　索　引

ラザルス（Lazarus, R. S.）　122
リアリイ（Leary, M. R.）　105
レヴィン（Lewin, K.）　81, 126, 128, 168
リンヴィル（Linville, P. W.）　98
リピット（Lippitt, R.）　171
ロイド（Lloyd, K.）　103
ロック（Locke, J.）　62
ローレンツ（Lorenz, K.）　58, 59

M

町沢静夫　131
マーラー（Mahler, M. S.）　137
マーシャ（Marcia, J. E.）　114, 115
マーカス（Markus, H.）　97
マズロー（Maslow, A. H.）　119, 126, 127
増田淑子　162
増井武士　140, 218-220
松井　豊　156, 158, 162
松崎政紀（Matsuzaki, M.）　23
マックリー（McCrae, R. R.）　88
マックパートランド（McPartland, T. S.）
　96, 110
メルツォフ（Meltzoff, A. N.）　56, 57
三川俊樹　229
マイルズ（Miles, D. E.）　201
三隅二不二　171-174
三浦佳代　47
宮城音弥　126
水野りか　21
モンテマイヤー（Montemayor, R.）　110
ムーア（Moore, M. K.）　56, 57
森　楙　68
森川和則（Morikawa, K.）　44
森岡正芳　141
森田洋司　210
諸富祥彦　149
モリス（Morris, D.）　55
ミュラー・リヤー（Müller-Lyer, F. C.）
　44
無藤清子　114, 115

N

なだいなだ　212
永野浩二　212

長坂正文　212
永田信一　41
長山泰久　202, 203
中島潤子　220
中村陽吉　169, 172
中野繁喜　172
Nakashiba, T.　24
ネビル（Nevill, D. D.）　232
ニューカム（Newcomb, T. M.）　163
ニューマン（Newman, B. M.）　112
ニューマン（Newman, P. R.）　112
西平直喜　74
野島一彦　143
野村一夫　185

O

小川一夫　168
扇谷正造　164
大日向雅美　58, 59
岡本浩一　188
岡本夏木　60
岡本祐子　115
小此木啓吾　111
奥地圭子　212
小塩真司　121

P

ペイニュー（Peigneux, P.）　21
パールズ（Perls, F. S.）　119
ピアジェ（Piaget, J.）　69, 70
ピタウ（Pittau, J.）　5

R

ロビンス（Robins, R. W.）　101
ロー（Roe, R.）　72
ロジャーズ（Rogers, C. R.）　119, 143, 147,
　149, 150
ライアン（Ryan, R. M.）　27

S

サファイア（Safire, W.）　24
斎藤　環　212-214
坂本真士　73
佐方哲彦　118, 119

櫻井芳雄　24
サンダー（Sander, L.）　56
佐々木薫　171
佐藤広志　5
佐藤　学　4
澤田瑞也　72, 73
シュレンカー（Schlenker, B. R.）　105
シュルツ（Schultz, D. P.）　118
シャンク（Schunk, D. H.）　32, 33
セリグマン（Seligman, M. E. P.）　31, 32
シェパード（Shepard, R. N.）　45
清水弘司　123
下條信輔　55
塩月弥栄子　164
ソラーノ（Solano, C. H.）　123
スティックゴールド（Stickgold, R.）　21
ストラッサー（Strasser, M. K.）　201, 202
杉村和美　115
杉浦義典　87
祐宗省三　122
スーパー（Super, D. E.）　232, 234
鈴木乙史　120

T
田嶌誠一　212, 218, 219
滝川一廣　211
田中道弘　100, 101
丹野義彦　87
鑪　幹八郎　111, 113
田谷修一郎　47
テイラー（Taylor, D. A.）　164
トンプソン（Thompson, P.）　46
タイス（Tice, D. M.）　99

辻岡美延　92
トヴァースキー（Tversky, A.）　186, 189

U
内田千代子　216, 217
内田伸子　63

V
ヴォーズ（Vohs, K. D.）　103

W
和田　実　124, 125
和田さゆり　83
ウォルターズ（Walters, P. A. Jr.）　217
渡辺　位　212
ウェルマン（Wellman, H.）　62
ホワイト（White, R.）　171
ウィンチ（Winch, R. F.）　165
ウルフ（Wurf, E.）　97

Y
山田みき　115
山岸明子　70, 71
山川　勝　47, 48
山中康裕　212
山内光哉　22
吉田俊和　66, 67
吉本隆明　222

Z
ザイアンス（Zajonc, R. B.）　160
ザンダー（Zander, A.）　169-171
ズッカーマン（Zuckerman, M.）　106

執筆者紹介 （五十音順，＊は編者）

荒木浩子（あらき・ひろこ）
追手門学院大学心理学部講師
京都大学大学院教育学研究科博士後期課程研究指導認定退学
専攻：心理臨床学・臨床心理学
第5章5節

小城英子（こしろ・えいこ）
聖心女子大学人間関係学科准教授
関西大学大学院社会学研究科博士課程後期課程単位取得修了，博士（社会学）
専攻：社会心理学・マスメディア論
第7章1節

小高 恵（こたか・めぐみ）
太成学院大学人間学部教授
関西大学大学院社会学研究科社会心理学専攻博士後期課程所定単位取得満期退学
専攻：発達心理学・社会心理学
第4章2節

須河内 貢（すごうち・みつぐ）
大阪人間科学大学人間科学部教授
追手門学院大学大学院文学研究科心理学専攻修士課程修了
専攻：発達心理学
第4章1節

駿地眞由美（するじ・まゆみ）
追手門学院大学心理学部准教授
京都大学大学院教育学研究科博士後期課程研究指導認定退学
専攻：臨床心理学
第5章6節

田中秀明（たなか・ひであき）
追手門学院大学心理学部准教授
早稲田大学大学院人間科学研究科博士後期課程修了，博士（人間科学）
専攻：認知神経心理学・生理心理学
第2章1節

對梨成一（ついなし・せいいち）
立命館大学文学部助教
立命館大学大学院文学研究科心理学専攻博士後期課程修了，博士（文学）
専攻：知覚心理学・実験心理学・空間知覚
第3章

永野浩二（ながの・こうじ）
追手門学院大学心理学部教授
九州大学大学院教育学研究科博士後期課程単位取得退学
専攻：臨床心理学
第7章3節

橋本尚子（はしもと・しょうこ）
大阪産業大学，神戸山手短期大学非常勤講師，大阪産業大学学生相談室カウンセラー
追手門学院大学大学院文学研究科心理学専攻修士課程修了
専攻：臨床社会心理学
第5章4節

馬場天信（ばば・たかのぶ）
追手門学院大学心理学部教授
同志社大学文学研究科心理学専攻博士後期課程中退，博士（心理学）
専攻：臨床心理学・健康心理学
第5章3節

東 正訓（ひがし・まさのり）＊
追手門学院大学心理学部教授
関西大学大学院社会学研究科社会学専攻産業心理学専修博士課程後期課程単位取得満期退学
専攻：社会心理学・応用心理測定学
第2章2節，第5章2節

東 真由美（ひがし・まゆみ）
大阪国際大学人間科学部非常勤講師
京都教育大学大学院教育学研究科修了
専攻：臨床心理学
第5章1節

広沢俊宗（ひろさわ・としむね）
関西国際大学人間科学部教授
関西学院大学大学院社会学研究科博士課程後
　　期課程単位取得満期退学
専攻：社会心理学
第1章，第6章1節

藤本忠明（ふじもと・ただあき）＊
追手門学院大学名誉教授
大阪大学大学院文学研究科博士課程中途退学
専攻：交通心理学・社会心理学
第6章2節，第7章2節

三川俊樹（みかわ・としき）
追手門学院大学心理学部教授
大阪大学大学院人間科学研究科博士後期課程
　　中退
専攻：カウンセリング心理学
第8章

知識チェックの解答（一部）

第1章　p.13
①（×），②（○），③（×），④（○）

第2章第1節　p.25
イ　作業記憶，ロ　長期記憶，ハ　長期記憶，
ニ　海馬

第4章第2節　p.76
①1．○，2．○，3．×
②第一反抗期

第5章第1節の1．p.93
①B，②B，③D

第5章第4節　p.133
①回復力，立ち直り力，②自己開示

第5章第5節　p.142
再接近期
それをどう乗り切るかという重大な分かれ目
のこと

第6章第1節　p.166
①B，②C，③B，④B，⑤A，⑥B，⑦C，
⑧C，⑨A，⑩C，⑪C

ワークショップ 大学生活の心理学

2009 年 3 月 20 日	初版第 1 刷発行
2024 年 3 月 12 日	初版第 14 刷発行

（定価はカヴァーに表示してあります）

編 者　藤本　忠明
　　　　東　　正訓
発行者　中西　　良
発行所　株式会社ナカニシヤ出版
〒606-8161　京都市左京区一乗寺木ノ本町 15 番地
　　　　　　Telephone　075-723-0111
　　　　　　Facsimile　075-723-0095
　　Website　http://www.nakanishiya.co.jp/
　　E-mail　iihon-ippai@nakanishiya.co.jp
　　　　　　郵便振替　01030-0-13128

装幀＝白沢　正／印刷・製本＝ファインワークス
Copyright © 2009 by T. Fujimoto & M. Higashi
Printed in Japan.
ISBN978-4-7795-0328-3

◎本書のコピー，スキャン，デジタル化等の無断複製は著作権法上での例外を除き禁じられています．本書を代行業者等の第三者に依頼してスキャンやデジタル化することは，たとえ個人や家庭内での利用であっても著作権法上認められておりません．